THOMAS BAUMANN

Die Delegation tariflicher Rechtsetzungsbefugnisse

Schriften zum Sozial- und Arbeitsrecht

Band 117

Die Delegation tariflicher Rechtsetzungsbefugnisse

Von

Dr. Thomas Baumann

Duncker & Humblot · Berlin

Die Deutsche Bibliothek – CIP-Einheitsaufnahme

Baumann, Thomas:
Die Delegation tariflicher Rechtsetzungsbefugnisse / von Thomas Baumann. – Berlin : Duncker und Humblot, 1992
(Schriften zum Sozial- und Arbeitsrecht ; Bd. 117)
Zugl.: Köln, Univ., Diss., 1992
ISBN 3-428-07562-5
NE: GT

Fotoprint: Berliner Buchdruckerei Union GmbH, Berlin 61
Printed in Germany

ISSN 0582-0227
ISBN 3-428-07562-5

Meinen Eltern

Vorwort

Die vorliegende Arbeit ist von der Rechtswissenschaftlichen Fakultät der Universität zu Köln im Wintersemester 1991/92 als Dissertation angenommen worden. Mein Dank gilt Herrn Prof. Dr. *Herbert Wiedemann*, der die Arbeit angeregt und betreut hat. Herrn Prof. Dr. *Hanns Prütting* danke ich für die Erstattung des Zweitgutachtens.

Das Land Nordrhein-Westfalen hat mich bei der Anfertigung der Doktorarbeit unterstützt, indem mir ein Promotionsstipendium nach dem Graduiertenförderungsgesetz gewährt wurde. In diesem Zusammenhang danke ich Herrn Prof. Dr. Dres. h.c. *Peter Hanau* für die Gutachten zur Frage der Förderungswürdigkeit meines Promotionsvorhabens.

Tübingen, im Mai 1992 *Thomas Baumann*

Inhaltsverzeichnis

§ 1 Einleitung

I. Der Anlaß zur Untersuchung: die Tarifverträge zur Arbeitszeitverkürzung 1984

Im Juni 1984 ging der Arbeitskampf zur Durchsetzung der Arbeitszeitverkürzung in der Metallindustrie zu Ende, indem der unter dem Doppelpräsidium des ehemaligen Bundesministers und langjährigen Vorsitzenden der IG Bau-Steine-Erden Georg Leber und dem Konstanzer Universitätsprofessor Bernd Rüthers zustandegekommene Vermittlungsvorschlag[1] angenommen wurde. Die nach dem prominenteren und stimmberechtigten Schlichter als „Leber-Kompromiß" bezeichneten Tarifverträge legten allerdings die Arbeitszeit des einzelnen Arbeitnehmers nicht selbst abschließend fest, sondern sahen lediglich vor, daß die durchschnittliche betriebliche Wochenarbeitszeit 38,5 Stunden zu betragen habe und daß die individuelle Arbeitszeit zwischen 37 und 40 Stunden festzusetzen sei. Die damit mögliche Flexibilisierung und Anpassung der tariflichen Vorgaben an betriebliche Bedürfnisse sollte mittels Betriebsvereinbarung erfolgen. Für den Fall, daß Arbeitgeber und Betriebsrat sich nicht auf eine derartige Vereinbarung einigen konnten, sollte eine betriebliche Einigungsstelle bzw. eine tarifliche Schlichtungsstelle gemäß § 76 Abs. 8 BetrVG durch einen Spruch entscheiden, der die Betriebsvereinbarung ersetzte.

Dieses Vorgehen löste in der Arbeitsrechtswissenschaft eine zum Teil heftige Diskussion aus[2], in deren Verlauf sich kaum ein namhafter Wissenschaftler der Stimme enthielt und fast jeder zumindest in bezug auf Detailfragen zu einer anderen Bewertung gelangte. Auch nachdem der 1. Senat des Bundesarbeitsgerichts in seinem Beschluß vom 18.8.1987[3] eine höchstrich-

---

[1] Abgedruckt in RdA 1984, S. 362 und NZA 1984, S. 79.

[2] Vgl. dazu nur den Streit in der Neuen Zeitschrift für Arbeits- und Sozialrecht 1984–1986: *Richardi*, NZA 1984, S. 387 ff.; *v. Hoyningen-Huene*, NZA 1985, S. 9 ff.; *Hanau*, NZA 1985, S. 73 ff.; *v. Hoyningen-Huene*, NZA 1985, S. 169 f.; *Löwisch*, NZA 1985, S. 170 ff.; *Richardi*, NZA 1985, S. 172 ff.; *Kissel*, NZA 1986, S. 73 ff.; *Buchner*, NZA 1986, S. 377 ff.; *Brötzmann*, NZA 1986, S. 593 ff.

[3] BAG (18.8.1987) AP Nr. 23 zu § 77 BetrVG 1972. Zur Rechtsprechung der unteren Instanzen vgl. den Überblick bei *Brunz*, NZA 1986, Beil. 2, S. 3 ff.

terliche Entscheidung herbeigeführt hat und diese von anderen Senaten bestätigt worden ist[4], hält die Debatte noch an[5].

Einig ist man sich allenfalls, wenn die Besonderheiten in tatsächlicher Hinsicht beschrieben werden sollen[6]: Die Tarifpartner haben neue Wege beschritten, weil sich die individuelle Arbeitszeit eines tarifgebundenen Arbeitnehmers nicht mehr wie bisher dem Tarifvertrag unmittelbar entnehmen läßt. Statt dessen soll die Arbeitszeit des einzelnen innerhalb eines tariflichen Rahmens erst durch die tariflich vorgesehene betriebliche Regelung festgelegt werden. Die Tarifvertragsparteien verzichten insoweit auf eine eigene Festlegung und überlassen die Regelung dem Arbeitgeber und dem Betriebsrat. Ihre eigene Regelung beschränkt sich auf gewisse Vorgaben, die den Rahmen abstecken, in dem andere tätig werden dürfen.

Streitig sind die rechtliche Bewertung der entsprechenden Tarifnormen, die Einordnung der aufgrund des Tarifvertrages ergehenden betrieblichen Regelungen und die Zulässigkeit einer Verlagerung der Entscheidungskompetenz in den Betrieb.

1. Bewertung der Tarifnormen

a) Schwierigkeiten bereitet zum ersten die Einordnung der Tarifvorschriften anhand des § 1 Abs. 1 TVG. Es ist zweifelhaft, ob es sich bei der Tarifklausel, die lediglich einen Arbeitszeitrahmen vorgibt, um eine Inhaltsnorm im Sinne von § 1 Abs. 1 TVG handeln kann. Einerseits sind gewisse inhaltliche Fragen, wenn auch nicht in der üblichen Ausführlichkeit, geregelt. Wenn sich auch die genaue Arbeitszeit dem Tarifvertrag nicht für jeden Arbeitnehmer unmittelbar entnehmen läßt, so liegen doch zumindest die obere und untere Grenze seiner Arbeitszeit fest, und es ist durch den Tarifvertrag bestimmt, wie die weitere Festsetzung erfolgen soll. Deshalb ist überwiegend das Vorliegen einer Inhaltsnorm bejaht worden[7]. Andererseits ermächtigt der

---

[4] BAG (2.12.1987) 5. Senat AP Nr. 53 und 54 zu § 1 FeiertagslohnzahlungsG und AP Nr. 76 zu § 1 LohnFG; BAG (7.7.1988) 8. Senat AP Nr. 22 und 23 zu § 11 BUrlG.

[5] Vgl. beispielsweise *Lücke*, ZRP 1991, S. 205 ff.

[6] Vgl. dazu BAG (18.8.1987) AP Nr. 23 zu § 77 BetrVG 1972 (unter II 1).

[7] LAG Schleswig-Holstein (27.8.1986) DB 1986, S. 2440; *Brötzmann*, NZA 1986, S. 594; *Buchner*, DB 1985, S. 917; *v. Hoyningen-Huene*, NZA 1985, S. 14; *Löwisch*, NZA 1985, S. 171 und SAE 1988, S. 104; *Ziepke*, Tarifvertrag 1984, § 2 Anm. 5 (S. 14).

Tarifvertrag Betriebsrat und Arbeitgeber zur Regelung durch Betriebsvereinbarung. Insoweit wird der Inhalt des Arbeitsverhältnisses durch den Tarifvertrag gar nicht selbst geregelt. Deshalb könnte man sich auch auf den Standpunkt stellen, es liege noch nicht einmal eine Inhaltsnorm vor[8].

Weiter ist problematisch, ob statt einer Inhaltsnorm oder zusätzlich dazu eine Norm über betriebsverfassungsrechtliche Fragen im Sinne von § 1 Abs. 1 TVG gegeben ist. Einerseits regeln die Tarifpartner Fragen der Betriebsverfassung, wenn sie Befugnisse von Betriebsrat oder betrieblicher Einigungsstelle vorsehen. Das spricht dafür, eine Betriebsverfassungsnorm zu bejahen[9]. Andererseits gelten diese Normen gemäß § 3 Abs. 2 TVG in jedem Betrieb, sofern der Arbeitgeber tarifgebunden ist. Hätten die Tarifpartner die Arbeitszeit selbst festgelegt, könnte das nur über § 3 Abs. 1 TVG Wirkung für die beiderseits Tarifgebundenen haben. Daher wird behauptet, es könnte sich lediglich um eine reine Inhaltsnorm handeln[10]. Sollte die Norm gleichzeitig als Inhaltsnorm und als Betriebsverfassungsnorm einzuordnen sein, stellt sich jedenfalls die Frage, wie derartige Doppelnormen zu behandeln sind[11]. Entweder die Inhaltswirkung ist besonders zu begründen oder trotz der inhaltlichen Bedeutung geht die Rechtsfolge des § 3 Abs. 2 TVG vor.

Schließlich könnte man an das Vorliegen von Betriebsnormen im Sinne von § 1 Abs. 1 TVG denken[12]. Wenn darunter alle Normen zu verstehen sind, die nur für die gesamte Belegschaft einheitlich gelten können, müßte auch eine Vorgabe für die im gesamten Betrieb zu erreichende durchschnittliche Arbeitszeit darunter fallen. Denn zur Berechnung des Betriebsdurchschnitts müssen denknotwendigerweise alle Arbeitnehmer einbezogen werden.

b) Abgesehen von der Überprüfung an § 1 Abs. 1 TVG stellt sich weiterhin die Frage, ob es sich bei einer derartigen Tarifklausel um eine Öffnungsklausel im Sinne von § 77 Abs. 3 Satz 2 BetrVG, um eine tarifliche Bestim-

---

8 Vor allem *Richardi*, NZA 1984, S. 387, NZA 1988, S. 673 und ZfA 1990, S. 214.

9 So BAG (18.8.1987) AP Nr. 23 zu § 77 BetrVG 1972 (unter III 2 b); LAG Schleswig-Holstein (27.8.1986) DB 1986, S. 2440; *Hanau*, NZA 1985, S. 75; *v. Hoyningen-Huene*, NZA 1985, S. 12; *Linnenkohl / Rauschenberg*, BB 1984, S. 2202; *Ziepke*, BB 1985, S. 286.

10 Vgl. beispielsweise *Löwisch*, DB 1984, S. 2457 („Inhaltsnorm in einem betriebsverfassungsrechtlichen Mantel").

11 Vgl. *Spilger*, Betriebsverfassungsrecht, S. 215 f.

12 *Richardi*, NZA 1984, S. 387 f.; *Weyand*, AuR 1989, S. 197 f.; ablehnend *Ziepke*, BB 1985, S. 286.

mungsklausel im Sinne der §§ 315 ff. BGB oder um eine Ergänzung der betriebsverfassungsrechtlichen Mitbestimmung handelt.

Da der „Leber-Kompromiß" vorsah, daß die Betriebspartner eine nähere Ergänzung des Tarifvertrages mittels Betriebsvereinbarung vornehmen durften, könnte der Tatbestand des § 77 Abs. 3 Satz 2 BetrVG erfüllt sein. Allerdings ist umstritten, welche Voraussetzungen an „ergänzende Betriebsvereinbarungen" im Sinne dieser Vorschrift zu stellen sind und welche Rechtsfolgen sich daraus ergeben. Zum einen wird vorgebracht, die zugelassenen betrieblichen Regelungen dürften den zu ergänzenden Tarifvertrag für die nicht tarifgebundenen Arbeitnehmer inhaltlich übernehmen. Auch ergänzende Betriebsvereinbarungen könnten nur betriebseinheitlich gelten. Der Betriebsrat nehme originäre Befugnisse wahr, weil die Sperrwirkung des Tarifvertrages aufgehoben sei[13]. Zum anderen wird behauptet, eine ergänzende Betriebsvereinbarung baue gerade auf den Tarifvertrag auf und setze deshalb seine Geltung für die Arbeitsverhältnisse voraus. In den Fällen des § 77 Abs. 3 Satz 2 BetrVG leite sich die Befugnis aus dem Tarifvertrag ab[14].

Angesichts dieser Ungewißheiten ist statt der Öffnungsklausel oder zusätzlich dazu erwogen worden, es könne eine tarifliche Bestimmungsklausel im Sinne der §§ 315 ff. BGB vorliegen[15]. Die Tarifpartner überließen die nähere Ausfüllung ihrer tariflichen Regelung dem Arbeitgeber zusammen mit dem Betriebsrat. Dagegen kann aber eingewandt werden, daß nicht irgendeine Konkretisierung, sondern gerade die Bestimmung mittels einer Betriebsvereinbarung oder ersatzweise mittels eines Spruchs der betrieblichen Einigungsstelle vorgesehen ist[16]. Außerdem ist unsicher, welche Rechtsfolgen sich aus der Wahrnehmung solcher Befugnisse durch die Betriebspartner

[13] Vgl. LAG Düsseldorf (15.10.1985) NZA 1986, Beil. 2, S. 13; *Buchner*, DB 1985, S. 916; *v. Hoyningen-Huene / Meier-Krenz*, ZfA 1988, S. 299 und S. 304; GK-*Kreutz*, BetrVG, § 77 Rdnr. 125; *Peters / Ossenbühl*, Übertragung, S. 101; *Spilger*, Betriebsverfassungsrecht, S. 221; GK-*Thiele*, BetrVG, 3. Bearb., § 77 Rdnr. 122; *Zöllner*, ZfA 1988, S. 275 f.

[14] *Linnenkohl*, BB 1988, S. 1459 und BB 1989, S. 2472 f. und ArbR d. Gegenwart 26 (1989), S. 90; *Löwisch*, DB 1984, S. 2458 und NZA 1985, S. 171; *Richardi*, NZA 1988, S. 673; GK-*Thiele*, BetrVG, 3. Bearb., § 77 Rdnr. 124 („Ermächtigungscharakter"); *Weyand*, AuR 1989, S. 197.

[15] Uneingeschränkt angenommen von LAG Niedersachsen (4.2.1986) NZA 1986, Beil. 2, S. 15; *Brunz*, NZA 1986, Beil. 2, S. 5; *Ziepke*, Tarifvertrag 1984, § 2 Anm. 5, (S. 13) und BB 1985, S. 286. Hilfserwägung bei *Hanau*, NZA 1985, S. 76 f. In bezug auf die Einigungsstelle bejaht von *Buchner*, DB 1985, S. 922 f. und *Zöllner*, ZfA 1988, S. 277.

[16] Vgl. beispielsweise *v. Hoyningen-Huene / Meier-Krenz*, ZfA 1988, S. 316.

ergeben. Einerseits wird behauptet, eine derartige Bestimmung könne nur für die beiderseits Tarifgebundenen wirken[17]. Andererseits wird in der Bestimmungsklausel zugunsten der Betriebspartner eine Norm über betriebsverfassungsrechtliche Fragen gesehen, so daß über § 3 Abs. 2 TVG eine Wirkung für alle Arbeitnehmer eines Betriebs eintreten kann, wenn der Arbeitgeber tarifgebunden ist[18].

Da die Ersetzung der Betriebsvereinbarung durch einen Spruch der Einigungsstelle vorgesehen war, wird zudem der Standpunkt vertreten, es liege eine Erweiterung der erzwingbaren Mitbestimmung des Betriebsrats vor. Zumindest aus der Sicht derjenigen, die die Festlegung des Umfangs der Arbeitszeit nicht von § 87 Abs. 1 Nr. 2 BetrVG erfaßt sehen[19], ergibt sich ein neues, tariflich begründetes, erzwingbares Mitbestimmungsrecht. Damit ist zum einen die Frage aufgeworfen, ob und unter welchen Voraussetzungen eine solche Erweiterung zulässig ist[20]. Zum anderen fragt es sich, welche Rechtsfolgen daraus resultieren. Das Bundesarbeitsgericht sieht durch tariflich begründete Befugnisse die gesetzliche Regelung nicht berührt. Der Arbeitgeber sei davon genauso betroffen wie bei einem tariflich eingeräumten Bestimmungsrecht[21]. Auch andere setzen eine Bestimmungsklausel zugunsten von betriebsverfassungsrechtlichen Organen mit der Erweiterung der gesetzlichen Mitbestimmungsrechte gleich[22]. Demgegenüber unterscheidet die Gegenauffassung zwischen der „reinen“ Erweiterung der Mitbestimmungsrechte und der Beteiligung der Betriebspartner innerhalb der tariflichen Regelung[23]. Da

---

[17] BAG (18.8.1987) AP Nr. 23 zu § 77 BetrVG 1972 (unter II 3 a); *Buchner*, DB 1985, S. 922 f.; *Hanau*, NZA 1985, S. 77; *v. Hoyningen-Huene/Meier-Krenz*, ZfA 1988, S. 298; *Richardi*, NZA 1988, S. 673.

[18] LAG Schleswig-Holstein (27.8.1986) DB 1986, S. 2440; *Hueck/Nipperdey/Säcker*, ArbR II 1, S. 288; *Meier-Krenz*, Beteiligungsrechte, S. 21; *Wiedemann/Stumpf*, TVG, § 1 Rdnr. 299.

[19] A.A. *Fitting/Auffarth*, BetrVG, § 87 Rdnr. 44.

[20] Vgl. nur *Hueck/Nipperdey/Säcker*, ArbR II 1, S. 295 ff.; *Wiedemann/Stumpf*, TVG, § 1 Rdnr. 250. Grundlegend jetzt BAG (10.2.1988) AP Nr. 53 zu § 99 BetrVG 1972.

[21] BAG (18.8.1987) AP Nr. 23 zu § 77 BetrVG 1972 (unter III 2 b a.E.).

[22] *Hueck/Nipperdey/Säcker*, ArbR II 1, S. 288 und 293 ff.; *Wiedemann/Stumpf*, TVG, § 1 Rdnr. 299.

[23] *Buchner*, AR-Blattei D, Tarifvertrag VA (unter III 2 b, bb); *Richardi*, Kollektivgewalt, S. 262, NZA 1984, S. 388, NZA 1988, S. 676, und *Dietz/Richardi*, BetrVG, vor § 87 Rdnr. 12 und 13; *v. Hoyningen-Huene/Meier-Krenz*, ZfA 1988, S. 296; *Meier-Krenz*, Beteiligungsrechte, S. 12 f., und DB 1988, S. 2153; *Spilger*, Betriebsverfassungsrecht, S. 205 ff.

die Tarifverträge zur Arbeitszeitverkürzung nur die Ausfüllung der Tarifnormen wollten, lägen allenfalls unselbständige, auf den Tarifvertrag aufbauende Beteiligungsrechte vor, die andere Rechtsfolgen als eine bloße Erweiterung der Mitwirkungsrechte hätten.

2. Einordnung der betrieblichen Regelungen

Entsprechend der Ungewißheiten bei der Einordnung der tariflichen Regelung ist auch die Beurteilung der aufgrund des Tarifvertrages vorgesehenen Betriebsvereinbarungen oder der Sprüche der Einigungs- bzw. Schlichtungsstellen umstritten.

Das Bundesarbeitsgericht hat gezweifelt, ob überhaupt Betriebsvereinbarungen im betriebsverfassungsrechtlichen Sinne vorliegen können, dies aber letztlich bejaht[24]. Andererseits bauen die Betriebsvereinbarungen auf eine tarifliche Regelung auf und könnten deshalb einen besonderen Charakter haben[25]. Daraus ist sogar der Schluß gezogen worden, die Betriebsvereinbarungen könnten nur die beiderseits Tarifgebundenen normativ erfassen[26].

Das Bundesarbeitsgericht mißt dem Umstand, daß die Betriebsvereinbarungen aufgrund tariflicher Zulassung ergehen, keine besondere Bedeutung bei. Die Wirkung der Betriebsvereinbarung gemäß § 77 Abs. 4 Satz 1 BetrVG werde dadurch nicht beeinträchtigt. Arbeitgeber und Betriebsrat nähmen eine gesetzliche Befugnis wahr[27]. Dem wird jedoch widersprochen. Die Rechte seien im Tarifvertrag begründet. Es sei nicht unbedeutend, daß die betriebliche Regelung aufgrund einer tariflichen Erlaubnis ergehe. Es könne sich nicht um originäre Befugnisse handeln, sondern die Betriebspart-

---

[24] BAG (18.8.1987) AP Nr. 23 zu § 77 BetrVG 1972 (unter II 3 a).

[25] *Kissel*, NZA 1986, S. 80 („Tarifvertragsvertretende Betriebsvereinbarungen"); *Hanau*, NZA 1985, S. 76 („Betriebsvereinbarung zur Ausführung von Tarifverträgen"); *Löwisch*, NZA 1985, S. 171; *Richardi*, ZfA 1990, S. 223 (erwägt „Betriebsvereinbarung in Wahrnehmung tariflich übertragener Befugnisse"); *Ziepke*, Tarifvertrag 1984, § 3 Anm. 2 (S. 51) („Betriebsvereinbarungen im nur formellen Sinn").

[26] *Buchner*, RdA 1990, S. 4; *Hanau*, NZA 1985, S. 76; *Löwisch*, DB 1984, S. 2458; *Weyand*, AuR 1989, S. 197; *Ziepke*, BB 1985, S. 286 und Tarifvertrag 1984, § 2 Anm. 5 (S. 13). Vgl. auch *Canaris*, AuR 1966, S. 134 Fn. 33 und S. 136 Fn. 57.

[27] BAG (18.8.1987) AP Nr. 23 zu § 77 BetrVG 1972 (unter II 3 b); LAG Düsseldorf (15.10.1985) NZA 1986, Beil. 2, S. 13. Ebenso *Buchner*, DB 1985, S. 916 und RdA 1990, S. 5; *v. Hoyningen-Huene / Meier-Krenz*, ZfA 1988, S. 299 und 304; *Zöllner*, ZfA 1988, S. 276.

ner leiteten ihre Kompetenz von den Tarifpartnern ab[28]. Gesetzliche Befugnisse könnten auch deshalb nicht vorliegen, weil die verhältnismäßig engen tariflichen Vorgaben auf betrieblicher Ebene übernommen werden müßten[29].

3. Zulässigkeit der Verlagerung

Weiter ist umstritten, ob die Vorgehensweise der Tarifvertragsparteien im sogenannten „Leber-Kompromiß" zulässig ist. In erster Linie sind Bedenken geäußert worden, weil die Geltungsbereiche von Tarifvertrag und Betriebsvereinbarung bzw. Spruch der Einigungsstelle sich nicht deckten[30]. Während Tarifverträge normativ nur die beiderseits Tarifgebundenen erfaßten, müßten betriebliche Regelungen betriebseinheitlich gelten. Die nähere Konkretisierung des Tarifvertrages könnte daher nicht durch eine Betriebsvereinbarung oder eine Einigungsstellenentscheidung erfolgen, weil dadurch der Geltungsbereich des Tarifvertrages erweitert werde. Anderenfalls seien die nicht tarifgebundenen Arbeitnehmer in ihrer negativen Koalitionsfreiheit gemäß Art. 9 Abs. 3 GG verletzt. Keine Legitimationsprobleme und auch keinen Verstoß gegen die negative Koalitionsfreiheit ergeben sich für diejenigen, die vom Betriebsrat nur gesetzlich begründete Befugnisse wahrgenommen sehen[31].

Nicht nur der Machtzuwachs auf betrieblicher Ebene, sondern auch der Verlust auf der Seite der Tarifvertragsparteien hat zu Bedenken Anlaß gegeben. Davon könnten ernstzunehmende Gefahren für die Tarifautonomie ausgehen[32]. Art. 9 Abs. 3 GG verbiete, daß sich die Tarifvertragsparteien ihrer Befugnisse entäußerten. Grundsätzlich sei deshalb eine Verlagerung der Kompetenz ausgeschlossen. Auch aus § 77 Abs. 3 BetrVG könnte eventuell ein Delegationsverbot hergeleitet werden[33]. Allerdings wurden die Tarifver-

---

[28] Ausdrücklich *Linnenkohl*, BB 1988, S. 1460.

[29] *Löwisch*, SAE 1988, S. 104 („Verlängerter Arm"); *Schüren*, RdA 1988, S. 143; *Ziepke*, BB 1985, S. 284 („Transmissionsriemen").

[30] *v. Hoyningen-Huene / Meier-Krenz*, ZfA 1988, S. 315 f.; *Löwisch*, DB 1984, S. 2457; *Richardi*, NZA 1984, S. 388.

[31] BAG (18.8.1987) AP Nr. 23 zu § 77 BetrVG 1972 (unter II 3 b). Ebenso *Buchner*, RdA 1990, S. 5; *v. Hoyningen-Huene / Meier-Krenz*, ZfA 1988, S. 303 f.; *Zöllner*, ZfA 1988, S. 276.

[32] Vgl. dazu *Herschel*, AuR 1984, S. 322; *Kissel*, NZA 1986, S. 73 ff.; *Seifert*, WSI-Mitteilungen 1985, S. 78.

[33] *Kissel*, NZA 1986, S. 79.

träge zur Arbeitszeitverkürzung deshalb im Ergebnis nicht für unzulässig gehalten. Das Bundesarbeitsgericht meinte, die Tarifvertragsparteien hätten die Arbeitszeit so eingehend geregelt, daß Arbeitgeber und Betriebsrat nur ein sehr geringer Spielraum verbliebe[34]. Auch im Schrifttum findet sich die Auffassung, die Tarifvertragsparteien hätten die Grenze zur unzulässigen Delegation nicht überschritten, weil Inhalt, Zweck und Ausmaß der ausgesprochenen Ermächtigung analog Art. 80 Abs. 1 GG im Tarifvertrag festgelegt seien[35]. Gewisse grundlegende Dinge seien vorgegeben. Eine begrenzte Verlagerung auf die betriebliche Ebene sei zulässig[36].

II. Der Untersuchungsgegenstand: Tatbestand und Rechtsfolgen einer Delegation

Die Tarifverträge zur Arbeitszeitverkürzung sind nur ein Beispiel für eine tarifliche Regelung, in der die Tarifpartner gewisse Fragen nicht selbst bewältigen und statt dessen die Regelung Dritten überlassen.

Bei den Vorschriften des „Leber-Kompromisses" sollten die Betriebspartner die verbleibenden Fragen regeln. Es ist aber auch denkbar, daß andere als Betriebsrat und Arbeitgeber vom Tarifvertrag damit beauftragt sind. Beispielsweise könnte der Tarifvertrag vorsehen, daß allein der Arbeitgeber lückenhafte Tarifbestimmungen ergänzen soll. Auch ist die Einsetzung einer Schlichtungsstelle, eines Schiedsgerichts oder eines Schiedsgutachters vorstellbar. Weiter könnten die Regelungen anderer (staatlicher oder privater) Gesetzgeber in die tarifliche Regelung einbezogen sein. Eine vollständige Erfassung der Probleme muß verschiedene Adressaten einer Verlagerung gleichermaßen berücksichtigen.

In den Fällen der Arbeitszeitverkürzung war das Mittel der Betriebsvereinbarung bzw. des Spruchs der Einigungsstelle vorgeschrieben, um den Tarifvertrag zu ergänzen. Das lag nahe, weil der Betriebsrat und der Arbeitgeber handeln sollten. Aber auch dies ist nicht zwingend. Der Tarifvertrag könnte ebensogut die Regelung enthalten, daß Arbeitgeber und Betriebsrat als „Be-

---

[34] BAG (18.8.1987) AP Nr. 23 zu § 77 BetrVG 1972 (unter II 3 b).

[35] *Däubler*, ArbR I, 4.5.3.5., S. 186 f.; *Hagemeier / Kempen*, TVG, Einl. Rdnr. 84 a; *v. Hoyningen-Huene / Meier-Krenz*, ZfA 1988, S. 300; *Wiedemann*, in: *Beuthien* (Hrsg.), Arbeitsteilhaber, S. 155; *Zachert*, NZA 1988, S. 188.

[36] *Buchner*, NZA 1986, S. 379 f. und RdA 1990, S. 2; *Fitting / Auffarth*, BetrVG, § 77 Rdnr. 84; *Heinze*, NZA 1989, S. 48; *Linnenkohl*, BB 1988, S. 1459; *Meier-Krenz*, DB 1988, S. 2153; *Weyand*, AuR 1989, S. 196; *Zöllner*, ZfA 1988, S. 279.

stimmungsberechtigte" oder als „Schiedsgutachter" tätig werden sollen. Dann braucht offenbar nach dem Willen der Tarifvertragsparteien die betriebliche Regelung nicht unbedingt eine Betriebsvereinbarung zu sein. Auch anderen Adressaten kann vom Tarifvertrag vorgeschrieben sein, auf welche Art und Weise und mit welchen Mitteln sie zu handeln haben. Theoretisch ist sogar denkbar, daß die Tarifvertragsparteien versuchten, das Mittel des Tarifvertrages vorzuschreiben. Die verschiedenen Formen müssen ebenfalls in die Betrachtung einbezogen werden. Die Untersuchung darf nicht auf den Fall einer Ergänzung des Tarifvertrages durch Betriebsvereinbarung bzw. Entscheidung der Einigungsstelle verengt bleiben.

In den Tarifbestimmungen zur Arbeitszeitverkürzung waren enge Vorgaben gemacht, die Arbeitgeber und Betriebsrat bzw. die Einigungsstelle zu beachten hatten. Der tariflich eingeräumte Entscheidungsspielraum hätte auch weiter sein können. So ist denkbar, daß den Betriebspartnern eine beliebige Festsetzung der Arbeitszeit gestattet wird. Umgekehrt hätten die Grenzen der Befugnis auch präziser gefaßt sein können. Beispielsweise durch die Festlegung der allgemeinen Arbeitszeit und die Erlaubnis, davon in näher beschriebenen, besonderen Fällen abzuweichen. Eine Untersuchung muß das Maß der eingeräumten Spielräume beachten. Sie darf nicht bei den Regelungen zur Arbeitszeitverkürzung stehenbleiben.

Vielmehr ist ganz allgemein zu erörtern, ob und unter welchen Voraussetzungen die Tarifvertragsparteien eine unvollständige tarifliche Regelung vereinbaren können und zugleich vorsehen dürfen, daß Dritte die verbleibenden Fragen bewältigen. Die im Zusammenhang mit dem „Leber-Kompromiß" aufgetauchten Probleme offenbaren sich dann als allgemeine Frage nach den Rechtsfolgen eines derartigen Vorgehens. Es stellt sich die Aufgabe der Untersuchung von Tatbestand und Rechtsfolgen einer Delegation tariflicher Rechtsetzungsbefugnisse.

1. Teil

Tatbestand und Zulässigkeit einer Delegation

§ 2 Der Tatbestand einer Delegation

Der Tatbestand einer Delegation läßt sich nicht streng definieren. Durch eine zu einseitige Begriffsbildung kann man die vollständige Erfassung des Phänomens von vorneherein erschweren, weil man bestimmte Betrachtungsweisen ausklammert. Deshalb soll zuerst nur das Wesen der Delegation beschrieben werden (I). Dann werden einige Tatbestandsmerkmale näher erörtert, indem verschiedene Arten der Delegation aufgeschlüsselt werden (II). Schließlich muß die Delegation von ähnlichen Erscheinungen abgegrenzt werden (III).

I. Wesensmerkmale

Eine Delegation stellt sich unterschiedlich dar je nachdem, ob man auf den Akt der Kompetenzverlagerung, auf die delegierende Regelung oder auf die Tätigkeit des durch die Delegation Begünstigten abstellt.

1. Kompetenzverlagerung

Mit „Delegation" werden Sachverhalte umschrieben, in denen eine Kompetenz verlagert wird[1]. Der Kompetenzinhaber, der zum Deleganten wird, überträgt seine Rechte auf andere, sogenannte Delegatare. Kennzeichnend ist das Weggeben der Kompetenz auf der einen Seite und das Erhalten neuer Befugnisse auf der anderen Seite.

Die Verlagerung wird mittels einer Ermächtigung durch den Deleganten zugunsten des Delegatars bewirkt[2]. Für letzteren wird die Befugnis begründet, an Stelle des ursprünglichen Kompetenzinhabers tätig zu werden. Die Ermächtigung betrifft Angelegenheiten, deren Regelung eigentlich dem Dele-

---

[1] Grundlegend *Triepel*, Delegation, S. 23.

[2] Kritisch zum Begriff „Ermächtigung" *Triepel*, Delegation, S. 28.

ganten zugewiesen ist[3]. Daher ist es berechtigt, von einer für den Delegatar „fremden" Befugnis zu sprechen. Andererseits tritt der Delegatar, im Gegensatz zu einem Vertreter, im eigenen Namen auf[4]. Die Ermächtigung ist zu seinen Gunsten ausgesprochen. Sie stellt eine Grundlage für sein Handeln dar. Durch die Delegationsnorm werden daher für den Delegatar auch „eigene" Rechte begründet.

2. Inhaltliche Unbestimmtheit

Betrachtet man die delegierende Regelung, stellt sich die Delegation als eine inhaltliche Unbestimmtheit dar[5]. Der Kompetenzinhaber hat sich nicht oder jedenfalls nicht vollständig selbst mit der Sache beschäftigt, sondern eine Ermächtigung zugunsten anderer ausgesprochen, die Regelung an seiner Stelle vorzunehmen. Er hat damit die eigene Befugnis auf andere übertragen, anstatt selbst die Materie festzulegen. Auch die Ermächtigung ist zwar eine Art der Normierung[6], im Gegensatz zu einer Sachregelung wird aber lediglich das Verfahren normiert[7]. Delegation zeichnet sich daher durch Regelungen aus, die keinen oder nur einen geringen materiellen Regelungsgehalt haben. Wenn die Tarifpartner beispielsweise festlegen, daß Arbeitgeber und Betriebsrat die Arbeitszeit für den Betrieb bestimmen sollen, stellt das zwar eine tarifvertragliche Regelung dar. Das Verfahren wird tariflich geregelt, die Arbeitszeit ist aufgrund des Tarifvertrages zumindest „bestimmbar". Eine solche Tarifnorm ist aber deutlich inhaltsärmer als eine Tarifklausel, die die Arbeitszeit auf 35 Stunden festlegt.

Die Regelungsdichte einer tariflichen Normierung kann sehr unterschiedlich sein. Es läßt sich eine unbestimmte sehr weite Globalermächtigung genauso denken wie eine an ganz enge Voraussetzungen gebundene Einräumung von Rechten. Mit dem Maß der Unbestimmtheit nimmt der Charakter als Delegation zu. Je weniger die Tarifpartner selbst regeln, desto größer ist

---

[3] Vgl. *Triepel*, Delegation, S. 9.

[4] *Herschel*, BB 1963, S. 1222; *Triepel*, Delegation, S. 26 und 42.

[5] Zum Zusammenhang zwischen Delegation und Regelungsdichte bzw. Bestimmtheit vgl. *Ossenbühl*, Hdb d. StaatsR III, § 62 Rdnr. 42; *Staupe*, Delegationsbefugnis, S. 136 ff.

[6] Das betont *Triepel*, Delegation, S. 29 f.

[7] BAG (23.3.1962) AP Nr. 1 zu § 56 BetrVG Akkord (unterscheidet zwischen Regelung der Mitbestimmung und Regelung der Angelegenheit); *Adomeit*, Rechtsquellenfragen, S. 72 ff. (unterscheidet zwischen Verhaltensregeln, Erzeugungsregeln und Organisationsregeln).

die verlagerte Kompetenz. Sehen die Tarifpartner vor, daß die Arbeitszeit in besonderen Notfällen verlängert werden kann, wird man das nicht ohne weiteres als eine Delegation empfinden. Es ist aber nur graduell von dem Fall zu unterscheiden, daß die Betriebspartner die Arbeitszeit innerhalb bestimmter Grenzen selbst festlegen dürfen und dabei betriebliche Belange zu berücksichtigen haben. Die tariflich vorgegebenen Voraussetzungen können immer weiter und unbestimmter gedacht werden. Dabei ist die Tarifnorm, daß alle Arbeitszeitfragen durch Betriebsvereinbarung festzulegen seien, keineswegs die weiteste Fassung. Die Tarifpartner könnten sogar bestimmen, alle Arbeits- und Wirtschaftsbedingungen im Sinne von Art. 9 Abs. 3 GG sollten mittels Betriebsvereinbarung festgelegt werden.

Der Tatbestand der Delegation ist jedoch nicht erst ab einem gewissen Grad der Unbestimmtheit gegeben, sondern jede Regelung stellt wegen ihrer relativen Unbestimmtheit zugleich eine mehr oder weniger große Delegation dar[8]. Soweit materielle Bestimmungen getroffen werden, bedeutet das eine Wahrnehmung der eigenen Kompetenz. Soweit dagegen noch Fragen offenbleiben, wird die endgültige Entscheidung verlagert. Das Maß der Bestimmtheit und die Delegation sind Kehrseiten derselben Medaille. Ein und dieselbe Regelung erscheint aus unterschiedlichen Perspektiven als Delegation oder als Wahrnehmung der eigenen Kompetenz. Der Tarifvertrag, der eine durchschnittliche Arbeitszeit von 38,5 Stunden innerhalb der Spannweite von 37 bis 40 Stunden vorschreibt, regelt schon eine Verkürzung als solche. Insoweit ist die Arbeitszeit relativ bestimmt. Gleichzeitig ergibt sich daraus aber noch nicht die Arbeitszeit für den einzelnen Arbeitnehmer. Diesbezüglich haben die Tarifpartner lediglich eine Ermächtigung zugunsten der betrieblichen Ebene ausgesprochen. Die Tarifnorm ist also materielle Regelung und Ermächtigung zugleich.

Einen logischen Vorrang zwischen beiden Aspekten gibt es nicht. Das halb gefüllte Glas ist halb voll und halb leer gleichzeitig. Entscheidend ist nicht die Perspektive, sondern die Frage nach dem Maß. Wieviel müssen die Tarifpartner selbst und in bestimmter Weise regeln und wieviel dürfen sie anderen zur Regelung überlassen? Es ist die Frage nach einem Tarifvorbehalt oder nach der Zulässigkeit einer Delegation[9]. Diejenigen Fragen, die den Tarifpartnern ausschließlich zur Selbstregelung vorbehalten sind, können nicht delegiert werden. Ein Tarifvertrag kann insoweit keine Ermächtigung aus-

---

[8] Den umgekehrten Standpunkt beziehen *Hesse*, VerfR, Rdnr. 525; *Geitmann*, Offene Normen, S. 67 f. Sie schließen aus der relativen Bestimmtheit jedes Gesetzes, daß selbst die Ermächtigung zur Rechtsverordnung keine Delegation sein könne.

[9] Siehe unten § 3.

sprechen, sondern muß bei materieller Betrachtung die Angelegenheit als solche regeln. Er muß gewissen Bestimmtheitsanforderungen entsprechen.

3. Regelungsbefugnis

Aus der Perspektive derjenigen, die durch die tarifliche Ermächtigung begünstigt werden, bedeutet die Delegation die Einräumung einer Regelungsbefugnis. Es wird keine Regelung geschaffen, die nur noch anzuwenden wäre, sondern die Aufstellung der Regelung bleibt zumindest zu einem Teil dem Delegatar überlassen. Je unbestimmter der Tarifvertrag, desto größer ist der Beurteilungsspielraum. Je weniger die Tarifpartner selbst regeln, desto mehr müssen die nachgeordneten Instanzen statt ihrer entscheiden. Delegation beinhaltet daher stets Ermessen. Soweit bei der Anwendung von Tarifverträgen ein Ermessen eingeräumt ist, liegt auch eine Delegation vor.

Dabei kann es sich um Tatbestands- oder Rechtsfolgeermessen handeln. Es ist in erster Linie eine Frage der Gesetzestechnik, ob unbestimmte Rechtsbegriffe verwendet und damit weite Beurteilungsspielräume eröffnet werden oder ob das entsprechende Ermessen ausdrücklich zugesprochen wird[10]. Unterschiede ergeben sich allenfalls in bezug auf das Maß der gerichtlichen Kontrolle, wenn es zu entscheiden gilt, ob eine voll kontrollierbare Rechtsfrage oder eine nur eingeschränkt überprüfbare Regelungsfrage vorliegt[11]. Ein Tarifvertrag, der dem Arbeitgeber eine Versetzung auf niedriger entlohnte Arbeitsplätze gestattet, wenn dafür ein „besonderes Bedürfnis" vorliegt, ist nicht unbedenklicher als die Ermächtigung, selbst zu entscheiden, wann ein Arbeitnehmer derartig versetzt werden darf.

Die Anwendung von unbestimmten Rechtsbegriffen ist nicht nur bloße Normanwendung, sondern zugleich auch Regelung der Angelegenheit. Wegen der relativen Unbestimmtheit der tariflichen Regelung bedarf es einer subjektiven Wertung. Jeder Rechtsanwendung kommt daher mehr oder weniger ein Moment der Rechtsschöpfung zu. Die abstrakte Norm muß für die Anwendung näher konkretisiert und für den Einzelfall ausgelegt werden. Reine Rechtsanwendung, die nur im Erkennen der einzig „richtigen" Lösung be-

---

[10] Vgl. dazu nur *Rieble*, Kontrolle des Ermessens, S. 59 ff.; *Sendler*, FS Ule, S. 337 ff. Das Festhalten an der gegenteiligen Auffassung behindert schon im Staatsrecht das richtige Verständnis moderner Gesetzgebungsprobleme. So kann die Einordnung norminterpretierender Verwaltungsvorschriften nicht gelingen, wenn man nicht auf den Ermächtigungscharakter des Gesetzes abstellt. Die Erkenntnisse der staatsrechtlichen Literatur sollten in das Tarifrecht unmittelbar einfließen.

[11] Siehe unten § 9 I 1 a.

steht, ist lediglich in der Theorie möglich. Regelmäßig können nur die Grenzen des Regelungsermessens erkannt werden. Solange diese nicht überschritten werden, ist jede Auslegung „richtig". Rechtsanwendung bzw. -findung einerseits und Rechtsgestaltung bzw. Regelung andererseits gehen daher ineinander über und lassen sich nicht sauber gegeneinander abgrenzen[12].

Begrenzten Wert haben daher alle Versuche, zwischen Anwendung, Konkretisierung, Interpretation, Ergänzung, Umsetzung o.ä. von Tarifverträgen zu unterscheiden[13]. Eine derartige Klassifizierung der Tätigkeiten verdeutlicht allenfalls, daß es unterschiedliche Grade des Ermessens gibt, das dem Rechtsanwender eingeräumt ist. Wo aber die genauen Grenzen verlaufen, vermögen diese Differenzierungen nicht zu sagen. Deshalb ist es auch nicht verwunderlich, daß die Frage Schwierigkeiten bereitet, was man unter „ergänzenden" Betriebsvereinbarungen im Sinne von § 77 Abs. 3 Satz 2 BetrVG zu verstehen hat[14]. Ob es sich „noch" um Anwendung oder „schon" um Ergänzung handelt, ist nicht entscheidend. Vielmehr kommt es darauf an, ob das in der Norm eingeräumte Ermessen genügend begrenzt oder ob bereits ein so großer Entscheidungsspielraum eingeräumt ist, daß sich der Vorwurf einer unzulässigen Kompetenzverlagerung erheben läßt. Hinter derartigen Differenzierungen verbirgt sich daher ebenfalls die Frage, ob eine Delegation zugelassen werden kann[15].

---

[12] Grundlegend für das Arbeitsrecht BAG (12.10.1955) AP Nr. 1 zu § 63 BetrVG; *Hilger*, BB 1956, S. 10 ff.; *Söllner*, 25 Jahre BAG, S. 605 ff. Vgl. auch BAG (14.3.1967) AP Nr. 3 zu § 61 BetrVG; BAG (9.10.1970) AP Nr. 4 zu § 63 BetrVG; BAG (10.2.1976) AP Nr. 4 zu § 99 BetrVG 1972; BAG (13.7.1977) AP Nr. 2 zu § 87 BetrVG 1972 Kurzarbeit, wo das BAG wegen der generalklauselartigen Weite einen mitbestimmungspflichtigen Entscheidungsspielraum annimmt.

[13] *Säcker*, RdA 1967, S. 373, Fn. 30, unterscheidet zwischen tarifergänzenden und tarifkonkretisierenden Betriebsvereinbarungen. Vgl. auch die entsprechende Typologie für Rechtsverordnungen bei *Klein*, Übertragung, S. 39 ff.; *Ossenbühl*, Hdb d. StaatsR III, § 64 Rdnr. 38.

[14] Siehe unten § 5 I 2.

[15] Siehe unten § 3.

II. Arten

1. Ermächtigung zu tarifvertragsvertretenden oder tarifvertragsabhängigen Regelungen

Gesetze können zu Regelungen ermächtigen, die den Gesetzen gleichstehen oder diesen untergeordnet sind[16]. Auch ein Tarifvertrag kann daher theoretisch tarifvertragsvertretende oder tarifvertragsabhängige Regelungen erlauben.

Wenn die Tarifpartner andere ermächtigten, die Form von Tarifverträgen zu verwenden, könnte der Delegatar Tarifnormen im formellen Sinn schaffen, die den durch die Tarifpartner selbst erlassenen Normen in jeder Hinsicht gleichstünden[17]. Der Delegatar könnte sich, ohne eine tariffähige Koalition zu sein, wie eine solche gerieren. Die Tarifverträge, die eine derartig weite Ermächtigung ausgesprochen hätten, könnten dann durch den Ermächtigungsempfänger abgeändert werden, ohne daß sie unter einem entsprechenden Änderungsvorbehalt stehen müßten. Im Staatsrecht hat es eine vergleichbare Ermächtigung durch das Gesetz vom 24. März 1933 (sogenanntes Ermächtigungsgesetz) gegeben. Darin wurde die Reichsregierung zum Erlaß von Gesetzen im formellen Sinn ermächtigt, weshalb die Bindung an alle vorhandenen Gesetze wegfiel[18].

Wenn dagegen zu Regelungen ermächtigt wird, die im Rang unter Tarifverträgen stehen, wird der Delegatar auf einer zweiten, dem Tarifvertrag nachgeordneten Stufe tätig. Eine eigenmächtige Änderung von Tarifnormen ist dem Begünstigten von vorneherein verwehrt. Zwar können auch abhängige Regelungen höherrangige Normen abändern, solange ein entsprechender Änderungsvorbehalt besteht, die Notwendigkeit dieses Vorbehalts bestätigt aber gerade dann die Abhängigkeit von der übergeordneten Norm. Nur eine dem Tarifvertrag gemäße Regelung kann Gültigkeit beanspruchen.

Eine Ermächtigung zu tarifabhängigen Regelungen ist in den Tarifverträgen des sogenannten „Leber-Kompromisses" ausgesprochen. Darin haben die Tarifpartner nämlich vorgesehen, daß die Einzelheiten ihrer Regelung mittels

---

[16] *Triepel*, Delegation, S. 58 f., spricht von „konservierender" statt „echter" Delegation. Vgl. zu der Unterscheidung zwischen gesetzesabhängigen und gesetzesvertretenden Rechtsverordnungen *Geitmann*, Offene Normen, S. 49; *Klein*, Übertragung, S. 39 ff.; *Schack*, FS Haff, S. 336.

[17] Vgl. BAG (24.2.1988) AP Nr. 2 zu § 1 TVG Tarifverträge: Schuhindustrie.

[18] Vgl. dazu *Maunz* in: Maunz / Dürig, GG, Art. 80 GG Rdnr. 6; *Ossenbühl*, Hdb d. StaatsR III, § 64 Rdnr. 12.

Betriebsvereinbarung bzw. Einigungsstellenspruch geregelt werden sollen. Betriebliche Regelungen dieser Art müssen Tarifverträge beachten. Umgekehrt kann der Tarifvertrag jederzeit die Unwirksamkeit der betrieblichen Regelungen dadurch herbeiführen, daß er eine zwingende andere Sachregelung vorsieht.

2. Offene oder versteckte Ermächtigung

Die Ermächtigung zur Rechtsetzung an Stelle der Tarifpartner kann ausdrücklich ausgesprochen werden. Die Tarifpartner sehen dann zumeist eine nähere Regelung des Verfahrens vor. Beispielsweise kann dem Arbeitgeber eine Konkretisierung des Tarifvertrages erlaubt sein[19]. Dabei kann tariflich geregelt sein, daß er alleine oder nur zusammen mit dem Betriebsrat handeln darf oder daß bei fehlendem Einvernehmen eine Einigungsstelle entscheidet.

Der Tarifvertrag kann eine Ermächtigung aber auch versteckt aussprechen, indem er eine bedeutungsleere Blankettnorm verwendet. Die tarifliche Regelung ist unbestimmt und läßt dem Normanwender deshalb viel Entscheidungsspielraum. Nur bei formeller Betrachtung haben die Tarifvertragsparteien damit selbst von ihrer Rechtsetzungsbefugnis Gebrauch gemacht[20]. Bei materieller Betrachtung dagegen kann darin die gleiche, weite Ermächtigung liegen, die den Vorwurf einer Verlagerung der Befugnis wie in den Fällen der offenen Delegation begründet[21]. Da sich aber die Delegation durch feh-

---

[19] BAG (28.9.1977) AP Nr. 4 zu § 1 TVG Tarifverträge: Rundfunk; BAG (25.1.1978) AP Nr. 10 zu § 611 BGB Croupier; BAG (12.8.1981) AP Nr. 3 zu § 1 TVG Tarifverträge: Bundesbahn; BAG (28.11.1984) AP Nr. 1 und 2 zu § 4 TVG Bestimmungsrecht; BAG (26.11.1986) AP Nr. 15 zu § 1 TVG Tarifverträge: Rundfunk; BAG (15.1.1987) AP Nr. 21 zu § 75 BPersVG; BAG (12.1.1989) AP Nr. 14 zu § 50 BAT.

[20] In bezug auf dynamische Verweisungen *Buchner*, AR Blattei D, Tarifvertrag V C (unter II 2); *Däubler / Hege*, TVG, Rdnr. 55; *Hagemeier / Zachert*, TVG, § 1 Rdnr. 240; *Herschel*, BB 1963, S. 1222 f.; *Iffland*, DB 1964, S. 1739; *Wiedemann / Stumpf*, TVG, § 1 Rdnr. 104.

[21] In bezug auf dynamische Verweisungen *Blomeyer*, ZfA 1980, S. 68; *Dietz*, FS Nipperdey 1965, Bd. II, S. 156 f.; *Frey*, AuR 1958, S. 306 f.; *Gröbing*, AuR 1961, S. 336; *Groß*, BlStSozArbR 1965, S. 287 f.; *Hanau*, Anm. zu BAG (18.3.1976) AP Nr. 4 zu § 87 BetrVG 1972 Altersversorgung; GK-*Kreutz*, BetrVG, § 77 Rdnr. 40; *Mangen*, Anm. zu BAG (10.11.1982) AP Nr. 8 zu § 1 TVG Form; *Mayer-Maly*, FS Ernst Wolf, S. 475 ff. ; *Nipperdey / Säcker*, AR Blattei D, Tarifvertrag II B (unter III 1 c); *Sachs*, NJW 1981, S. 1652; *Strasser*, FS Floretta, S. 628; *Wiedemann*, Anm. zu BAG (9.7.1980) AP Nr. 7 zu § 1 TVG Form.

lende materielle Regelungen auszeichnet, kann auch nur aus materieller Perspektive entschieden werden, ob eine Ermächtigung vorliegt[22].

Dieser Auffassung scheint allerdings die Rechtsprechung des Bundesarbeitsgerichts zu widersprechen. Unbestimmte tarifliche Blankettnormen waren für das Gericht ausreichend, um eine eigene Regelung der Tarifpartner zu bejahen. Eine materielle Ermächtigung zugunsten Dritter könne darin nicht erblickt werden, weil die Koalitionen selbst von ihrer Rechtsetzungsbefugnis Gebrauch gemacht hätten. Es liege keine Übertragung der Rechtsetzungsbefugnisse und damit keine Delegation vor. Verweisungen auf andere Tarifverträge sind zugelassen worden, auch wenn sie auf den Tarifvertrag in der jeweiligen, d.h. auch der zukünftigen Form verwiesen haben (dynamische Verweisungen). Die Tarifpartner hätten mit der Verweisungsnorm ihre eigene Rechtsetzungstätigkeit ausgeübt[23]. Auch unbestimmte Rechtsbegriffe, die von den unteren Instanzen als „bar jeden eigenen Rechtsinhalts" angesehen wurden, sind vom Bundesarbeitsgericht gebilligt worden[24]. Eine Ermächtigung wurde darin, entgegen einiger Ansichten im Schrifttum[25], nicht gesehen.

In der Rechtsprechung des Bundesarbeitsgerichts gibt es jedoch zugleich auch Hinweise darauf, daß Blankettnormen Ermächtigungscharakter haben können. Das Bundesarbeitsgericht hat an anderer Stelle bedeutungsarme Tarifnormen für nicht ausreichende Regelungen gehalten. Die dynamische Verweisung ist ursprünglich als unzureichende Wahrnehmung der eigenen Befugnis gesehen worden[26]. Man hat also nicht auf die Form, sondern auf den materiellen Gehalt abgestellt. Die Einräumung eines größeren Beurteilungsspielraums für den Arbeitgeber, so hat das Bundesarbeitsgericht in anderem Zusammenhang betont, stelle keine inhaltliche Regelung durch den

---

[22] *Peters/Ossenbühl*, Übertragung, S. 99 Fn. 234; *Sachs*, NJW 1981, S. 1652; *Strasser*, FS Floretta, S. 632.

[23] BAG (9.7.1980) AP Nr. 7 zu § 1 TVG Form; BAG (9.6.1982) AP NR. 1 zu § 1 TVG Durchführungspflicht; BAG (10.11.1982) AP Nr. 8 zu § 1 TVG Form.

[24] BAG (29.1.1986) AP Nr. 115 zu § 22, 23 BAT 1975; LAG Niedersachsen 28.2.1979) AP Nr. 13 a zu § 22, 23 BAT 1975; zu den Vorinstanzen vgl. ArbG Hildesheim (18.8.1978) AP Nr. 13 zu § 22, 23 BAT 1975; BAG (29.1.1986) AP Nr. 115 zu § 22, 23 BAT 1975 (unter 5).

[25] *Herschel*, Anm. zu ArbG Hildesheim (18.8.1978) und LAG Niedersachsen (28.2.1979) AP Nr. 13 und 13a zu § 22, 23 BAT 1975; *Volkmar*, Anm. zu RAG (29.5.1940; 2.6.1940; 10.6.1940) ARS 39, S. 438.

[26] BAG (27.2.1956) AP Nr. 3 zu § 4 TVG Geltungsbereich; BAG (18.3.1976) AP Nr. 4 zu § 87 BetrVG 1972 Altersversorgung.

Tarifvertrag dar. Diese liege nur vor, wenn die Tarifnorm nur noch zu vollziehen sei, der Arbeitgeber also nichts mehr selbst zu bestimmen habe[27]. In diesen Fällen hat das Bundesarbeitsgericht die eigene Regelung der Tarifvertragsparteien verneint, weil es sich nur um Blankettnormen handelte, die noch ausfüllungsbedürftig waren. Damit hat es indirekt zugestanden, daß Blankettnormen versteckt ermächtigen können.

Zugleich hat das Bundesarbeitsgericht bei unbestimmten Tarifverträgen eine Reihe von zusätzlichen materiellen Kriterien aufgestellt, die auf den versteckten Ermächtigungscharakter von Blankettnormen deuten. Nicht nur bei der Bewertung der Tarifverträge zur Arbeitszeitverkürzung hat das Gericht überprüft, ob die Tarifpartner genügend selbst geregelt haben[28]. Auch unbestimmte Rechtsbegriffe und Generalklauseln sind auf ihre Auslegungsfähigkeit überprüft worden. Denn nur wenn gewisse Bestimmtheitsanforderungen eingehalten sind, können Tarifverträge trotz der Verwendung von Blankettbegriffen justitiabel sein[29]. Dynamische Verweisungen sind darauf untersucht worden, ob die Tarifvertragsparteien die Sachgerechtigkeit der aufgrund der Verweisung eintretenden Regelung im voraus beurteilen und übersehen können[30]. Daraus kann gefolgert werden, daß die Blankettnorm allein nicht ausreicht, um tarifliche Rechtsetzungsbefugnisse wirksam auszuüben.

Mit Blankettregelungen können die Tarifpartner, so das Bundesarbeitsgericht, die immanenten Grenzen der Regelungsbefugnis überschreiten[31]. Warum das so ist und wo diese Grenze verläuft, bleibt unklar, solange man nicht zugibt, daß es sich dabei um eine versteckte Ermächtigung handelt. Den richtigen Gedankengang gibt das Bundesarbeitsgericht nur in einem Nebensatz zu erkennen: Eine Verweisungsnorm sei unwirksam, wenn dadurch die Rechtsetzungsbefugnis auf andere Tarifvertragsparteien delegiert werde[32]. Demnach kann in der Blankettnorm eine unzulässige Ermächtigung liegen.

---

[27] BAG (5.3.1974) AP Nr. 1 zu § 87 BetrVG 1972 Kurzarbeit; BAG (18.4.1989) AP Nr. 18 zu § 87 BetrVG 1972 Tarifvorrang; BAG (4.7.1989) AP Nr. 20 zu § 87 BetrVG 1972 Tarifvorrang; BAG (13.2.1990) AP Nr. 45 zu § 118 BetrVG 1972.

[28] BAG (18.8.1987) AP Nr. 23 zu § 77 BetrVG 1972 (unter II 3 b).

[29] BAG (29.1.1986) AP Nr. 115 zu § 22, 23 BAT 1975.

[30] BAG (9.7.1980) AP Nr. 7 zu § 1 TVG Form; BAG (9.6.1982) AP NR. 1 zu § 1 TVG Durchführungspflicht; BAG (10.11.1982) AP Nr. 8 zu § 1 TVG Form.

[31] Für dynamische Verweisungen BAG (10.11.1982) AP Nr. 8 zu § 1 TVG Form. Für Öffnungsklauseln zugunsten betrieblicher Regelungen BAG (18.8.1987) AP Nr. 23 zu § 77 BetrVG 1972 (unter II 3 b).

[32] BAG (10.11.1982) AP Nr. 8 zu § 1 TVG Form (Blatt 4).

Die vom Bundesarbeitsgericht geforderten Voraussetzungen für dynamische Verweisungen erweisen sich also bei näherer Betrachtung als Zulässigkeitsvoraussetzungen für eine Ermächtigung. Die Prüfung, ob der Tarifvertrag trotz seiner relativen Unvollständigkeit noch gewisse materielle Voraussetzungen einhält, ermittelt zugleich, ob die Delegation zugelassen werden kann.

3. Unwiderrufbare oder widerrufbare Ermächtigung

Die Ermächtigung zur Rechtsetzung kann unwiderrufbar erteilt sein. Der Delegant kann dann seine Kompetenz nicht mehr zurückholen, indem er die Ermächtigungsnorm aufhebt. Die Entscheidungsgewalt ist endgültig verlagert. Anders dagegen, wenn die Tarifvertragsparteien sich das Recht vorbehalten, die Ermächtigung zu widerrufen. Der Begünstigte hat dann nur eine zeitlich begrenzte Macht erhalten. Er bleibt auf den Fortbestand der Ermächtigungsnorm angewiesen. Die Tarifvertragsparteien können ihm die erteilten Befugnisse wieder entziehen und sie selbst wahrnehmen. Sie haben damit der Sache nach ein Devolutionsrecht, das eine Kontrolle des Ermächtigungsadressaten und eine Korrektur bei unerwünschter Ausübung der überlassenen Befugnis ermöglicht.

Nach Auffassung des Bundesarbeitsgerichts kann aufgrund der Widerrufbarkeit der Ermächtigung keine Delegation vorliegen. Da die Ermächtigung wieder aufgehoben werden könne, blieben die Tarifvertragsparteien „Herr ihrer Rechtsetzung", sie nähmen ihre Rechtsetzungsbefugnisse selbst wahr. Dies war ein zusätzliches Argument in den Fällen, in denen keine ausdrückliche, sondern nur eine versteckte Ermächtigung vorlag[33]. Es war das entscheidende Argument, wenn der Ermächtigungscharakter nicht mehr zu leugnen war, wie beispielsweise im Fall des sogenannten tariflichen Bestimmungsrechts des Arbeitgebers. In Bestimmungsklauseln wird nämlich das Recht begründet, den unvollständig gebliebenen Tarifvertrag zu konkretisieren. Darin kann höchstens deshalb keine Delegation liegen, weil die Rechte des Bestimmungsberechtigten von der Reichweite und dem Fortbestand der Bestimmungsklausel abhängen[34].

---

[33] So für dynamische Verweisungen BAG (9.7.1980) AP Nr. 7 zu § 1 TVG Form; BAG (9.6.1982) AP Nr. 1 zu § 1 TVG Durchführungspflicht; BAG (10.11.1982) AP Nr. 8 zu § 1 TVG Form.

[34] So BAG (28.9.1977) AP Nr. 4 zu § 1 TVG Tarifverträge: Rundfunk; BAG (15.1.1987) AP Nr. 21 zu § 75 BPersVG.

Bei der Beurteilung der Tarifverträge zur Arbeitszeitverkürzung hat das Gericht aber vorsichtig formuliert[35]: „Es mag Fälle geben, in denen die Tarifvertragsparteien die einem Tarifvertrag immanenten Grenzen der Regelungsbefugnis durch Verzicht auf inhaltliche Gestaltung des Arbeitsverhältnisses überschreiten. Werden materielle Arbeitsbedingungen in größerem Umfang nicht durch den Tarifvertrag selbst geregelt, wird die Regelungsbefugnis vielmehr auf die Parteien des Betriebs verlagert, ist dies mit erheblichen Gefahren für die Tarifautonomie verbunden.“ Daß die betrieblichen Regelungen von der Zulassung durch die Tarifvertragsparteien abhängig waren, hat demnach nicht ohne weiteres ausgereicht. Obwohl die entsprechende Ermächtigung zugunsten der Betriebspartner wieder aufgehoben werden kann (und in der Tarifrunde 1990 wieder aufgehoben wurde) und die Tarifvertragsparteien damit ihre Regelungsbefugnis zurückgewinnen können, ist die kompetenzverlagernde Ermächtigung nicht unbedenklich. Alle Wesensmerkmale einer Delegation können schließlich auch bei einer widerrufbaren Ermächtigung gegeben sein. Das ist in bezug auf die Tarifverträge zur Arbeitszeitverkürzung durch den Präsidenten des Bundesarbeitsgerichts Kissel eindringlich dargelegt worden[36].

Dafür, daß trotz der Möglichkeit des Widerrufs eine Delegation tariflicher Rechtsetzungbefugnisse vorliegt, spricht zunächst, daß die Ermächtigungsnorm nicht ohne weiteres aufhebbar ist[37]. Da Tarifgesetzgebung nämlich Rechtsetzung durch Verträge bedeutet, muß eine Kündigung des Vertrages erfolgen. Das bedeutet zumindest eine zeitliche Verzögerung für den Lauf der Kündigungsfrist. Das Bundesarbeitsgericht hat deshalb eine außerordentliche Kündigung schon für den Fall erwogen, daß über eine Verweisungsnorm der Tarifvertrag einen überraschenden Inhalt erfährt. Selbst wenn man eine derartig schnelle Auflösungsmöglichkeit zugesteht, hilft dies nicht darüber hinweg, daß Teilkündigungen des Tarifvertrages regelmäßig ausgeschlossen sind. Um also eine unerwünschte Ausübung des Bestimmungsrechts oder ein mißliebiges Ergebnis der dynamischen Verweisung zu verhindern, muß das gesamte Vertragswerk aufgekündigt werden. Das kann aber aus anderen Gründen untunlich sein, so daß sich die Tarifpartner widerwillig in eine fremde Regelung fügen werden. Außerdem wirkt auch der gekündigte Tarifvertrag gemäß § 4 Abs. 5 TVG nach. Die einvernehmliche Entziehung der Ermächtigung des Dritten bliebe daher wirkungslos, wenn man sich nicht auf eine neue Regelung einigen kann.

---

[35] BAG (18.8.1987) AP Nr. 23 zu § 77 BetrVG 1972 (unter II 3 a).

[36] *Kissel*, NZA 1986, S. 73 ff.

[37] Zur zeitlichen Bindung vgl. *Wiedemann*, Anm. zu BAG (9.7.1980) AP Nr. 7 zu § 1 TVG Form.

Für die Annahme einer Delegation in derartigen Fällen spricht weiter, daß die Tarifpartner die Ermächtigung mit der Zielsetzung aussprechen, sich selbst zu entlasten. Nach ihrem eigenen Verständnis geht es also gerade um eine Delegation. Das hat sich deutlich am Fall der Arbeitszeitverkürzung gezeigt. Weil eine Kompromißfindung schwierig war, hat man auf eine abschließende Regelung verzichtet und die endgültigen Entscheidungen auf die betriebliche Ebene verschoben. Dann aber ist nicht davon auszugehen, daß dieser Entlastungseffekt durch eine vollständige Kontrolle oder gar einen Widerruf der Zulassung betrieblicher Regelungen wieder zunichte gemacht wird.

Eine vollständige Kontrolle der zugelassenen Regelungen ist zumindest dann nicht möglich, wenn nicht nur eine Verlagerung, sondern zugleich eine Streuung der Kompetenz vorgenommen wurde. Ist es bei einer dynamischen Verweisung noch möglich, die Veränderungen des in bezug genommenen Tarifvertrages nachzuvollziehen, scheidet diese Möglichkeit aus, wenn eine Vielzahl von Regelungen den Tarifvertrag ersetzt. In den Tarifverträgen des „Leber-Kompromisses" war eine Öffnung zugunsten von Betriebsvereinbarungen vorgesehen. Das hatte zur Folge, daß statt einer einheitlichen Regelung jeder Betrieb eine andere Ausgestaltung der tariflichen Vorgaben vornehmen konnte. Eine Überprüfung all dieser Regelungen ist den Tarifvertragsparteien nicht möglich. Sie ist auch gar nicht beabsichtigt. Die Tarifpartner wollen innerhalb des von ihnen gesteckten Rahmens den Betrieben eine Entscheidungsfreiheit einräumen.

4. Ermächtigung zur Rechtsetzung oder Einzelfallregelung

Eine Delegation ist sowohl durch die Begründung von Rechtsetzungsbefugnissen als auch durch eine Einzelaktsermächtigung möglich. Entscheidend ist nur, daß ein Regelungsspielraum eröffnet wird, was in beiden Fällen denkbar ist[38].

So haben die Betriebspartner durch die Tarifverträge zur Arbeitszeitverkürzung die Befugnis erhalten, durch Betriebsvereinbarungen, d.h. allgemeine und abstrakte Rechtssätze, die tariflichen Vorgaben zur Arbeitszeitverkürzung näher auszugestalten. Statt einer derartigen Ermächtigung zur Rechtsetzung hätten die Tarifpartner auch eine Einzelaktsermächtigung aussprechen können. Denkbar wäre beispielsweise, daß Arbeitgeber und Betriebsrat die Individualarbeitszeit der einzelnen Arbeitnehmer jeweils unter Beachtung der

---

[38] *Bötticher*, FS Lent, S. 90; *Rieble*, Kontrolle des Ermessens, S. 32.

tariflichen Vorgaben festzusetzen haben. Die Wesensmerkmale einer Delegation sind in diesem Fall im gleichen Maße gegeben. Der Tarifvertrag ist ebenso unbestimmt. Die Machtfülle der Betriebspartner ist eventuell sogar größer als bei einer Ermächtigung zum Abschluß von Betriebsvereinbarungen.

Ein anderes Beispiel ist die Erweiterung des Direktionsrechts des Arbeitgebers[39]. Würde dem Arbeitgeber ein beliebiges Recht zur Versetzung von Arbeitnehmern auf niedriger entlohnte Arbeitsplätze zugebilligt, hätte dieser keine Rechtsetzungsbefugnisse, weil er nur im Einzelfall von der tariflichen Ermächtigung Gebrauch machen könnte. Diese Regelung der Tarifvertragsparteien ist jedoch genauso bedenklich wie die Ermächtigung des Arbeitgebers, eine beliebige Versetzungsordnung zu erlassen. In beiden Fällen fehlt es an einer ausführlichen tariflichen Regelung. Es bleibt dem Arbeitgeber überlassen, wann und unter welchen Voraussetzungen er von der tariflich eingeräumten Ermächtigung Gebrauch macht.

Der Begriff des tariflichen Bestimmungsrechts erfaßt Fälle der Konkretisierung des Tarifvertrages im Einzelfall und der Bestimmung mittels einer generellen und abstrakten Ordnung[40]. Ihre Gleichbehandlung ist gerechtfertigt, weil der Umfang des eingeräumten Regelungsermessens nicht davon abhängt, ob zur Rechtsetzung oder zu Einzelakten ermächtigt wird. Auch im Bereich der staatlichen Gesetzgebung müssen die Ermächtigung zu Rechtsverordnungen und die Ermächtigung zu Verwaltungsakten vergleichbaren Bestimmtheitsanforderungen entsprechen. Beide Fälle werden am Vorbehalt des Parlamentsgesetzes gemessen[41]. Auch in bezug auf die Tarifgesetzgebung müssen die Ermächtigung zur Rechtsetzung und zur Einzelfallregelung mit demselben Maßstab auf ihre Zulässigkeit untersucht werden.

---

[39] Vgl. insbesondere BAG (22.5.1985) AP Nr. 6 und 7 zu § 1 TVG Tarifverträge: Bundesbahn; BAG (26.6.1985) AP Nr. 4 zu § 9 TVAL II; ausführlich dazu unten § 4 II 1.

[40] Vgl. BAG (28.9.1977) AP Nr. 4 zu § 1 TVG Tarifverträge: Rundfunk; BAG (15.1.1987) AP Nr. 21 zu § 75 BPersVG. A.A. *Kempen*, AuR 1989, S. 266; *Löwisch*, NZA 1985, S. 172; *Spilger*, Betriebsverfassungsrecht, S. 224.

[41] Vgl. dazu nur *Stelkens/Sachs*, VwVfG, § 44 Rdnr. 23 m.w.N.; *Stern*, StaatsR II, § 37 I 4 b, S. 572 ff.

III. Abgrenzung

1. Deklaratorische Verweisung auf originäre Rechte

Eine Delegationsnorm ist konstitutiv, nicht deklaratorisch[42], d.h. der Ermächtigte braucht seine Kompetenz nicht mehr besonders nachzuweisen, er beruft sich auf die an ihn adressierte Ermächtigung. Davon abzugrenzen sind Fälle, in denen keine Begründung von neuen Rechten vorgenommen wird, sondern nur auf bereits bestehende Befugnisse hingewiesen wird[43]. Das ist durch deklaratorische Verweisungen möglich, die keine eigenständige tarifliche Regelung enthalten, sondern nur auf an anderer Stelle Geregeltes verweisen[44]. Es ist außerdem dadurch möglich, daß die Tarifvertragsparteien fremde Regelungen wörtlich übernehmen, ohne sie damit in den Rang einer tariflichen Regelung zu heben[45]. Schließlich fehlt die Ermächtigung auch in den Fällen der Dispositivität[46].

Gemäß § 4 Abs. 3, 1. Alternative TVG ist es zulässig, daß die Tarifvertragsparteien abweichende Abmachungen vom Tarifvertrag gestatten. Damit wird die zwingende Wirkung des Tarifvertrages aufgehoben, die sich aus seiner Stellung in der Normenhierarchie ergibt. Dadurch werden keine neuen Befugnisse begründet, sondern es wird lediglich der Ausschließlichkeitsanspruch beseitigt[47]. Der Tarifvertrag ist nicht mehr vorrangig, wenn auf anderer Ebene abweichende Vereinbarungen getroffen werden. Eine Gestattung im Sinne von § 4 Abs. 3, 1. Alternative TVG betrifft die Kollision des Tarifvertrages mit anderen Regelungen. Das setzt andere Befugnisse voraus, die (wieder) freigegeben werden. Bei der Delegation dagegen ist eine Kollision gar nicht denkbar, weil der Umfang der Befugnis nur durch die tarifliche Ermächtigungsnorm festgelegt wird. Rangprobleme stellen sich nicht, weil der Delegatar nicht neben, sondern für den Deleganten tätig wird.

---

[42] Vgl. *Triepel*, Delegation, S. 56.

[43] *Triepel*, Delegation, S. 26, sieht den Auftrag, die eigene Kompetenz wahrzunehmen, als Mandat.

[44] Vgl. BAG (16.1.1980) AP Nr. 3 zu § 72a ArbGG 1979 Grundsatz; BAG (27.6.1989) AP Nr. 103 zu Art. 9 GG Arbeitskampf.

[45] Vgl. BAG (26.3.1981) AP Nr. 17 zu § 72a ArbGG 1979 Grundsatz; BAG (27.8.1982) AP Nr. 133 zu § 1 TVG Auslegung; *Spilger*, Betriebsverfassungsrecht, S. 227 ff.

[46] *Peters / Ossenbühl*, Übertragung, S. 101, unterscheiden Fälle der „Kollision" und der „Delegation"; *Sachs*, NJW 1981, S. 1651, unterscheidet „Ermächtigungs- und Vorbehaltsfälle".

[47] Vgl. auch *Wiedemann / Stumpf*, TVG, § 4 Rdnr. 207.

Wenn die Tarifpartner dispositive Tarifnormen schaffen, fehlt es an der für die Delegation charakteristischen Kompetenzverlagerung. Zwar haben die Tarifvertragsparteien die Angelegenheit nicht zwingend geregelt. Das kommt aber eher einer völligen Untätigkeit denn einer Verlagerung nahe. So wie sich die Koalitionen grundsätzlich jeder Rechtsetzungstätigkeit enthalten dürfen, können sie auch nur dispositive Tarifverträge schaffen. In beiden Fällen besteht Raum für individualvertragliche oder betriebliche Regelungen. Bei der Delegation dagegen ist nicht bedenklich, daß keine Regelung vereinbart wurde, sondern daß die vereinbarte Regelung Rechte anderer begründet. Nicht die Untätigkeit, sondern die Art der Tätigkeit, nämlich die Verlagerung der Befugnisse, ist Gegenstand der Erörterung.

Bei den Tarifverträgen zur Arbeitszeitverkürzung ist unsicher, ob die Öffnung gegenüber Betriebsvereinbarungen konstitutiv oder deklaratorisch ist. Die Zulassung von Betriebsvereinbarungen im Tarifvertrag könnte auch der bloße Verweis auf gesetzliche Rechtsetzungsbefugnisse sein. Zumindest die in § 88 BetrVG eingeräumte Befugnis zum Abschluß von freiwilligen Betriebsvereinbarungen könnte einschlägig sein[48]. Diese Auffassung läßt sich aber für die tarifliche Begründung der Zuständigkeit der Einigungsstelle nicht mehr vertreten. Da nämlich insofern gar keine gesetzliche Befugnis der Einigungsstelle besteht[49], muß der Tarifvertrag Ermächtigungscharakter haben. Daher liegt im Fall des „Leber-Kompromisses" jedenfalls eine Delegation zugunsten der betrieblichen Einigungsstelle bzw. der tariflichen Schlichtungsstelle vor.

2. Anerkennung von originären Rechten

Eine Delegation im Sinne einer Verlagerung der eigenen Kompetenz auf andere ist auch von der rechtlichen Anerkennung originärer Kompetenzen anderer zu unterscheiden[50].

Im staatlichen Bereich ist es vorstellbar, daß der Gesetzgeber autonome Rechtsetzungsbefugnisse anerkennt. Dies geschieht beispielsweise durch die Einräumung einer Satzungsautonomie für öffentlich-rechtliche Körperschaften[51]. Im Rechtsstaat darf die Rechtsordnung nur durch den parlamentari-

---

[48] BAG (18.8.1987) AP Nr. 23 zu § 77 BetrVG 1972 (unter II 2).

[49] BAG (18.8.1987) AP Nr. 23 zu § 77 BetrVG 1972 (unter III 2 b).

[50] *Ferdinand Kirchhof*, Rechtsetzung, S. 133 f.; *Ossenbühl*, Hdb d. StaatsR III, § 66 Rdnr. 22; *Schneider*, FS Möhring, S. 522 ff.

[51] Zur Anerkennung der tariflichen Rechtsetzungsbefugnisse siehe unten § 3 I 1 a.

schen Gesetzgeber legitimiert sein. Daher muß auch eine autonome Rechtsetzungsbefugnis auf diesen zurückzuführen sein. Die erforderliche Rechtsetzungsmacht wird durch einen gesetzgeberischen Akt verliehen. Die autonom gesetzten Normen leiten ihre rechtliche Gültigkeit aus dieser staatlichen Anerkennung ab. Auch originäre Befugnisse bleiben auf diesen Akt des Gesetzgebers angewiesen.

Auch bei der Einräumung derartiger autonomer Befugnisse könnte man von einer Delegation sprechen[52]. Denn der Gesetzgeber ermächtigt Dritte zu einer normativen Regelung von Angelegenheiten. Dennoch muß dieser Fall der Delegation von der bisher behandelten Delegation im Sinne einer Kompetenzverlagerung unterschieden werden. Das zeigt ein Vergleich der Rechtsverordnungsermächtigung gemäß Art. 80 Abs. 1 GG mit der Einräumung einer Satzungsautonomie. Während die Verordnungsermächtigung die dem Gesetzgeber zustehenden Normsetzungsbefugnisse teilweise auf den Verordnungsgeber überträgt (Dekonzentration), wird bei der Ermächtigung zu autonomer Rechtsetzung eine grundsätzlich umfassende Rechtsetzungsbefugnis des Begünstigten anerkannt, damit dieser seinen Bereich selbst normieren kann (Dezentralisation)[53]. Dies stellt keine Verlagerung von Befugnissen dar, die dem Gesetzgeber zustehen. Wenn beispielsweise die Kommunen Satzungen erlassen, geschieht dies nicht aufgrund einer gesetzlichen Ermächtigung, die Aufgaben des Parlaments auf die Gemeinden verlagert. Der Gesetzgeber will durch die Einräumung der Satzungsautonomie nicht die Angelegenheiten der örtlichen Gemeinschaft regeln, sondern er will sich gerade dieser Regelung enthalten. Er ist verfassungsrechtlich durch Art. 28 Abs. 2 Satz 1 GG sogar weitgehend gehindert, selbst eine materielle Regelung zu treffen. Die Unterschiede zeigen sich auch in der Rechtsqualität der Normen des Ermächtigungsadressaten. Im Gegensatz zu einer Delegation im Sinne von Art. 80 Abs. 1 GG wird bei dieser Art von Delegation vom Begünstigten nämlich kein staatliches, sondern autonomes Recht gesetzt. Der Ermächtigte wird nicht für den staatlichen Gesetzgeber tätig, sondern er wird neben ihm tätig. Daß die Satzung nur mit staatlicher Hilfe, nämlich durch Anerkennung der Satzungshoheit und Verleihung eines staatlichen Gültigkeitsanspruchs, wirksam sein kann, ändert daran nichts.

Um diese Unterschiede zwischen einer Anerkennung originärer Rechte und einer Ermächtigung zur Rechtsetzung an Stelle des eigentlich dazu Berufenen zu verdeutlichen, kann man statt von „Delegation" von „Habilitation" oder

[52] *Ossenbühl*, Hdb d. StaatsR III, § 66 Rdnr. 20 ff.

[53] *Ossenbühl*, Hdb d. StaatsR III, § 66 Rdnr. 36.

„Privilegierung“ sprechen[54]. Dadurch soll betont werden, daß es sich nicht um eine Weitergabe eigener Kompetenzen handelt, sondern um die staatliche Anerkennung fremder Kompetenzen. Eine staatliche Ermächtigung liegt in beiden Fällen vor, nicht dagegen eine Kompetenzverlagerung. Das ist der innere Grund dafür, daß nur der eine Fall an Art. 80 Abs. 1 GG gemessen werden muß[55].

Eine Delegation im Sinne einer Habilitation oder Privilegierung durch die Tarifvertragsparteien wäre allenfalls denkbar, wenn diese gar keine eigene Regelung der Arbeits- und Wirtschaftsbedingungen treffen wollten. Bestimmten beispielsweise die Tarifvertragsparteien, daß einseitig vom Arbeitgeber erlassene Betriebsordnungen normativ für alle Arbeitnehmer wirken sollten, könnte damit die Verleihung originärer Rechtsetzungsbefugnisse an den Arbeitgeber bezweckt sein[56]. Sobald aber ein Tarifvertrag vorliegt, der den Inhalt der betrieblichen Regelungen näher eingrenzt, muß davon ausgegangen werden, daß die Tarifvertragsparteien nur von ihrer eigenen tariflichen Rechtsetzungsbefugnis Gebrauch machen, indem sie die Angelegenheit teilweise selbst regeln, im übrigen aber den Arbeitgeber zur Regelung an ihrer Stelle ermächtigen. Dann kann es sich nur um eine Kompetenzverlagerung handeln, denn es wird keine Autonomie für den Arbeitgeber eröffnet. Dieser soll nur die tarifvertragliche Regelung näher ausführen.

3. Selbstermächtigung

Eine Delegation liegt auch nicht vor, wenn die Tarifpartner sich im Ergebnis selbst zur Rechtsetzung ermächtigen, denn in diesen Fällen fehlt es an der Verlagerung der Kompetenz. Darunter fallen beispielsweise Ermächtigungen zugunsten paritätisch besetzter Kommissionen, die anstelle der ursprünglichen Verhandlungsdelegationen den Tarifvertrag abschließen sollen. Darin liegt keine Delegation, weil die Tarifvertragsparteien grundsätzlich frei darin sind, die zu den Tarifverhandlungen entsandten Vertreter festzulegen[57].

Zweifelhaft sind Fälle, in denen ein unparteiischer Vorsitzender hinzutreten soll. Denn selbst wenn dieser nur bei Stimmengleichheit den Ausschlag gibt, könnte darin doch ein solcher Außeneinfluß liegen, daß bereits keine Selbst- sondern eine Fremdregelung vorliegt. Die Schwelle zur Delegation ist

---

[54] *Schneider*, FS Möhring, S. 523.

[55] BVerfG (9.5.1972) BVerfGE 33, S. 125, 157.

[56] Zur Unzulässigkeit einer derartigen Regelung siehe unten § 3 I 1 a.

[57] *Wiedemann / Stumpf*, TVG, § 1 Rdnr. 89.

jedoch auch dadurch noch nicht überschritten. Das zeigt zuerst der Vergleich mit den gesetzlich vorgesehenen Schlichtungsverfahren, insbesondere mit § 76 Abs. 2 Satz 1 BetrVG[58]. Dem Vorsitzenden ist nicht die Regelungsbefugnis übertragen, sondern er ist von beiden Seiten gleichermaßen bestellt, um als Moderator der paritätisch besetzten Kommission bei der eigenen Willensbildung zu helfen. So soll ein Schlichter einen (weiteren) Arbeitskampf vermeiden, indem er den Abschluß des Tarifvertrages fördert[59]. Daß er den – allerdings entscheidenden – Ausschlag geben kann, tritt demgegenüber zurück. Im Verhältnis zu dem Fall, daß ein beliebiger Dritter allein mit der Tarifgesetzgebung beauftragt ist, stellt sich die Mitwirkung des Vorsitzenden als gering dar. Zumindest dann, wenn beide Tarifvertragsparteien diese Person als „unparteiisch" ansehen, liegt keine Delegation vor, weil die Entscheidung weiterhin bei der im übrigen paritätisch besetzten Kommission verbleibt.

Schließlich fehlt es auch an einer Kompetenzverlagerung, wenn die Tarifvertragsparteien auf eine Regelung verweisen, die sie selbst abgeschlossen haben oder noch abschließen werden[60].

---

[58] *Wiedemann / Stumpf*, TVG, § 1 Rdnr. 90.

[59] *Wiedemann / Stumpf*, TVG, § 1 Rdnr. 365.

[60] Richtig daher insoweit BAG (9.7.1980) AP Nr. 7 zu § 1 TVG Form; BAG (9.6.1980) AP NR. 1 zu § 1 TVG Durchführungspflicht; BAG (10.11.1982) AP Nr. 8 zu § 1 TVG Form. Für das österreichische Arbeitsrecht *Strasser*, FS Floretta, S. 634, 636 f.; a.A. *Mayer-Maly*, FS Ernst Wolf, S. 480 f.

§ 3 Die Zulässigkeit einer Delegation

I. Begründungsansätze

Vor rechtlichen Aspekten sprechen Zweckmäßigkeitserwägungen für die begrenzte Zulassung einer Delegation[1]. Eine vollständige Normierung ist den Tarifvertragsparteien häufig gar nicht möglich, weil diese nicht alle erdenklichen Fälle im voraus erwägen und entsprechend regeln können. Vor allem die Delegation zugunsten der betrieblichen Ebene ist sinnvoll, weil ein Bedürfnis nach betriebsgerechter Anpassung der Tarifverträge besteht[2]. Die Delegation tariflicher Rechtsetzungsbefugnisse ist ebenso wie ein dezentrales Tarifsystem[3] oder die Möglichkeit des Abschlusses von Haustarifen ein weiteres Mittel betriebsnaher Tarifpolitik.

Entscheidend ist jedoch die rechtliche Bewertung. Es gibt verschiedene Begründungsansätze für eine begrenzte Zulässigkeit einer Delegation[4].

1. Art. 9 Abs. 3 GG

a) Verbot der Habilitation

Erster Ansatzpunkt ist Art. 9 Abs. 3 GG. Diese Vorschrift wird häufig als Delegationsnorm verstanden. Die Verfassung selbst eröffne die tariflichen Rechtsetzungsbefugnisse für die tariffähigen Koalitionen[5]. Eine weitere Delegation durch die Tarifpartner stelle deshalb eine in Art. 9 Abs. 3 GG nicht

---

[1] Vgl. nur *Herschel*, BB 1963, S. 1221, zu den Vorteilen von Verweisungen; *Schleef*, NZA 1985, Beil. 3, S. 22 ff., zu den ökonomischen Vorteilen einer Flexibilisierung; *Scholz*, in: *Beuthien* (Hrsg.), Arbeitsteilhaber, S. 167 und 173, zu der Notwendigkeit einer Dezentralisation.

[2] Das wird von Arbeitgeber- und Gewerkschaftsseite gleichermaßen so empfunden. Vgl. beispielsweise *Steinkühler*, DIE ZEIT vom 5.10.1990, S. 32; *v. Vieregge*, Frankfurter Allgemeine Zeitung vom 13.10.1990, S. 15.

[3] Vgl. dazu *Kriebel*, Zentralisation, S. 106 ff.

[4] Zur Bedeutung des § 77 Abs. 3 Satz 2 BetrVG in diesem Zusammenhang siehe unten § 5 I 2.

[5] Vgl. die Nachweise bei *Wiedemann / Stumpf*, TVG, § 1 Rdnr. 25.

vorgesehene und daher gemäß dem Grundsatz „delegata potestas non potest delegari"[6] unzulässige Subdelegation dar[7].

Diese Argumentation ist ungenau, weil sie zwei unterschiedliche Arten der Delegation nicht sauber voneinander trennt. Denn die herrschende Theorie, daß die tariflichen Rechtsetzungsbefugnisse vom Staat delegiert sind[8], hat bislang zu wenig bedacht, daß es sich bei dieser Delegation nur um eine Delegation im Sinne einer Privilegierung oder Habilitation[9] handeln kann. Mit dem Tarifvertragsgesetz soll keine inhaltliche Regelung der Arbeits- und Wirtschaftsbedingungen erfolgen, sondern es sollen private Rechtsetzungsbefugnisse zur autonomen Regelung anerkannt und mit rechtlicher Verbindlichkeit ausgestattet werden[10]. Damit werden keine staatlichen Kompetenzen übertragen, sondern es wird nur eine Rechtsetzungsmacht verliehen. Die Tarifpartner sollen Gegenstände regeln, die der Gesetzgeber durch das Tarifvertragsgesetz gar nicht regeln will und in einem Kernbereich infolge Art. 9 Abs. 3 GG nicht regeln kann. Der Gesetzgeber will die Sozialpartner nicht an der Vervollständigung staatlicher Gesetze beteiligen, sondern er will diesen eine eigene Rechtsetzung ermöglichen. Es liegt daher keine Delegation im Sinne einer Kompetenzverlagerung vor. Das Tarifvertragsgesetz brauchte deshalb auch den Anforderungen des Art. 80 GG nicht zu entsprechen.

Vor diesem Hintergrund erweist sich Art. 9 Abs. 3 GG nicht als eine verfassungsrechtliche Delegationsnorm, wie es die „Integrationstheorie" behauptet[11]. Diese Norm verpflichtet vielmehr den Gesetzgeber, ein Mittel bereitzustellen, das den Koalitionen eine effektive Gestaltung der Arbeits- und Wirtschaftsbedingungen ermöglicht[12]. Wie bei der Satzungsautonomie

---

[6] *Peters / Ossenbühl*, Übertragung, S. 100.

[7] Vgl. insbesondere BAG (27.7.1956) AP Nr. 3 zu § 4 TVG Geltungsbereich; BAG (9.7.1980) AP Nr. 7 zu § 1 TVG Form; BAG (10.11.1982) AP Nr. 8 zu § 1 TVG Form. *Scholz*, in: *Beuthien* (Hrsg.), Arbeitsteilhaber, S. 173 und Diskussionsbericht, S. 187 f.

[8] *Säcker*, Gruppenautonomie, S. 265 ff.; *Wiedemann / Stumpf*, TVG, § 1 Rdnr. 25 m.w.N.

[9] Siehe oben § 2 III 2.

[10] Vor allem *Ferdinand Kirchhof*, Rechtsetzung, S. 181 ff. Vgl. außerdem *Lieb*, ArbR § 6 I 1, S. 139 f. und Rechtsnatur, S. 63 ff.; *Gerhard Müller*, Tarifautonomie, S. 208; *Söllner*, ArbR § 15 II 3, S. 123 f.; *Scholz*, Koalitionsfreiheit, S. 57 Fn. 54 (S. 57-60); *Wiedemann*, RdA 1969, S. 330 f. Zur Betriebsautonomie vgl. *Kreutz*, Betriebsautonomie, S. 81.

[11] *Biedenkopf*, Tarifautonomie, S. 102 ff.; *Werner Weber*, Koalitionsfreiheit, S. 24.

[12] *Ferdinand Kirchhof*, Rechtsetzung, S. 511 ff.

der Kommunen ist der einfache Gesetzgeber nicht frei darin, Rechtsetzungsmacht zu verleihen, sondern von Verfassungs wegen dazu angehalten. Diese Verpflichtung war bei Inkrafttreten des Grundgesetzes bereits erfüllt, weil § 1 Abs. 1 TVG eine Normsetzung durch Tarifverträge ermöglichte. Die rechtliche Verbindlichkeit von Tarifverträgen leitet sich daher aus dem einfachen Recht ab[13]. Durch das Tarifvertragsgesetz ist den Koalitionen das Privileg einer privaten Rechtsetzung verliehen.

Eine so verstandene „Delegationstheorie" steht der Delegation tariflicher Rechtsetzungsbefugnisse nicht entgegen. Die Art und Weise, in der der staatliche Gesetzgeber „delegiert" hat, kommt für die Tarifpartner von vorneherein nicht in Betracht. Selbstverständlich können die Tarifvertragsparteien keine fremden Normsetzungsbefugnisse mit rechtlicher Anerkennung versehen, wie es der staatliche Gesetzgeber könnte[14]. Nur das demokratisch legitimierte Parlament kann die Rechtsordnung verbindlich festlegen. Der These, eine Subdelegation sei ausgeschlossen, ist daher zuzustimmen, wenn sie sich ausschließlich auf die Delegation im Sinne einer Privilegierung oder Habilitation bezieht.

Der Umstand, daß die Tarifpartner ihre Normsetzungsbefugnis der Verleihung durch den Gesetzgeber verdanken, schließt es aber nicht aus, daß die tariflichen Befugnisse weiter übertragen werden dürfen. Denn dadurch sollen keine außergesetzlichen neuen Befugnisse anerkannt, sondern die tariflichen Rechtsetzungsbefugnisse ausgenutzt werden. In ähnlicher Weise wie das Parlament die eigene Gesetzgebungskompetenz dadurch wahrnimmt, daß es nur gewisse Dinge selbst regelt, im übrigen aber zur näheren Ausgestaltung durch Rechtsverordnungen ermächtigt, vereinbaren die Tarifpartner nur unvollständige Tarifverträge und ermächtigen ansonsten andere zur Ergänzung der tariflichen Regelung. Der Ermächtigungsadressat leitet seine Befugnis aus der tariflichen Rechtsetzungsbefugnis ab, vergleichbar mit der Situation des Rechtsverordnungsgebers, der die entsprechende Gesetzgebungskompetenz für sich reklamieren kann. In beiden Fällen wird keine Rechtsetzungsautonomie eingeräumt, sondern Dritte werden an der gesetzlichen bzw. tariflichen Regelung beteiligt[15]. Die Delegation ist nur eine Gesetzgebungsmethode,

---

[13] Ebenso *Hölters*, Harmonie, S. 94 ff.; *Kemper*, Koalitionsfreiheit, S. 81; *Ferdinand Kirchhof*, Rechtsetzung, S. 179 und 181; *Lieb*, ArbR, § 6 I 1, S. 139 f.; *Meik*, Kernbereich, S. 37; *Peters / Ossenbühl*, Übertragung, S. 15; *Säcker*, Gruppenautonomie, S. 267.

[14] So wohl auch *Scholz*, in: *Beuthien* (Hrsg.), Arbeitsteilhaber, S. 173.

[15] *Nikisch*, RdA 1964, S. 308, hat daher zu Recht darauf hingewiesen, daß jede Begründung von Betriebsratsrechten nur die Beteiligung des Betriebsrats an einer

mit der von der eigenen Befugnis Gebrauch gemacht wird. Die Frage, ob diese Methode auch den Tarifpartnern erlaubt ist, kann jedenfalls nicht mit dem Hinweis darauf beantwortet werden, daß es einer staatlichen Anerkennung (Delegation) der tariflichen Rechtsetzungsbefugnisse bedurfte. Selbst wenn Art. 9 Abs. 3 GG die tariflichen Rechtsetzungsbefugnisse unmittelbar einräumen sollte, bleibt doch die Frage offen, ob die Gewährleistung nicht dieselbe Delegationsbefugnis einschließt, die anderen Rechtsetzungsbefugten auch zusteht.

b) Verbot der Ermächtigung zu tarifvertragsvertretenden Regelungen

Weitere Bedenken gegen die Zulässigkeit einer Delegation gründen darin, daß durch Art. 9 Abs. 3 GG eine Kompetenzordnung festgelegt sein könnte, die nicht durchbrochen werden darf. Eine Delegation wäre unzulässig, weil den tariffähigen Koalitionen die Normsetzungsbefugnis eingeräumt ist, damit ausschließlich sie selbst tätig werden[16].

Richtig ist an dieser Auffassung, daß jedenfalls die Ermächtigung Dritter zum Abschluß von Tarifverträgen bereits durch Art. 9 Abs. 3 GG ausgeschlossen sein dürfte. Wenn die Verfassung selbst bereits die tariflichen Rechtsetzungsbefugnisse gewähren sollte, müssen ihr auch die Anforderungen an die Tariffähigkeit immanent sein[17]. Danach kann noch nicht einmal jede Koalition Tarifverträge wirksam abschließen[18]. Diese Grundsätze können nicht dadurch ausgehöhlt werden, daß die Tarifvertragsparteien anderen erlauben, die Form des Tarifvertrages zu benutzen. Durch eine tarifliche Ermächtigung kann nicht beliebigen Dritten Tariffähigkeit verliehen werden. Daher ist jedenfalls die Ermächtigung zu tarifvertragsvertretenden Regelungen unzulässig.

Aus der in Art. 9 Abs. 3 GG liegenden Kompetenzzuweisung läßt sich jedoch nicht auf die Unzulässigkeit der Ermächtigung zu tarifvertragsabhängigen Regelungen schließen. Denn damit wird niemand zur Tarifvertragspartei erhoben, es wird dem Delegatar lediglich gestattet, Tarifverträge mit-

---

tariflich geregelten Angelegenheit sein könne. Siehe dazu unten § 5 I 3 a bb und b aa.

[16] So BAG (27.7.1956) AP Nr. 3 zu § 4 TVG Geltungsbereich; BAG (9.7.1980) AP Nr. 7 zu § 1 TVG Form; BAG (10.11.1982) AP Nr. 8 zu § 1 TVG Form.

[17] Nach der hier vertretenen Auffassung läßt sich beides erst dem Tarifvertragsgesetz entnehmen, siehe oben § 3 I 1 a.

[18] Vgl. zuletzt BAG (16.1.1990) AP Nr. 38 und 39 zu § 2 TVG.

tels Regelungen zu ergänzen, die rangmäßig unter dem Tarifvertrag stehen[19]. Seine Regelung ersetzt nicht Tarifverträge, sondern ergänzt diese auf einer anderen Ebene und in einer von der Form des Tarifvertrages zu unterscheidenden Weise. Das muß keinen Verstoß gegen Art. 9 Abs. 3 GG bedeuten[20]. Da die Tarifgesetzgebung weiterhin ausschließlich bei den Tarifpartnern verbleibt, ist die Kompetenz äußerlich nicht angetastet. Die Tarifvertragsparteien, und nur sie, können Tarifnormen im formellen Sinn erlassen. Sie übertragen, so das Bundesarbeitsgericht, nicht ihre Befugnis „als solche", sondern sie überlassen nur die nähere Bestimmung[21].

c) Erlaubnis der Ermächtigung zu tarifvertragsabhängigen Regelungen

Art. 9 Abs. 3 GG könnte aber auch der Ermächtigung zur Regelung auf einer Ebene unter dem Tarifvertrag entgegenstehen, weil die Vorschrift eine sachliche Bewältigung des Regelungsgegenstands durch die Tarifpartner selbst erfordert. Die Verlagerung widerspräche dem Sinn des Art. 9 Abs. 3 GG, weshalb eine Delegation für unzulässig erachtet worden ist[22].

Zuzustimmen ist dieser Auffassung insofern, als die Kompetenz nicht schon dann gewahrt sein kann, wenn eine bloße Verfahrensregelung vereinbart ist. Damit der Tarifvertrag die ihm zugewiesenen Funktionen[23] erfüllen kann, müssen die Tarifvertragsparteien gewisse Fragen selbst regeln. Wenn beispielsweise die Tarifpartner ausschließlich und ohne weitere Einschränkungen vorsehen würden, daß mittels Betriebsvereinbarungen die Arbeits- und Wirtschaftsbedingungen zu gestalten wären, hätten sie nur der Form nach selbst von ihrer Rechtsetzungsbefugnis Gebrauch gemacht. In materieller Hinsicht müßte der Regelungsgegenstand allein von den Betriebspartnern bewältigt werden. Ein solches Vorgehen widerspräche der Kompetenzzuweisung des Art. 9 Abs. 3 GG. Jede Zuständigkeit beinhaltet auch eine Verpflichtung, davon selbst Gebrauch zu machen. Könnte man die eigene Kompetenz durch bloße Ermächtigung Dritter wahrnehmen, verlöre die Kompetenzordnung jeden Sinn.

---

[19] Siehe oben § 2 II 1.

[20] Vgl. *Buchner*, NZA 1986, S. 380; *Scholz*, Hdb d. StaatsR VI, § 151 Rdnr. 104.

[21] BAG (28.9.1977) AP Nr. 4 zu § 1 TVG Tarifverträge: Rundfunk.

[22] Grundlegend BAG (27.7.1956) AP Nr. 3 zu § 4 TVG Geltungsbereich.

[23] Vgl. *Wiedemann/Stumpf*, TVG, Einl. Rdnr. 1 ff., zur Schutz-, Ordnungs-, Verteilungs- und Friedensfunktion.

Daraus ergibt sich aber nicht, daß auch eine tarifliche Regelung unzulässig ist, die den Regelungsgegenstand nur rahmenmäßig bestimmt und im übrigen Dritte zur Ergänzung ermächtigt[24]. Zwar hat man aus Art. 9 Abs. 3 GG abgeleitet, daß die Tarifpartner einen Kernbereich selbst zu regeln hätten[25]. Auch ist der Vorschrift entnommen worden, daß alles Wesentliche sich bereits aus dem Tarifvertrag selbst ergeben müsse[26]. Das bedeutet jedoch umgekehrt, daß bei unwesentlichen Fragen und außerhalb des Kernbereichs eine Ermächtigung Dritter für zulässig gehalten wird. Auch der 1. Senat des Bundesarbeitsgerichts hat bei der Bewertung der Tarifverträge zur Arbeitszeitverkürzung festgestellt, daß die immanenten Grenzen der Regelungsbefugnis durch Verzicht auf die inhaltliche Gestaltung des Arbeitsverhältnisses überschritten sein könnten. Daran fehle es jedoch im konkreten Fall, weil die Tarifpartner so viele tarifliche Vorgaben gemacht hätten, daß nur ein relativ geringer Spielraum verbleibe[27]. Demnach ist eine begrenzte Verlagerung von der tariflichen Rechtsetzungsbefugnis noch gedeckt. Aus Art. 9 Abs. 3 GG sind zwar materielle Anforderungen an Tarifverträge abzuleiten. Wenn diese aber erfüllt sind, steht Art. 9 Abs. 3 GG einer Ermächtigung zur weiteren Ergänzung der tariflichen Regelung nicht entgegen.

Art. 9 Abs. 3 GG erfordert sogar, daß nicht irgendeine, sondern eine effektive Möglichkeit zur Regelung der Arbeits- und Wirtschaftbedingungen zur Verfügung gestellt sein muß[28]. Das setzt einen Spielraum bei der Ausübung der Befugnisse voraus. Bestimmte Gesetzgebungstechniken müssen auch den Tarifvertragsparteien erlaubt sein, damit sinnvolle Regelungen geschaffen werden können. Zwar ist nicht zwingend gesagt, daß den Tarifvertragsparteien dieselben Arten einer Normierung wie dem staatlichen Gesetzgeber zustehen. Aber andererseits ist auch nicht davon auszugehen, daß Art. 9 Abs. 3 GG wesentlich strengere Anforderungen an die Gesetzgebung

---

[24] Im Ergebnis ebenso *Beuthien*, BB 1983, S. 1996; *Fitting / Auffarth*, BetrVG, § 77 Rdnr. 84; *Hagemeier / Kempen*, TVG, Einl. Rdnr. 84a; *Heinze*, NZA 1989, S. 48; *Linnenkohl*, BB 1988, S. 1459; *Meier-Krenz*, DB 1988, S. 2153; *Weyand*, AuR 1989, S. 196 f.

[25] *v. Hoyningen-Huene / Meier-Krenz*, ZfA 1988, S. 306; *Wiedemann*, Anm. zu BAG (9.7.1980) AP Nr. 7 zu § 1 TVG Form.

[26] *Mangen*, Anm. zu BAG (10.11.1982) AP Nr. 8 zu § 1 TVG Form; *Meier-Krenz*, DB 1988, S. 2153; *Wiedemann*, Anm. zu BAG (9.7.1980) AP Nr. 7 zu § 1 TVG Form; *Baumann*, RdA 1987, S. 273 f.

[27] BAG (18.8.1987) AP Nr. 23 zu § 77 BetrVG 1972 (unter II 3 b).

[28] BVerfG (18.11.1954) BVerfGE 4, S. 96, 107; BVerfG (1.3.1979) BVerfGE 50, S. 290, 367 = AP Nr. 1 zu § 1 MitbestG; *Scholz*, in: *Beuthien* (Hrsg.), Arbeitsteilhaber, S. 164 und Hdb d. StaatsR VI, § 151 Rdnr. 15 f.

durch die Tarifpartner stellt[29]. Keinesfalls dürfen die Voraussetzungen für eine zulässige Normierung derart streng sein, daß die verfassungsrechtlich verbürgte Freiheit faktisch leerläuft. Die tarifliche Rechtsetzungsbefugnis muß daher auch einen Grundbestand an Regelungsmethoden beinhalten. Daß die Delegation dazugehört, ist jedenfalls nicht abwegig.

Dies gilt besonders in bezug auf die Delegation zugunsten der betriebsverfassungsrechtlichen Organe. Das Bundesverfassungsgericht hat entschieden, daß den Tarifpartnern auch eine Betätigung im Bereich der Betriebsverfassung verbleiben müsse. Die Regelung von betriebsverfassungsrechtlichen Fragen gehöre insoweit zum Kernbereich der Tarifautonomie, der vom Gesetzgeber nicht entzogen werden dürfe[30]. Auch die Verlagerung von Rechtsetzungsbefugnissen in den Betrieb könnte damit geschützt sein. Es ist außerdem verschiedentlich vertreten worden, Art. 9 Abs. 3 GG erlaube die Erweiterung der Mitbestimmungsrechte des Betriebsrats durch Tarifvertrag[31]. Da sich auch dahinter eine Übertragung eigener Befugnisse verbirgt[32], läßt die Verfassung nach dieser Auffassung eine Delegation tariflicher Rechtsetzungsbefugnisse zu.

Bei der Ermächtigung zur näheren Konkretisierung tariflicher Regelungen besteht auch nicht die Gefahr eines Machtverlustes für die Tarifpartner, wie verschiedentlich befürchtet worden ist[33]. Über die wesentlichen Entscheidungen behalten die Tarifvertragsparteien die Herrschaft. Sie setzen Dritte in ihrem Sinne und für tarifliche Ziele ein, ohne diesen eine zu große Macht einzuräumen. Das bedeutet keine Gefahr für die Tarifautonomie, sondern eine Chance. Die Tarifpartner können die Bedeutung der Tarifautonomie angesichts der Komplexität der Lebensverhältnisse nur aufrecht erhalten, wenn sie sich der Hilfe Dritter bei der Differenzierung und näheren Ausgestaltung ihrer tariflichen Regelungen bedienen[34]. Eine begrenzte Delegation ermög-

---

[29] *Buchner*, AR Blattei D, Tarifvertrag V C (unter I 1); *Herschel*, BB 1963, S. 1222; *Wiedemann*, in: *Beuthien* (Hrsg.), Arbeitsteilhaber, S. 155; *Baumann*, RdA 1987, S. 273.

[30] BVerfG (1.3.1979) BVerfGE 50, S. 290, 372 = AP Nr. 1 zu § 1 MitbestG (unter C IV 2 b cc). Vgl. zur Personalvertretung auch BVerfG (30.11.1965) BVerfGE 19, S. 302, 321 = AP Nr. 7 zu Art. 9 GG. *Wiedemann*, RdA 1969, S. 322 (m.w.N. Fn. 14).

[31] *Biedenkopf*, Tarifautonomie, S. 295; *Schwendy*, Abänderbarkeit, S. 71 ff.; *Meier-Krenz*, Beteiligungsrechte, S. 74 ff. und DB 1988, S. 2151.

[32] Siehe unten § 5 I 3 b.

[33] *Herschel*, AuR 1984, S. 322; *Kissel*, NZA 1986, S. 76 ff.

[34] *Scholz*, in: *Beuthien* (Hrsg.), Arbeitsteilhaber, S. 173.

licht dies und verhindert zugleich, daß die Tarifvertragsparteien durch eine zu große Verlagerung ihrer Befugnisse der Tarifautonomie schaden.

2. Tarifvertragsgesetz

Die Frage der Zulässigkeit einer Delegation muß außerdem anhand des Tarifvertragsgesetzes überprüft werden.

a) Inhaltsnorm

Eine Ermächtigung Dritter zur näheren Konkretisierung tariflicher Vorgaben ist eine zulässige Inhaltsnorm im Sinne von § 1 Abs. 1 TVG. Schon nach der Auffassung des Reichsarbeitsgerichts reicht für die Annahme einer tariflichen Inhaltsnorm nämlich aus, „daß der Tarifvertrag ... Grundlagen schafft, von denen aus der Inhalt des Arbeitsvertrages ganz oder in Elementen bestimmt werden kann"[35]. Bereits darin könne eine Regelung des einzelnen Arbeitsvertrages gesehen werden, auch wenn erst Dritte die tariflichen Grundlagen anwendbar machen. Diese relativ geringen Anforderungen werden allgemein auch für das Tarifvertragsgesetz als ausreichend erachtet[36]. Es handele sich bei derartigen Tarifklauseln um System- oder Verfahrensvorschriften. Es dürften Bestimmungsklauseln verabredet werden, die die nähere Festlegung des Inhalts des Tarifvertrages anderen zuweisen.

Damit ist zugleich eine begrenzte Delegation erlaubt. Das wird allerdings häufig nicht ausdrücklich zugegeben. Das Bundesarbeitsgericht hat sogar behauptet, in einer Bestimmungsklausel liege auch keine teilweise Übertragung der Rechtsetzungsbefugnis. Im darauffolgenden Satz des Urteils aber fordert der Senat, daß die Delegation (sic!) nach Adressat und Umfang hinreichend deutlich sein müsse[37]. Gemeint ist damit offenbar, daß bei einer hinreichenden Normierung durch die Tarifpartner vernachlässigt werden kann, daß die letzte maßgebende Regelung erst durch den Bestimmungsbe-

---

[35] RAG (11.12.1929) E 4, S. 315, 317. Vgl. auch *Jacobi*, Grundlehren, S. 181 ff.

[36] BAG (29.1.1969) AP Nr. 20 zu § 611 BGB Akkordlohn; *Buchner*, DB 1985, S. 917; *Galperin*, BB 1960, S. 455; *Hagemeier/Zachert*, TVG, § 1 Rdnr. 200; *Hanau*, NZA 1985, S. 77; *Hueck/Nipperdey/Säcker*, ArbR II 1, S. 287 f.; *Löwisch*, SAE 1988, S. 104; *Nikisch*, ArbR II, S. 289; *Spilger*, Betriebsverfassungsrecht, S. 223; *Wiedemann/Stumpf*, TVG, § 1 Rdnr. 91, 193 ff., 296 ff. und 365; *Ziepke*, BB 1985, S. 286; *Zöllner*, ZfA 1988, S. 277.

[37] BAG (15.1.1987) AP Nr. 21 zu § 75 BPersVG (unter II 2 a).

rechtigten erfolgen soll. Es liegen Inhaltsnormen im Sinne von § 1 Abs. 1 TVG vor, weil der Inhalt des Arbeitsvertrages annähernd aufgrund des Tarifvertrages bestimmbar ist. Damit haben die Tarifpartner ausreichend von der Rechtsetzungsbefugnis Gebrauch gemacht. Daß sie sich Dritter bedienen, um das abstrakt Vorgegebene noch weiter konkretisieren zu lassen, schadet nicht. Aus den relativ geringen Anforderungen an eine Inhaltsnorm im Sinne von § 1 Abs. 1 TVG ergibt sich damit zugleich die Erlaubnis einer begrenzten Delegation.

b) Betriebsverfassungsnorm

§ 1 Abs. 1 TVG könnte darüber hinaus eine Delegation tariflicher Rechtsetzungsbefugnisse zugunsten des Betriebsrats oder anderer Organe der Betriebsverfassung zulassen, weil er Tarifnormen zur Regelung betriebsverfassungsrechtlicher Fragen erlaubt. Zwar ist nicht unumstritten, welche Voraussetzungen an derartige Normen zu stellen sind. Auch ist der Anwendungsbereich der § 1 Abs. 1, letzte Alternative und § 3 Abs. 2 TVG zweifelhaft[38]. Wenn aber Bestimmungsklauseln zugunsten beliebiger Dritter möglich sind, kann die Ermächtigung zugunsten betriebsverfassungsrechtlicher Instanzen nicht ausgeschlossen sein. Es spricht viel dafür, darin zugleich eine Norm über betriebsverfassungsrechtliche Fragen zu erblicken[39]. Der Wortlaut von § 1 Abs. 1 TVG deckt ein solches Verständnis. Neben Organisations- und Verfahrensfragen könnte gerade die tarifliche Begründung von Betriebsratsrechten ein Anwendungsbereich der Vorschrift sein. Es macht wenig Sinn, die Betriebsverfassung durch Tarifvertrag zu regeln, wenn man keine Rechte des Betriebsrats oder der Einigungsstelle begründen darf.

§ 1 Abs. 1, letzte Alternative TVG ermöglicht keine Generalermächtigung[40]. Auch Normen über betriebsverfassungsrechtliche Fragen sind Tarifnormen, d.h. die eigentliche Regelung muß durch die Tarifpartner erfolgen. Betriebsverfassungsnormen können der betrieblichen Ebene keine Regelungsfragen zuweisen, die die Tarifpartner nicht zugleich selbst behandeln wollen[41]. Außerdem dürfen Betriebsverfassungsnormen nicht das zwischen Ta-

---

[38] Ausführlich dazu unten § 5 II 2 und 3.

[39] Bejahend LAG Schleswig-Holstein (27.8.1986), DB 1986, S. 2440; *Hueck / Nipperdey / Säcker*, ArbR II 1, S. 288; *Meier-Krenz*, Beteiligungsrechte, S. 21; *Wiedemann / Stumpf*, TVG, 1 Rdnr. 299; kritisch *Galperin*, BB 1960, S. 455; *v. Hoyningen-Huene / Meier-Krenz*, ZfA 1988, S. 298.

[40] Ähnlich *Galperin*, BB 1960, S. 455.

[41] *Nikisch*, RdA 1964, S. 308.

rifverträgen und betrieblichen Regelungen bestehende Gefüge völlig aufheben[42]. Es muß sichergestellt sein, daß keine zu große Uneinheitlichkeit der Reglungen Platz greift; die wesentlichen Punkte müssen im Tarifvertrag festgelegt bleiben. Die Tarifpartner dürfen sich der Betriebsverfassung um der notwendigen Differenzierung willen bedienen, solange dadurch nicht das Mandat der Verbände bedroht wird, auf übergreifender Ebene Tarifverträge abzuschließen[43]. Arbeitgeber und Betriebsrat oder die betriebliche Einigungsstelle können daher allenfalls zur näheren Ausgestaltung von Tarifverträgen ermächtigt werden. Die Regelung im Betrieb ist dann sinnvolle Ergänzung zu einer Gesamtregelung, die von den Tarifvertragsparteien im wesentlichen selbst und verbindlich vorgegeben ist[44]. Eine „Indienstnahme" der Betriebspartner ist durch § 1 Abs. 1, letzte Alternative TVG gedeckt[45]. In Grenzen ist also auch nach dieser Vorschrift eine Delegation tariflicher Rechtsetzungsbefugnisse zulässig.

c) Tariffähigkeit

Das Tarifvertragsgesetz legt in § 2 TVG fest, wer Tarifvertragspartei sein kann. Der gesetzlich vorgegebene Kreis darf durch Tarifvertrag nicht erweitert werden. Daher läßt sich aus dem Tarifvertragsgesetz, ebenso wie aus Art. 9 Abs. 3 GG[46], ein Verbot ableiten, Dritte zum Abschluß von Tarifverträgen im formellen Sinn zu ermächtigen. Wenn jedoch die Tarifpartner zum Abschluß anderer Regelungen ermächtigen, steht § 2 TVG nicht entgegen. Denn dadurch wird niemand zur Tarifvertragspartei erhoben, sondern ihm wird nur gestattet, auf seiner Ebene und mit vom Tarifvertrag zu unterscheidenden Regelungsmechanismen Tarifverträge weiter zu ergänzen. Solange die Ermächtigung des Dritten genügend begrenzt ist, kann auch nicht ins Gewicht fallen, daß der Begünstigte weniger mächtig als die Koalitionen ist[47].

---

[42] *Kissel*, NZA 1986, S. 77 f.; *Zöllner*, ZfA 1988, S. 279.

[43] *Scholz*, in: *Beuthien* (Hrsg.), Arbeitsteilhaber, S. 172 f.

[44] *Kissel*, NZA 1986, S. 80.

[45] *Wiedemann*, in: *Beuthien* (Hrsg.), Arbeitsteilhaber, S. 156.

[46] Siehe oben § 3 I 1 b.

[47] *Däubler*, ArbR I, 4.5.3.5., S. 187.

d) Institut des Tarifvertrages

Eine Delegationserlaubnis könnte sich schließlich auch daraus ergeben, daß das Tarifvertragsgesetz Tarifverträge mit einer normativen Wirkung ausstattet, ohne Rücksicht darauf, wer ihren Inhalt festgelegt hat. Diese von Ferdinand Kirchhof vertretene Auffassung[48] basiert darauf, daß der Tarifvertrag eine normative Geltungskraft hat, ohne daß damit eine besondere Rechtsetzungsbefugnis der Tarifvertragsparteien verbunden ist. Der staatliche Geltungsbefehl knüpfe an das Institut des Tarifvertrages und nicht an die Tätigkeit der Tarifpartner an.

Richtig ist zwar, daß der Tarifvertrag seinen rechtlichen Geltungsanspruch nicht den Tarifpartnern, sondern dem staatlichen Gesetzgeber verdankt. Nur dieser kann bestimmen, unter welchen Voraussetzungen private Rechtsetzung normative Wirkung zeitigt[49]. Zu bezweifeln ist aber, ob die Anerkennung tatsächlich ohne Rücksicht darauf erfolgt ist, wer den Tarifinhalt festlegt. Wenn Kirchhof ausführt, die Delegation sei zulässig, weil als „Endprodukt" ein Tarifvertrag vorliege, ist ihm entgegenzuhalten, daß nicht ohne weiteres ein Tarifvertrag vorliegen kann, wenn andere als die in § 2 TVG Bezeichneten den Inhalt festsetzen. Ob das „Endprodukt" ein Tarifvertrag ist, hängt wesentlich davon ab, wer gehandelt hat. Nur die Vereinbarung zwischen Tarifvertragsparteien kann sich Tarifvertrag nennen. Daher muß zumindest der Form nach eine Regelung durch die Tarifvertragsparteien selbst erfolgen. Aber ein relativ unbestimmter durch Dritte auf anderer Ebene auszufüllender Tarifvertrag ist nicht ausgeschlossen. Solange die delegierten Befugnisse nicht zu umfangreich sind, wird man als „Endprodukt" den Tarifvertrag bejahen, obwohl Dritte ihn in Einzelfragen noch weiter vervollständigen können. Mit dieser Einschränkung ist daher der Auffassung Kirchhofs zuzustimmen, daß eine Delegation erlaubt sei.

3. §§ 315 ff. BGB

Eine unbegrenzte Delegation tariflicher Rechtsetzungsbefugnisse scheinen die §§ 315 ff. BGB zu erlauben. Das Bundesarbeitsgericht hat mit diesen Vorschriften die Zulässigkeit von Tarifklauseln begründet, die zur näheren Konkretisierung von Tarifverträgen ermächtigten[50]. Da die Bestimmung der

---

[48] *Ferdinand Kirchhof*, Rechtsetzung, S. 182 f.

[49] Siehe oben § 3 I 1 a.

[50] BAG (28.9.1977) AP Nr. 4 zu § 1 TVG Tarifverträge: Rundfunk; BAG (25.1.1978) AP Nr. 10 zu § 611 BGB Croupier; BAG (12.8.1981) AP Nr. 3 zu § 1

Leistung gemäß § 315 Abs. 1 BGB nur im Zweifel nach billigem Ermessen erfolgen soll, wäre es sogar möglich, die Bestimmung des Tarifinhalts in das freie Belieben eines Dritten zu stellen[51].

Es ist jedoch zweifelhaft, ob diese Vorschriften für die tarifliche Rechtsetzung uneingeschränkte Anwendung finden können[52]. Der Tarifvertrag ist nach richtiger Auffassung dem Privatrecht zuzuordnen. Vorschriften des Zivilrechts finden daher grundsätzlich Anwendung. Eine Ausnahme oder Einschränkung ist dann geboten, wenn der Gesetzescharakter des Tarifvertrages entgegensteht. Im rechtsgeschäftlichen Bereich erlangen die einseitigen Bestimmungsrechte ihre Rechtfertigung daraus, daß die Vertragspartner sich der Bestimmung durch einen Dritten unterwerfen. Dieser Gedanke kann nicht ohne weiteres auf den Tarifvertrag als Gesetz im materiellen Sinn übertragen werden. Denn an Gesetze müssen aus Gründen der Rechtssicherheit strengere Anforderungen als an Rechtsgeschäfte gestellt werden[53]. Die Betroffenen werden nämlich kraft der Normsetzungsbefugnis, d.h. ohne ihren Willen, dem Bestimmungsrecht eines Dritten unterworfen. Die Situation des Normunterworfenen ist mit der eines Vertragspartners, der eine Leistungsbestimmung nach § 315 BGB vereinbart, nicht zu vergleichen[54]. Die §§ 315 ff. BGB sind daher kein Maßstab dafür, wie weit die Regelungsmacht der Tarifpartner reicht und können für eine Begründung der Zulässigkeit einer Delegation nicht herangezogen werden[55].

TVG Tarifverträge: Bundesbahn; BAG (28.11.1984) AP Nr. 1 und 2 zu § 4 TVG Bestimmungsrecht; BAG (26.11.1986) AP Nr. 15 zu § 1 TVG Tarifverträge: Rundfunk; BAG (15.1.1987) AP Nr. 21 zu § 75 BPersVG; BAG (12.1.1989) AP Nr. 14 zu § 50 BAT.

[51] BAG (26.11.1986) AP Nr. 15 zu § 1 TVG Tarifverträge: Rundfunk.

[52] *Blomeyer*, ZfA 1980, S. 68; *Nipperdey / Säcker*, AR Blattei D, Tarifvertrag II B (unter III 1 b); *Hanau*, RdA 1970, S. 166, (macht Einschränkungen bei der Allgemeinverbindlicherklärung von Bestimmungsklauseln); *v. Hoyningen-Huene / Meier-Krenz*, ZfA 1988, S. 299; *Spilger*, Betriebsverfassungsrecht, S. 223; *Wiedemann*, Anm. zu BAG (25.1.1978) AP Nr. 10 zu § 611 BGB Croupier.

[53] Daher haben nach Auffassung des Bundesverfassungsgerichts dynamische Verweisungen im rechtsgeschäftlichen Bereich eine andere Bedeutung als im Bereich der Gesetzgebung; vgl. BVerfG (14.6.1983) AP Nr. 28 zu Art. 2 GG und BVerfG (23.4.1986) AP Nr. 21 zu § 9 BergmannsVersorgScheinG NRW.

[54] *Blomeyer*, ZfA 1980, S. 68; *Wiedemann*, Anm. zu BAG (25.1.1978) AP Nr. 10 zu § 611 BGB Croupier.

[55] *v. Hoyningen-Huene / Meier-Krenz*, ZfA 1988, S. 299.

4. Art. 80 Abs. 1 GG

Art. 80 Abs. 1 GG kann auf die tariflichen Rechtsetzungsbefugnisse keine unmittelbare Anwendung finden. Die Vorschrift regelt nämlich nur, unter welchen Voraussetzungen der staatliche Gesetzgeber die Exekutive zu Rechtsverordnungen ermächtigen kann. Dazu ist erforderlich, daß Inhalt, Zweck und Ausmaß der erteilten Ermächtigung im formellen Gesetz, d.h. vom Parlament selbst festgelegt werden. Unzureichend ist es, „wenn die Ermächtigung so unbestimmt ist, daß nicht vorausgesehen werden kann, in welchen Fällen und mit welcher Tendenz von ihr Gebrauch gemacht werden wird und welchen Inhalt die aufgrund der Ermächtigung erlassenen Verordnungen haben können“[56]. Außerdem fordert das Bundesverfassungsgericht, daß alle wesentlichen Entscheidungen, insbesondere die grundrechtsrelevanten, vom Parlament selbst geregelt werden müssen[57]. Die Ermächtigung zur Rechtsverordnung ist zulässig, wenn das Gesetz genügend Vorgaben macht. Art. 80 Abs. 1 GG verlangt für eine Delegation eine bestimmten Anforderungen entsprechende Regelungsdichte des förmlichen Gesetzes.

Diese Voraussetzung ist keineswegs eine Spezialität für die Ermächtigung zur Rechtsverordnung. Denn auch die Ermächtigung zum Erlaß von Verwaltungsakten, d.h. zur Einzelfallregelung, muß nach allgemeiner Auffassung gewissen Bestimmtheitsanforderungen genügen. Die Entscheidung aller wesentlichen, den Bürger unmittelbar betreffenden Fragen muß auch hier dem Gesetzgeber vorbehalten bleiben[58]. Erst wenn genügend durch den Gesetzgeber selbst geregelt ist, können Dritte darüber hinaus zu einer Regelung ermächtigt werden.

Der gemeinsame Grundgedanke wurzelt im Rechtsstaatsprinzip. Dies erfordert zunächst eine Gewaltenteilung, um gegenseitige Kontrolle und Balance zu gewährleisten. Dazu ist erforderlich, daß jeder im wesentlichen seine eigenen Kompetenzen selbst wahrnimmt. Nur wenn die vorgesehen Kompetenzordnung eingehalten wird, ist die Macht verfassungsgemäß verteilt. Eine Rechtsetzungskompetenz kann und braucht jedoch nicht voll ausgeschöpft zu werden. Wenn alle grundlegenden Entscheidungen durch den Gesetzgeber getroffen sind, kann bei der Anwendung der Gesetze ein even-

---

[56] BVerfG (23.10.1951) BVerfGE 1, S. 14, 60.

[57] Ständige Rspr. BVerfGE 33, S. 1, 10 ff.; 33, S. 125, 158 f.; 33, S. 303, 307, 346; 34, S. 165, 192; 41, S. 251, 259 f.; 45, S. 400, 417 f.; 47, S. 46, 78 f.; 58, S. 257, 268.

[58] Vgl. nur *Stelkens / Sachs*, VwVfG, § 44 Rdnr. 23; *Stern*, StaatsR II, § 37 I 4 b, S. 572 ff.

tuell verbliebener Regelungsspielraum durch die anderen Staatsgewalten ausgefüllt werden: durch die Exekutive bei der Einzelfallregelung in der Form von Verwaltungsakten oder bei der weiteren abstrakten Konkretisierung in der Form von normativ wirkenden Rechtsverordnungen; durch die Gerichte in der Form von Urteilen bei der Auslegung und Anwendung von relativ unbestimmten Gesetzen und bei der ersatzweisen Wahrnehmung von Ermächtigungen zugunsten der Exekutive[59]. Weil die gesetzliche Regelung nur anhand der gesetzlichen Vorgaben zu Ende gedacht und näher ausgeführt wird, steht trotz des eingeräumten Regelungsspielraums die Anwendung des Gesetzes im Vordergrund. Art. 80 Abs. 1 GG kann daher auch so verstanden werden, daß untergesetzlicher Normvollzug auch mittels Rechtsverordnung erfolgen darf[60]. Für den Deleganten heißt das: Die Wahrnehmung der eigenen Kompetenz ist auch dadurch möglich, daß eine begrenzte Ermächtigung zur näheren Konkretisierung auf anderer Ebene ausgesprochen wird.

Das Rechtsstaatsprinzip erfordert weiter ein bestimmtes Maß an Rechtssicherheit. Daher muß für den Betroffenen annähernd voraussehbar und berechenbar sein, welche Konsequenzen sich für ihn aus der Geltung der Gesetze ergeben. Auch dazu ist ein Mindestregelungsgrad unerläßlich. Noch bevor die Konkretisierung auf untergesetzlicher Ebene erfolgt ist, müssen die Belastungen im Ansatz erkennbar sein. Durch die gesetzliche Festlegung des Ausmaßes der Konkretisierungsbefugnis kann selbst der Inhalt einer Rechtsverordnung nicht mehr überraschend sein, weil er sich nur in den gesetzlich abgesteckten Grenzen bewegen kann. Auch wenn der Gesetzgeber noch eine weitere Instanz mit der Konkretisierung beauftragt hat, muß doch das förmliche Gesetz die eigentliche Regelung enthalten. Der Dritte vollzieht nur nach, was im Gesetz abstrakt angelegt ist. Seine untergesetzliche Regelung ist vom Willen des Gesetzgebers gedeckt. Sein Verhalten kann dem Gesetzgeber zugerechnet werden, solange es sich innerhalb der Ermächtigung bewegt.

Einer Übertragung dieser Aspekte auf die Tarifgesetzgebung steht nichts entgegen. Auch diese ist an rechtsstaatliche Grundsätze gebunden. Für die private Rechtsetzung mittels Tarifvertrag gelten die allgemeinen Grundsätze jeder Gesetzgebung[61]. Wenn Inhalt, Zweck und Ausmaß der Ermächtigung festgelegt und alle wesentlichen Entscheidungen im Tarifvertrag angelegt

---

[59] Siehe unten § 9 II.

[60] *Hesse*, VerfR, Rdnr. 525, sieht daher in der Ermächtigung zur Rechtsverordnung keine Übertragung gesetzgebender Gewalt und in Rechtsverordnungen keine Gesetze.

[61] Bezüglich der Rechtsetzung mittels Betriebsvereinbarung vgl. GK-*Kreutz*, BetrVG, § 77 Rdnr. 41.

sind, ist demnach eine Delegation tariflicher Rechtsetzungsbefugnisse zulässig[62].

II. Voraussetzungen

Aus den Begründungsansätzen lassen sich gewisse Voraussetzungen für eine zulässige Delegation ableiten. Diese können jedoch nur allgemeine Anhaltspunkte geben. Ob die Tarifvertragsparteien genügend selbst geregelt haben, um im übrigen eine Ermächtigung aussprechen zu können, hängt vom Einzelfall ab.

Das Bundesarbeitsgericht hat sich bei der Bewertung des „Leber-Kompromisses" auf den Hinweis beschränkt, die Grenzen eines unzulässigen Regelungsverzichts seien nicht überschritten, weil der überlassene Spielraum relativ gering sei[63]. Diese Auffassung läßt sich erhärten, wenn man die formellen und materiellen Anforderungen an eine zulässige Delegation näher aufschlüsselt.

1. Formale Anforderungen

Man wird zuerst eine hinreichend deutliche Benennung des Adressaten der Befugnis fordern müssen. Das hat das Bundesarbeitsgericht[64] und das arbeitsrechtliche Schrifttum[65] im Zusammenhang mit dem Bestimmungsrecht verschiedentlich betont. Allerdings sind auch Bestimmungsklauseln als Er-

---

[62] Bezüglich der tariflichen Öffnungsklausel *Däubler*, ArbR I, 4.5.3.5., S. 186 f.; *Hagemeier / Kempen*, TVG, Einl. Rdnr. 84 a; *v. Hoyningen-Huene / Meier-Krenz*, ZfA 1988, S. 300; *Wiedemann*, in: *Beuthien* (Hrsg.), Arbeitsteilhaber, S. 155; *Zachert*, NZA 1988, S. 188. Bezüglich des Bestimmungsrechts *Nipperdey / Säcker*, AR Blattei D, Tarifvertrag II B (unter II 1 b); *Wiedemann*, Anm. zu BAG (25.1.1978) AP Nr. 10 zu § 611 BGB Croupier; vgl. auch *Hanau*, RdA 1970, S. 166. Bezüglich dynamischer Verweisungen *Mangen*, Anm. zu BAG (10.11.1982) AP Nr. 8 zu § 1 TVG Form; *Wiedemann*, Anm. zu BAG (9.7.1980) AP Nr. 7 zu § 1 TVG Form; sinngemäß auch *Mayer-Maly*, FS Ernst Wolf, S. 475; *Baumann*, RdA 1987, S. 273.

[63] BAG (18.8.1987) AP Nr. 23 zu § 77 BetrVG 1972 (unter II 3 b).

[64] BAG (25.1.1978) AP Nr. 10 zu § 611 BGB Croupier; BAG (3.5.1978) AP Nr. 6 zu § 1 TVG Tarifverträge: Rundfunk; BAG (28.11.1984) AP Nr. 1 und 2 zu § 4 TVG Bestimmungsrecht; BAG (15.1.1987) AP Nr. 21 zu § 75 BPersVG.

[65] Vgl. beispielsweise *v. Hoyningen-Huene / Meier-Krenz*, ZfA 1988, S. 300.

mächtigung zugunsten des Arbeitgebers ausgelegt worden, obwohl der Arbeitgeber nicht ausdrücklich genannt war. Nach Lage der Dinge komme nur er als Adressat in Betracht[66]. Sogar das tariflich vorgesehene Einvernehmen mit dem Betriebsrat hat das Bundesarbeitsgericht nicht davon abgehalten, den Arbeitgeber als Bestimmungsberechtigten anzusehen[67]. Eine solche Auffassung ist nicht unbedenklich, weil gerade fraglich sein kann, ob der Arbeitgeber allein oder nur in Zusammenarbeit mit dem Betriebsrat die Befugnisse wahrnehmen soll[68]. Bei einem unbestimmten Rechtsbegriff kann außerdem zweifelhaft sein, ob dieser ein Bestimmungsrecht einräumen will oder „nur" eine Auslegung des Gerichts erfordert[69]. Daher ist die ausdrückliche und eindeutige tarifliche Normierung unverzichtbar.

Weiter ist eine klare Benennung des Ausmaßes der übertragenen Befugnis erforderlich[70]. Das ist vor allem für die gerichtliche Überprüfung von Bedeutung[71]. Ob die Ausübung der Befugnis noch von der Delegationsnorm gedeckt ist, kann nur festgestellt werden, wenn die Grenzen deutlich beschrieben sind.

Im Zusammenhang mit dynamischen Verweisungen hat sich die Frage gestellt, ob dem Schriftformgebot entsprochen ist, wenn der Tarifvertrag auf andere Regelungswerke in ihrer jeweiligen Fassung verweist. Das wurde verschiedentlich verneint, wenn der in Bezug genommene Text nicht als Anlage zum Tarifvertrag schriftlich vorlag und von den Unterschriften erfaßt wurde[72]. Demgegenüber hat das Bundesarbeitsgericht unter Zustimmung des Schrifttums erkannt, daß es zur Einhaltung der Formvorschriften aus-

[66] BAG (12.8.1981) AP Nr. 3 zu § 1 TVG Tarifverträge: Bundesbahn; BAG (28.11.1984) AP Nr. 1 und 2 zu § 4 TVG Bestimmungsrecht; BAG (15.1.1987) AP Nr. 21 zu § 75 BPersVG.

[67] BAG (15.1.1987) AP Nr. 21 zu § 75 BPersVG.

[68] Siehe unten § 4 II 2.

[69] Siehe unten § 9 I 1 a.

[70] Vgl. BAG (3.5.1978) AP Nr. 6 zu § 1 TVG Tarifverträge: Rundfunk; BAG (28.11.1984) AP Nr. 1 und 2 zu § 4 TVG Bestimmungsrecht; BAG (15.1.1987) AP Nr. 21 zu § 75 BPersVG.

[71] Siehe unten § 9 I 2 a.

[72] *Buchner*, AR-Blattei D, Tarifvertrag V C (unter III 2 b); *Gröbing*, AuR 1982, S. 118; *Gumpert*, BB 1961, S. 1276 f.; *Hueck/Nipperdey/Säcker*, ArbR II 1, S. 554; *Mayer-Maly*, FS Ernst Wolf, S. 478; *Nipperdey/Säcker*, AR-Blattei D, Tarifvertrag II B (unter III 1 c).

reicht, wenn die in Bezug genommene Regelung zweifelsfrei bestimmbar ist[73].

Begreift man die Verweisungsklausel als Delegationsnorm und läßt die Delegation als solche zu, können Schriftformprobleme nicht auftreten, solange der ermächtigende Tarifvertrag den Formanforderungen entspricht. Delegation setzt gedanklich voraus, daß eine vollständige Regelung unterbleibt und statt dessen ein anderer zur Tätigkeit ermächtigt wird. Dann muß zugleich das schriftliche Vorliegen der Ermächtigungsnorm ausreichen. Man kann nicht einerseits Delegationen zulassen, andererseits aber die Formanforderungen derart überhöhen, daß eine Delegation unmöglich wird. Das Gewollte muß zu ermitteln sein. Wenn die Tarifpartner Dritte zur Ausfüllung ihrer Tarifverträge ermächtigen wollen, reicht es aus, wenn dies eindeutig klargestellt ist. Die Unterschrift kann und braucht nur die Delegationsnorm decken.

Man kann allenfalls fragen, welche formalen Anforderungen der Delegatar bei der Ausübung der übertragenen Befugnisse einzuhalten hat. Bei Verweisungen wird infolge des Schriftformgebots für Tarifverträge gemäß § 1 Abs. 2 TVG verlangt, daß die in Bezug genommene Regelung selbst schriftlich abgefaßt ist[74]. Beim Bestimmungsrecht wird diese Frage nur selten erörtert[75]. Das ist darauf zurückzuführen, daß eine Bestimmungsklausel häufig nur zur Einzelfallregelung ermächtigt. Wenn die Tarifnorm nur in einem Fall angewendet werden soll, handelt es sich trotz des großen Regelungsspielraums mehr um eine Subsumtion, die keinem Schriftformgebot unterliegt. Anders dagegen, wenn das Bestimmungsrecht zur Rechtsetzung ermächtigt. Obwohl der eingeräumte Ermessensspielraum in diesem Fall nicht größer sein muß, wird man hier anders zu entscheiden haben. Da die bestimmende Konkretisierung für eine Vielzahl von Fällen gilt, muß sie die Anforderungen an eine Gesetzgebung beachten. Aus Gründen der Rechtssicherheit muß jede normativ wirkende Konkretisierung des Tarifvertrages schriftlich abgefaßt sein. Bei Betriebsvereinbarungen ist das bereits deshalb unproblema-

---

[73] BAG (9.7.1980) AP Nr. 7 zu § 1 TVG Form; *Braun*, BB 1986, S. 1428 f.; *Dietz*, FS Nipperdey II 1965, S. 155; *Frey*, AuR 1958, S. 306; *Groß*, BlStSozArbR 1965, S. 287; *Hagemeier/Zachert*, TVG, § 1 Rdnr. 240; *Herschel*, BB 1963, S. 1221 f.; *Iffland*, DB 1964, S. 1737; *Mangen*, Anm. zu BAG (10.11.1982) AP Nr. 8 zu § 1 TVG Form; *Wiedemann*, Anm. zu BAG (9.7.1980) AP Nr. 7 zu § 1 TVG Form; *Baumann*, RdA 1987, S. 271.

[74] BAG (9.7.1980) AP Nr. 7 zu § 1 TVG Form; BAG (10.11.1982) AP Nr. 8 zu § 1 TVG Form.

[75] Vgl. aber *Nipperdey/Säcker*, AR-Blattei D, Tarifvertrag II B (unter III 1 b), die eine schriftliche Ausübung des Bestimmungsrechts fordern.

tisch, weil diese gemäß § 77 Abs. 2 Satz 1 BetrVG den gleichen Formanforderungen wie der Tarifvertrag unterliegen.

In den Fällen der Tarifverträge zur Arbeitszeitverkürzung sind die Befugnisse ausdrücklich dem Betriebsrat zusammen mit dem Arbeitgeber oder gegebenenfalls der Einigungsstelle eröffnet. Der Umfang der Befugnisse ist sehr genau und ausdrücklich tariflich vorgezeichnet. Da die betrieblichen Regelungen bereits nach dem Betriebsverfassungsgesetz schriftlich ergehen müssen, sind die formalen Anforderungen an eine Delegation eingehalten.

2. Materielle Anforderungen

Eine Delegation kann nur zugelassen werden, wenn darüber hinaus materielle Voraussetzungen eingehalten sind[76].

a) Delegierter Regelungsgegenstand

Nicht jeder Regelungsgegenstand kann im Wege der Delegation der Bestimmung durch Dritte überlassen werden.

Vereinzelt wird ein „Kernbereich" tariflicher Rechtsetzungsbefugnisse angenommen, der nur durch die Koalitionen selbst festgesetzt werden darf[77]. Das ist mit dem verfassungsrechtlich gewährleisteten Schutz der Tarifautonomie in einem Kernbereich begründet worden[78]. Die Kernbereichsgarantie ist vom Bundesverfassungsgericht entwickelt worden, um die Grenzen zu markieren, die der Gesetzgeber bei der rechtlichen Ausgestaltung des Tarifvertragssystems und bei der gesetzlichen Regelung der Arbeits- und Wirtschaftsbedingungen nicht überschreiten darf. Jenseits dieser Grenze liegt der verfassungsrechtlich verbürgte Freiraum, der den Koalitionen zur eigenen Gestaltung nicht entzogen werden darf. Auf welche Art und Weise dieser Kernbereich ausgefüllt werden muß, ist der Kernbereichslehre aber nicht zu entnehmen. Sie schließt es nicht aus, daß die Tarifpartner den überlassenen Freiraum mittels delegierender Tarifverträge ausfüllen. Wenn von einem

---

[76] Vgl. dazu *Geitmann*, Offene Normen, S. 120 ff.

[77] BAG (10.11.1982) AP Nr. 8 zu § 1 TVG Form; *v. Hoyningen-Huene / Meier-Krenz*, ZfA 1988, S. 305 f. und 315; *Wiedemann*, Anm. zu BAG (9.7.1980) AP Nr. 7 zu § 1 TVG Form.

[78] BAG (10.11.1982) AP Nr. 8 zu § 1 TVG Form; *Wiedemann*, Anm. zu BAG (9.7.1980) AP Nr. 7 zu § 1 TVG Form.

Kernbereich der Koalitionsbetätigung gesprochen wird, kann daher allenfalls gemeint sein, daß die Normierung bestimmter, besonders wichtiger Fragen ausschließlich den Tarifpartnern selbst vorbehalten ist.

Dieser Gedanke tritt in einer Entscheidung des Bundesarbeitsgerichts hervor, die sich mit der Frage beschäftigt, unter welchen Voraussetzungen Tarifverträge Abweichungen von tarifdispositivem Gesetz vorsehen können[79]. Wenn das Gesetz eine Abweichung durch die Tarifpartner ermöglicht, ist eine Entscheidung durch diese selbst erforderlich. Über den Umweg einer tariflichen Schiedsgutachtenvereinbarung kann das Gesetz nicht eingeschränkt werden. Anlaß der Entscheidung war eine – im Ergebnis allerdings unzulässige – Einschränkung des Kündigungsschutzes zuungunsten der Arbeitnehmer. Das Bundesarbeitsgericht hat die Anforderungen verschärft, weil es sich um eine schwerwiegende Entscheidung handelte.

Wann eine Entscheidung ein derartiges Gewicht hat, daß sie nicht mehr anderen überlassen werden kann, wird im Staatsrecht nach der sogenannten Wesentlichkeitstheorie entschieden. Diese vom Bundesverfassungsgericht entwickelte und von der Rechtslehre abgesicherte Theorie weist die wesentlichen, insbesondere die Grundrechte berührenden Fragen ausschließlich dem parlamentarischen Gesetzgeber zu. Eine Übertragung dieses Gedankens auf das Tarifvertragsrecht ist bereits ausdrücklich vorgeschlagen worden[80]. Teilweise ist sie auch impliziert, wenn die Anforderungen des Art. 80 GG übertragen werden,[81] denn die Wesentlichkeitstheorie wird als eine dieser Vorschrift immanente zusätzliche Begrenzung einer Delegationsmöglichkeit verstanden. Durch die Anwendung dieser Theorie im Tarifrecht wird die Entscheidung, was im Einzelfall wesentlich ist und daher als Gegenstand einer Delegation ausscheidet, zwar nicht leichter. Gegenüber der Annahme eines nicht delegierbaren Kernbereichs hat die Wesentlichkeitstheorie den Vorteil, daß sie eine Verquickung mit der Kernbereichstheorie vermeidet und den Blick auf die Wichtigkeit der getroffenen Entscheidung lenkt. Namentlich grundrechtsrelevante Entscheidungen sind als Gegenstände einer Delegation ausgeschlossen.

Nicht delegierbar dürften auch alle diejenigen Fragen sein, die die Art und Dauer der Geltung des Tarifvertrages betreffen. Die Koalitionen können das

---

[79] BAG (18.12.1980) AP Nr. 4 zu § 1 TVG Tarifverträge: Bundesbahn; zur Parallele im österreichischen Recht vgl. *Weißenberg / Cerny*, ArbVG, § 29 Anm. 5 c; *Floretta / Spielbüchler / Strasser*, ArbR II, S. 112.

[80] *Mangen*, Anm. zu BAG (10.11.1982) AP Nr. 8 zu § 1 TVG Form; *Wiedemann*, Anm. zu BAG (9.7.1980) AP Nr. 7 zu § 1 TVG Form; *Baumann*, RdA 1987, S. 273 f.

[81] Siehe oben § 3 I 4 a.E.

Inkraftsetzen genauso wenig wie die Kündigung einem Dritten überlassen. Sehr zweifelhaft sind daher Entscheidungen des Bundesarbeitsgerichts, die die Nachwirkung eines in Bezug genommenen Tarifvertrages auf den verweisenden Tarifvertrag durchschlagen lassen[82].

In den Fällen der Arbeitszeitverkürzung sind derartige wesentliche Entscheidungen von den Tarifvertragsparteien nicht delegiert worden. Zweifeln könnte man beispielsweise, wenn die Frage, ob die Arbeitszeit überhaupt verkürzt wird, anderen zur Beantwortung überlassen worden wäre. Die Arbeitszeitverkürzung als solche betrifft nämlich die Arbeitnehmer sehr stark, weil davon das Maß der Arbeitsleistung und die Höhe der Gegenleistung abhängt. Diese Grundentscheidung ist aber durch die Koalitionen selbst ausgehandelt worden, insbesondere ist von diesen die maximale Verkürzung der Arbeitszeit im Tarifvertrag festgeschrieben worden. Daß die Arbeitszeit für die einzelnen Arbeitnehmer nicht gleich sein muß, ist ebenfalls eine dem Tarifvertrag selbst zu entnehmende Entscheidung. Die vom Betriebsrat noch zu regelnden Gegenstände können nicht als so wesentlich angesehen werden, daß die Tarifpartner sie unbedingt selbst hätten regeln müssen. An den überlassenen Regelungsgegenständen scheitert die Delegation jedenfalls nicht.

b) Ausmaß der delegierten Befugnisse

Tarifliche Rechtsetzungsbefugnisse dürfen nur in begrenztem Umfang delegiert werden. Der Entscheidungsspielraum des Delegatars muß so eng sein, daß sich seine Regelung nur als ergänzende Konkretisierung des Tarifvertrages darstellt. Je geringer die Befugnisse des Delegatars, desto eher kann man von einer Regelung durch die Tarifpartner selbst ausgehen, obwohl Dritte an der Festlegung des Tarifinhalts beteiligt sind.

Die Zulässigkeit einer umfangmäßig nicht begrenzten Delegation läßt sich auch nicht aus den §§ 315 ff. BGB ableiten, da diese Vorschriften auf Rechtsetzungsbefugnisse nur eingeschränkt Anwendung finden können[83]. Dem stehen nur scheinbar eine Reihe von Urteilen des Bundesarbeitsgerichts entgegen, in denen mit Hinweis auf die §§ 315 ff. BGB eine Bestimmungsklau-

---

[82] BAG (3.12.1985) AP Nr. 1 zu § 74 BAT; BAG (13.8.1986) AP Nr. 1 zu § 2 MTV-Ang DFVLR; dagegen BAG (30.1.1990) AP Nr. 78 zu § 99 BetrVG 1972; *Wiedemann*, Anm. zu BAG (13.8.1986) AP Nr. 1 zu § 2 MTV-Ang DFVLR; *Baumann*, RdA 1987, S. 273.

[83] Siehe oben § 3 I 3.

sei ohne weiteres zugelassen worden ist[84]. Eine Analyse der entschiedenen Sachverhalte zeigt nämlich, daß nur selten Befugnisse der Delegatare beliebig wahrgenommen werden konnten. Zumeist finden sich verhältnismäßig enge tarifliche Begrenzungen, die der Ermächtigungsadressat zu beachten hatte. Soweit ersichtlich, lagen in nur zwei Entscheidungen, die die Festlegung von Richtlinien zur Gewährung eines Kinderzuschlags und einen Essengeldzuschuß betrafen[85], keinerlei nähere tarifliche Vorgaben vor. Häufig handelte es sich um dem Arbeitgeber zugewiesene Festsetzungen, die anhand von unbestimmten, tariflichen Rechtsbegriffen vorzunehmen waren[86]. Das Bundesarbeitsgericht hat sogar die Anwendung der §§ 315 ff. BGB ausdrücklich abgelehnt, weil die Bestimmung „nur unter eindeutig tariflich umschriebenen Voraussetzungen" erfolgen könne[87].

Wenn überhaupt die §§ 315 ff. BGB in diesem Zusammenhang heranzuziehen sind, dann aus dem Gesichtspunkt heraus, daß diese Vorschriften auch auf sogenannte materielle Schiedsgutachten Anwendung finden können[88]. Die rechtsgestaltende Ergänzung oder Klarstellung des Vertragsinhalts oder die Feststellung von Tatsachen oder Tatbestandsmerkmalen können im Rahmen des materiellen Rechts Dritten zugewiesen werden. Der Schiedsgutachter soll den Vertrag in einer Weise ergänzen oder näher konkretisieren, daß eben diese Ergänzung oder Konkretisierung Inhalt des Vertrages wird, so als ob die Vertragspartner sie selbst vorgenommen hätten[89]. Ebenso soll der Ermächtigungsadressat bei der Delegation tariflicher Rechtsetzungsbefugnisse weniger seine eigenen Vorstellungen verwirklichen können, als vielmehr den

---

[84] BAG (28.9.1977) AP Nr. 4 zu § 1 TVG Tarifverträge: Rundfunk; BAG (25.1.1978) AP Nr. 10 zu § 611 BGB Croupier; BAG (12.8.1981) AP Nr. 3 zu § 1 TVG Tarifverträge: Bundesbahn; BAG (28.11.1984) AP Nr. 1 und 2 zu § 4 TVG Bestimmungsrecht; BAG (26.11.1986) AP Nr. 15 zu § 1 TVG Tarifverträge: Rundfunk; BAG (15.1.1987) AP Nr. 21 zu § 75 BPersVG; BAG (12.1.1989) AP Nr. 14 zu § 50 BAT.

[85] BAG (28.9.1977) AP Nr. 4 zu § 1 TVG Tarifverträge: Rundfunk; BAG (15.1.1987) AP Nr. 21 zu § 75 BPersVG.

[86] Darauf will *Blomeyer*, ZfA 1980, S. 67, hinweisen, wenn er von „Schuldnerausfüllungsrecht" anstelle von „Gläubigerbestimmungsrecht" spricht; *Wiedemann*, Anm. zu BAG (25.1.1978) AP Nr. 10 zu § 611 BGB Croupier.

[87] BAG (12.8.1981) AP Nr. 3 zu § 1 TVG Tarifverträge: Bundesbahn; BAG (22.5.1985) AP Nr. 7 zu § 1 TVG Tarifverträge: Bundesbahn.

[88] Zum materiellen Schiedsgutachten im Tarifrecht vgl. BAG (29.1.1969) AP Nr. 20 zu § 611 BGB Akkordlohn; *Hilger*, BB 1956, S. 10 ff.; *Nikisch*, ArbR II, S. 323.

[89] BGH (25.6.1952) BGHZ 6, S. 335; *Palandt/Heinrichs*, BGB, § 317 Rdnr. 4.

Tarifvertrag im Sinne der Tarifvertragsparteien zu Ende denken[90]. Dazu ist erforderlich, daß das Ausmaß der delegierten Befugnis genügend eingeschränkt ist.

In den Fällen der Arbeitszeitverkürzung ist die Wahrnehmung der Befugnisse auf betrieblicher Ebene nicht ins freie Belieben gestellt, sondern im Gegenteil durch tarifliche Vorgaben sehr eingeschränkt[91]. Ober- und Untergrenzen der Arbeitszeitdauer sind tariflich vorgegeben. Der Spielraum von drei Stunden ist relativ gering. Eine weitere Schranke ist durch den zwingenden Betriebsdurchschnitt errichtet.

c) Anhaltspunkte für die Ausübung der delegierten Befugnisse

Die Tarifpartner müssen konkrete Anhaltspunkte geben, wie die übertragene Befugnis für sie ausgeübt werden soll. Das Regelungsprogramm muß erkennbar sein[92]. Dem entspricht die Forderung, es müsse der Inhalt und Zweck der Ermächtigung analog Art. 80 GG tariflich festgelegt sein[93]. Wenn nämlich der Zweck vorgegeben wird, kann verhindert werden, daß die Befugnis in einer Weise gebraucht wird, die vom Deleganten nicht vorgesehen war. Es liegt dann eine Zielvorgabe vor, die den Delegatar „programmiert", die übertragenen Rechte richtig auszuüben.

Das Bundesarbeitsgericht hat daher zu Recht geprüft, ob die Ausübung von Bestimmungsrechten dem Sinn und Zweck des Tarifvertrages entsprach[94]. Auch in diesem Zusammenhang erweist sich die Ähnlichkeit der tariflichen Bestimmungsklauseln mit materiellen Schiedsgutachten. Diese sind nämlich nur zulässig, wenn ausreichende und konkrete Anhaltspunkte dafür vorhanden sind, wie die ausfüllungsbedürftigen Punkte zu ergänzen sind[95].

---

[90] *Wiedemann*, Anm. zu BAG (28.11.1984) AP Nr. 1 und 2 zu § 4 TVG Bestimmungsrecht.

[91] A.A. offenbar *Herschel*, AuR 1984, S. 322 f.

[92] Für die Tarifgesetzgebung BAG (9.7.1980) AP Nr. 7 zu § 1 TVG Form („Vorhersehbarkeit"); *Wiedemann*, in: *Beuthien* (Hrsg.), Arbeitsteilhaber, S. 155 („Ausreichender Anhalt für die Konkretisierung"). Für die staatliche Gesetzgebung BVerfG (12.11.1958) BVerfGE 8, S. 274, 307 ff.; *Hesse*, VerfR, Rdnr. 528; *Scholz*, FS Gerhard Müller, S. 524 f. („Bestimmbarkeit").

[93] Siehe oben § 3 I 4 a.E.

[94] BAG (23.5.1973) AP Nr. 1 zu § 39 TV Ang Bundespost.

[95] BGH (27.1.1971) BGHZ 55, S. 248.

Die Ausübung der überlassenen Befugnisse muß sich in das Normsetzungsprogramm der Tarifpartner einfügen.

Von diesem Ausgangspunkt ist auch zu entscheiden, wie der überraschende Gebrauch der delegierten Kompetenz zu beurteilen ist. Im Zusammenhang mit dynamischen Verweisungen hat sich das Bundesarbeitsgericht mit der Frage beschäftigt, ob sogenannte Überraschungsklauseln Inhalt des verweisenden Tarifvertrages werden können. Verschiedentlich war die Auffassung geäußert worden, einen völlig unerwarteten Inhalt könne der Tarifvertrag durch die Verweisung nicht erlangen[96]. Das Bundesarbeitsgericht hat dem widersprochen und gemeint, wenn eine dynamische Verweisung zulässig sei, müsse das unabhängig davon gelten, wie sich die in Bezug genommene Regelung verändere[97]. Dies ist nicht einsichtig, wenn die Verweisungsklausel eine versteckte Ermächtigungsnorm darstellt[98]. Als solche darf sie nicht jedes Verhalten des Delegatars erlauben. Jede Ausübung der übertragenen Befugnis muß darauf überprüft werden, ob sie von der Ermächtigung noch gedeckt ist. Genauso wie das Bestimmungsrecht nicht dazu mißbraucht werden kann, den Tarifvertrag ohne den Willen der Tarifpartner zu untergraben, kann über eine Verweisungsnorm nicht eine Regelung Inhalt des Tarifvertrages werden, die der Absicht der Tarifvertragsparteien völlig entgegenläuft[99]. Wenn man für eine zulässige Delegation verlangt, daß genügend Anhaltspunkte für die „richtige" Ausübung vorliegen, ist die Differenzierung zwischen unwirksamen Überraschungsklauseln und zulässigen Regelungen des Delegatars – entgegen der Auffassung des Bundesarbeitsgerichts – möglich.

Tarifliche Anhaltspunkte für die Ausübung der delegierten Befugnisse sind auch bei der Verwendung von unbestimmten Rechtsbegriffen unerläßlich. Es müssen ausreichende tarifliche Hinweise dafür existieren, wie unbestimmte Rechtsbegriffe auszulegen sind. Das schließt einen großen Grad an Unbestimmtheit nicht aus, erfordert aber, daß sich aus dem Regelungszusammenhang Wertungsmaßstäbe finden lassen, die eine vom Willen des Gesetzgebers gedeckte Anwendung sicherstellen.

Mit den engen tariflichen Vorgaben im Bereich der Arbeitszeitverkürzung ist nicht nur der Umfang der Befugnisse begrenzt, sondern es sind zugleich

---

[96] *Herschel*, BB 1963, S. 1223; *Mangen*, Anm. zu BAG (10.11.1982) AP Nr. 8 zu § 1 TVG Form; *Wiedemann*, Anm. zu BAG (9.7.1980) AP Nr. 7 zu § 1 TVG Form.

[97] BAG (10.11.1982) AP Nr. 8 zu § 1 TVG Form.

[98] Siehe oben § 2 II 2.

[99] *Hanau*, Anm. zu BAG (18.3.1976) AP Nr. 4 zu § 87 BetrVG 1972 Altersversorgung, will deshalb die §§ 315 ff. BGB bei Verweisungen anwenden.

Hinweise darauf gegeben, wie von den delegierten Rechten im Sinne der Tarifvertragsparteien Gebrauch gemacht werden soll. Auch der allen Beteiligten bekannte Umstand, daß die Möglichkeit der Flexibilisierung als Ausgleich für die generelle Reduzierung der Arbeitszeit verstanden wird, kann in diesem Zusammenhang berücksichtigt werden. Die tarifpolitischen Hintergründe für den Tarifvertrag und seine Entstehungsgeschichte können für die Ausübung der delegierten Befugnisse von Bedeutung sein. Für die Betriebspartner sind in den Tarifverträgen zur Arbeitszeitverkürzung genügend Hinweise gegeben. Umgekehrt bedeutet das für die Tarifpartner, daß eine überraschende Ausübung der delegierten Befugnisse ausgeschlossen ist.

d) Kontrollmöglichkeiten durch den Deleganten

Weiter wird man verlangen müssen, daß die Tarifpartner sich eine Einfluß- oder Kontrollmöglichkeit vorbehalten. So muß die Möglichkeit bestehen bleiben, die Delegationsnorm aufzuheben[100]. Das Bundesarbeitsgericht hat bei dynamischen Verweisungen ein fristloses Kündigungsrecht erwogen und in Anlehnung an den Rechtsgedanken des § 77 Abs. 5 BetrVG jedenfalls eine kurze Kündigungsfrist für unumgänglich gehalten[101]. Außerdem sind weitere Kontrollmöglichkeiten, wenn nicht zwingend erforderlich, so doch wenigstens sinnvoll und zulässig. In Betracht kommen Benachrichtigungs- und Begründungspflichten, Einspruchs- und Vetorechte, Genehmigungs- und Kassationsvorbehalte. Außerdem kann der Delegant vorsehen, was geschehen soll, wenn die übertragene Befugnis nicht wahrgenommen wird[102].

Derartig weite Kontrollmöglichkeiten haben sich die Tarifvertragsparteien im Fall der Arbeitszeitverkürzung bisher nicht vorbehalten. Allerdings gibt es tarifpolitische Überlegungen dazu[103]. Eine gewisse Einflußnahme ist den Tarifpartnern dadurch gegeben, daß sie häufig die tariflichen Schlichtungsstellen zur Entscheidung vorgesehen haben, wenn Arbeitgeber und Betriebsrat keine Einigung erzielen. Außerdem könnten gerichtliche Überprüfungsmöglichkeiten bestehen, so daß festgestellt werden kann, ob eine Regelung sich im Rahmen der übertragenen Befugnisse gehalten hat[104].

---

[100] *Wiedemann*, Anm. zu BAG (28.11.1984) AP Nr. 1 und 2 zu § 4 TVG Bestimmungsrecht.

[101] BAG (10.11.1982) AP Nr. 8 zu § 1 TVG Form.

[102] Siehe unten § 6 II.

[103] Vgl. *Linnenkohl*, BB 1989, S. 2475.

[104] Siehe unten § 9 III.

2. Teil

Rechtsfolgen einer Delegation

Die Rechtsfolgen einer Delegation tariflicher Rechtsetzungsbefugnisse müssen zwei gegensätzliche Momente „aufheben". Zum einen muß berücksichtigt werden, daß tarifliche Befugnisse übertragen worden sind. Der Begünstigte handelt aufgrund einer tariflichen Ermächtigung zur Konkretisierung einer tarifvertraglichen Regelung. Zum anderen darf nicht außer acht gelassen werden, daß der Delegatar dadurch eigene Rechte erhält. Er handelt im eigenen Namen und damit in einer Weise, die sich von der Rechtsetzung der Tarifvertragsparteien unterscheidet. Beide Aspekte müssen Beachtung finden, wenn die aufgrund des Tarifvertrages ergangene Entscheidung als Regelung des Deleganten oder als Regelung des Delegatars eingeordnet werden soll.

Da der zweite Aspekt nur in bezug auf den jeweiligen Delegatar behandelt werden kann, muß danach unterschieden werden, wer von den Tarifvertragsparteien zur näheren Ausgestaltung ihrer Tarifverträge ermächtigt worden ist.

§ 4 Die Delegation zugunsten des Arbeitgebers

I. Betriebliche Regelung

Die vom Arbeitgeber aufgrund einer tariflichen Ermächtigung vorgenommene Bestimmung könnte eine tarifliche[1] oder eine betriebliche Regelung[2] sein. Zu der Frage, auf welcher Ebene der Ermächtigungsadressat rechtsetzend tätig wird, hat sich das Bundesarbeitsgericht nicht eindeutig geäußert. Einerseits hat das Bundesarbeitsgericht betont, die in Ausübung eines tariflichen Bestimmungsrechts getroffenen Regelungen des Arbeitgebers schafften „Normen, die wie Tarifvorschriften wirken und deren rechtliches Schicksal

---

[1] *v. Hoyningen-Huene / Meier-Krenz*, ZfA 1988, S. 298, sprechen von „Tarifgesetzgebung auf einer zweiten Stufe".

[2] *Wiedemann*, Anmerkung zu BAG (28.11.1984) AP Nr. 1 und 2 zu § 4 TVG Bestimmungsrecht, und in: *Beuthien* (Hrsg.), Arbeitsteilhaber, S. 157.

teilen"[3]. Andererseits heißt es in einer anderen Entscheidung, eine aufgrund der Ermächtigung ergangene Ordnung habe selbst keinen tariflichen Charakter[4].

Um den Rechtscharakter der Bestimmung des Arbeitgebers festzustellen, muß berücksichtigt werden, daß es sich um eine Delegation und nicht um die Ausfüllung von tariflichen Blankettnormen handelt[5]. Wenn man die Bestimmung nur als inhaltliche Füllung der Tarifnormen versteht, reduziert man den Arbeitgeber zum „Sprachrohr" der Tarifvertragsparteien. Diese selbst, so die Sicht des Bundesarbeitsgerichts, machen von ihrer eigenen Rechtsetzungsbefugnis Gebrauch. Folgt man dieser Prämisse, läßt sich die Bestimmung durch den Arbeitgeber nicht von der tariflichen Regelung der Tarifvertragsparteien unterscheiden. Anders dagegen, wenn man den Ermächtigungscharakter zugunsten des Arbeitgebers erkennt. Die Delegationsnorm erlaubt eine eigenständige Regelung durch den Ermächtigungsadressaten. Der Delegatar handelt im eigenen Namen, er nimmt eine eigens für ihn begründete Befugnis wahr[6]. Er wird ermächtigt, in einer von der Tätigkeit der Tarifvertragsparteien zu unterscheidenden Weise die tarifliche Regelung seinerseits zu ergänzen.

Die Form in der die Ergänzung erfolgen soll, wird dabei vom Tarifvertrag vorgeschrieben. In den Urteilen des Bundesarbeitsgerichts und in den Stellungnahmen des Schrifttums findet sich vor allem die Auffassung, die Tarifpartner könnten die nähere Konkretisierung des Tarifvertrages mittels eines Bestimmungsrechts des Arbeitgebers vorsehen[7]. Daraus darf nicht geschlossen werden, „Bestimmung" sei bereits eine Form des Arbeitgeberhandelns. Denn „Bestimmungsrecht" bedeutet nur, daß eine Befugnis zur näheren Ergänzung des Tarifvertrages begründet worden ist. Auf welche Art und Weise, vor allem in welcher Form diese Ergänzung vorgenommen werden soll, ist damit nicht gesagt. Der Arbeitgeber kann zur Bestimmung in verschiedenen Formen ermächtigt sein.

---

[3] BAG (28.11.1984) AP Nr. 1 und 2 zu § 4 TVG Bestimmungsrecht; BAG (15.1.1987) AP Nr. 21 zu § 75 BPersVG.

[4] BAG (28.9.1977) AP Nr. 4 zu § 1 TVG Tarifverträge: Rundfunk. Vgl. auch BAG (26.11.1986) AP Nr. 15 zu § 1 TVG Tarifverträge: Rundfunk: Bei den fakultativen Tarifstufen, deren Anwendung die Einzelentscheidung des Arbeitgebers voraussetzte, handele es sich um eine „tarifliche" Vergütung.

[5] Siehe oben § 2 II 2 und 3.

[6] *Triepel*, Delegation, S. 42 ff.

[7] Vgl. beispielsweise BAG (28.11.1984) AP Nr. 1 und 2 zu § 4 TVG Bestimmungsrecht; *v. Hoyningen-Huene / Meier-Krenz*, ZfA 1988, S. 295 ff.; *Hueck / Nipperdey / Säcker*, ArbR II 1, S. 287 f.; *Wiedemann / Stumpf*, TVG, § 1 Rdnr. 296 ff.

Die Tarifpartner können bestimmen, daß die nähere Konkretisierung des Tarifvertrages durch eine vom Arbeitgeber für den Betrieb aufzustellende Ordnung erfolgen soll. Die vom Bundesarbeitsgericht entschiedenen Urteile hatten beispielsweise die Aufstellung einer Kinderzulagenordnung[8] oder einer Ordnung des Essenzuschusses[9] zum Gegenstand. Die Befugnis zum Erlaß derartiger Arbeitsordnungen ergibt sich üblicherweise aus dem individuellen Arbeitsvertrag. Mit einer solchen Ordnung wird ein abstraktes Regelungswerk geschaffen, aus dem sich Rechte und Plichten der Arbeitnehmer im Einzelfall ableiten lassen. Die aufgrund des Tarifvertrages ergehende Ordnung gilt zwar für eine Vielzahl von Fällen. Im Gegensatz zum Tarifvertrag ist sie jedoch auf den Betrieb beschränkt.

Der Tarifvertrag kann den Arbeitgeber auch ermächtigen, den Tarifvertrag im Einzelfall durch eine einseitige Weisung näher auszugestalten. Das Bundesarbeitsgericht hatte beispielsweise über Tarifverträge zu urteilen, in denen der Arbeitgeber über die Gewährung von Sonderurlaub bei einem wichtigen Grund[10], über die Anwendung fakultativer Tarifstufen[11], über die Verkürzung der Arbeitszeit bei erschwerten Arbeitsbedingungen[12] oder über die Festsetzung einer bestimmten Lohngruppe[13] zu entscheiden hatte. Für den betroffenen Arbeitnehmer stellt sich das Handeln des Arbeitgebers als Weisung dar. Sie unterscheidet sich in der Form nicht von anderen Weisungen im Rahmen des Direktionsrechts. Wie dieses hat die Entscheidung des Arbeitgebers grundsätzlich nur für den Einzelfall Bedeutung. Allenfalls mit Hilfe des arbeitsrechtlichen Gleichbehandlungsgrundsatzes lassen sich Rechtsfolgen für ähnlich gelagerte Sachverhalte ableiten.

Daß die Tarifvertragsparteien auf den Betrieb beschränkte Regelungen als Mittel für die Ergänzung des Tarifvertrages vorsehen, ist kein Zufall, sondern ist Zulässigkeitsvoraussetzung für eine Delegation. Denn es ist den Tarifpartnern nicht erlaubt, zu tarifvertragsvertretenden Regelungen zu ermächtigen. Sie können lediglich die nähere Konkretisierung auf einer unter dem Tarifvertrag stehenden Ebene vorsehen[14]. Der Arbeitgeber darf nicht zur Tarifvertragspartei erhoben werden. Daher kann seine Bestimmung nie eine Tarif-

---

[8] BAG (28.9.1977) AP Nr. 4 zu § 1 TVG Tarifverträge: Rundfunk.

[9] BAG (15.1.1987) AP Nr. 21 zu § 75 BPersVG.

[10] BAG (12.1.1989) AP Nr. 14 zu § 50 BAT.

[11] BAG (26.11.1986) AP Nr. 15 zu § 1 TVG Tarifverträge: Rundfunk.

[12] BAG (28.11.1984) AP Nr. 1 und 2 zu § 4 TVG Bestimmungsrecht.

[13] BAG (25.1.1978) AP Nr. 10 zu § 611 BGB Croupier.

[14] Siehe oben § 3 I 1 b.

norm im formellen Sinn sein. Es muß sich der Form nach um eine betriebliche Regelung handeln.

Der Arbeitgeber wird daher auch mit einer aufgrund des Tarifvertrages vorgenommenen Bestimmung auf betrieblicher Ebene tätig. So erklärt sich auch, daß der Tarifvertrag in jedem Betrieb den gleichen Inhalt hat, selbst wenn die Arbeitgeber verschiedene Ausgestaltungen vorgenommen haben. Diese verändern nicht den Tarifvertrag als solchen, sondern sie fügen ihm nur eine betriebliche Ausführungsordnung hinzu. Die Vielzahl der unterschiedlichen Ergänzungen zerstört die Einheitlichkeit des Tarifvertrages nicht.

II. Tarifliche Ermächtigungsgrundlage

Welche Besonderheiten ergeben sich nun aus dem Umstand, daß die Bestimmungen des Arbeitgebers aufgrund einer Ermächtigung der Tarifvertragsparteien erfolgen? Selbst wenn es sich der Form nach um betriebliches Recht handelt, unterscheidet sich dieses doch von anderem betrieblichen Recht, weil sich die Befugnis des Arbeitgebers aus dem Tarifvertrag ableitet. Die von den Tarifpartnern verlagerte Regelungsbefugnis könnte deshalb auch in der Hand des Arbeitgebers alle Rechte der tariflichen Rechtsetzungsbefugnis eröffnen. Obwohl der Form nach betriebliche Regelungen des Arbeitgebers vorliegen, könnten sich dennoch dieselben Rechtsfolgen ergeben, die eintreten, wenn die Tarifpartner selbst tätig geworden wären. Diese These soll im folgenden anhand von drei verschiedenen Aspekten näher beleuchtet werden[15].

1. Abänderung von Arbeitsverträgen

Der Arbeitgeber vermag aus eigenem Recht eine Änderung des Arbeitsvertrages nur über eine Änderungskündigung herbeizuführen. Mittels kollektiver

[15] Es sind drei wichtige Fragen ausgewählt. Es wird keineswegs der Anspruch auf Vollständigkeit erhoben. Die Rechtsprechung des Bundesarbeitsgerichts böte beispielweise noch Anlaß, sich mit der Frage zu beschäftigen, ob durch ein Arbeitgeberhandeln aufgrund tariflicher Ermächtigung eine betriebliche Übung entstehen kann oder der tarifliche Ablösungsgrundsatz Anwendung finden muß, wenn der Arbeitgeber seine Bestimmung teilweise zurücknimmt. Vgl. dazu BAG (28.9.1977) AP Nr. 4 zu § 1 TVG Tarifverträge: Rundfunk; BAG (12.8.1981) AP Nr. 3 zu § 1 TVG Tarifverträge: Bundesbahn; BAG (28.11.1984) AP Nr. 1 und 2 zu § 4 TVG Bestimmungsrecht; BAG (15.1.1987) AP Nr. 21 zu § 75 BPersVG; *Ziepke*, Tarifvertrag 1984, § 3 Anm. 2 (S. 50 f.).

Rechtsetzungsbefugnisse sind dagegen in gewissen Grenzen Eingriffe in individualvertragliche Rechte möglich. Es fragt sich daher, ob der Arbeitgeber, wenn er aufgrund tarifvertraglicher Ermächtigung handelt, gleichfalls ohne Kündigung vertragliche Positionen verschlechtern kann. Das Problem hat sich in der Arbeitsrechtswissenschaft unter dem Stichwort der „tariflichen Erweiterung des arbeitsvertraglichen Direktionsrechts" gestellt.

Das Bundesarbeitsgericht hat eine tarifliche Erweiterung der Arbeitgeberbefugnisse für möglich gehalten. Es ist gebilligt worden, daß der Arbeitgeber aufgrund eines Tarifvertrages Versetzungen auf niedriger entlohnte Arbeitsplätze vornahm[16]. Dadurch sei die arbeitsvertragliche Position des Arbeitnehmers nicht berührt, deshalb sei keine Änderungskündigung erforderlich und es liege kein Verstoß gegen § 2 KSchG vor[17]. Selbst ein Prozeßvergleich, der eine vorangegangene Änderungskündigung abgewendet hatte, schadete nicht. Der Prozeßvergleich habe die tariflich festgelegte Rechtsposition nicht verändert[18]. In der tariflichen Einräumung eines Versetzungsrechts liegt nach der Auffassung des Bundesarbeitsgerichts, auch wenn ein Schwerbehinderter betroffen ist, keine Umgehung von § 15 SchwbG[19]. Außerdem wurde vom Bundesarbeitsgericht zugelassen, daß der Arbeitgeber aufgrund von Tarifklauseln (§ 9 TVAL II; § 15 BAT) die Arbeitszeit einseitig verkürzte oder verlängerte[20]. Einer Verminderung der Arbeitszeit stand auch nicht entgegen, daß die vorangegangene Änderungskündigung an § 15 KSchG gescheitert war[21]. Auch die einseitige Einführung von Kurzarbeit ist schon früher gebilligt worden[22]. In allen genannten Fällen durfte der Arbeitgeber mittels seines Direktionsrechts gegen den Arbeitsvertrag einseitig bestimmen, weil der Tarifvertrag eine entsprechende Ermächtigung ausgesprochen hatte.

---

[16] So bereits BAG (11.6.1958) AP Nr. 2 zu § 611 BGB Direktionsrecht; BAG (16.10.1965) AP Nr. 20 zu § 611 BGB Direktionsrecht; zustimmend *Hueck / Nipperdey / Säcker*, ArbR I, S. 201 Fn. 16; neuerdings BAG (22.5.1985) AP Nr. 6 und 7 zu § 1 TVG Tarifverträge: Bundesbahn; zustimmend *Berger-Delhey*, DB 1990, S. 2266; vgl. auch LAG Hamm (3.4.1987) LAGE Nr. 8 zu § 4 TVG Metallindustrie.

[17] BAG (22.5.1985) AP Nr. 6 zu § 1 TVG Tarifverträge: Bundesbahn.

[18] BAG (22.5.1985) AP Nr. 7 zu § 1 TVG Tarifverträge: Bundesbahn.

[19] BAG (11.6.1958) AP Nr. 2 zu § 611 BGB Direktionsrecht (zu § 14 SchwBeschG a.F.).

[20] BAG (26.6.1985) AP Nr. 4 zu § 9 TVAL II; BAG (12.2.1986) AP Nr. 7 zu § 15 BAT; BAG (17.3.1988) AP Nr. 11 zu § 15 BAT.

[21] BAG (26.6.1985) AP Nr. 4 zu § 9 TVAL II.

[22] BAG (15.12.1961) AP Nr. 2 zu § 56 BetrVG Arbeitszeit.

Wenn man nur auf den Arbeitgeber und die Form der einseitigen Direktion abstellt, erscheint das bedenklich. Die Tarifvertragsparteien können nicht kündigungsrechtliche Bestimmungen zugunsten des Arbeitgebers aufheben. Das Kündigungsschutzgesetz ist nicht tarifdispositiv. Außerdem hat das Bundesarbeitsgericht sogar der vertraglichen Vereinbarung von sehr weiten Direktionsrechten Schranken gesetzt[23]. Diese könnten auch auf tariflich begründete Direktionsrechte zu übertragen sein[24]. Die Bedenken reduzieren sich jedoch, wenn man eine materielle Betrachtung wählt.

Zum ersten kann man auf die Tarifpartner selbst abstellen. Sie haben ein weitergehendes Recht zur Änderung der Arbeitsbedingungen. Eine dem § 2 KSchG entsprechende Vorschrift fehlt für sie ebenso wie eine Bindung an einen besonderen Kündigungsschutz[25]. Die Tarifnormen können das Arbeitsverhältnis unmittelbar ändern. Entsprechende Inhaltsnormen lagen in den entschiedenen Fällen auch vor. Denn die Normen, die dem Arbeitgeber ein einseitiges Direktionsrecht eröffneten, erfüllten die Zulässigkeitsanforderungen an eine Delegation[26]. Alles Wesentliche war bereits im Tarifvertrag vorgegeben, die Ermächtigung des Arbeitgebers war in bezug auf Inhalt, Zweck und Ausmaß hinreichend begrenzt. Damit haben die Tarifpartner ausreichend von ihrer Rechtsetzungsbefugnis Gebrauch gemacht. Sie selbst, und nicht der Arbeitgeber, haben das Arbeitsverhältnis geändert. Denn die Änderung ist bereits auf der Grundlage des Tarifvertrages bestimmbar. Das Bundesarbeitsgericht hat bei einem tariflich eingeräumten Versetzungsrecht daher zu Recht auf die engen tariflichen Vorgaben für den Arbeitgeber abgehoben. Nur wenn der Tarifvertrag eine beliebige Versetzung erlaube, käme eine Umgehung der für den Arbeitgeber zwingenden Gesetzesvorschriften in Betracht[27]. Auch das LAG Hamm hat darauf aufmerksam gemacht, daß die Erweiterung der Arbeitgeberbefugnisse unbedenklicher wäre, wenn eindeutig umschriebene, tarifliche Voraussetzungen einzuhalten seien[28]. Auch hinter der Forderung, es dürfe allenfalls ein stark begrenztes Direktionsrecht begründet werden[29], verbirgt sich die Erkenntnis, daß dann die Tarifpartner letztlich selbst die Arbeitsverhältnisse ändern müssen.

---

23 BAG (12.12.1984) AP Nr. 6 zu § 2 KSchG 1969.

24 *Friedhofen/Weber*, NZA 1987, S. 147.

25 *Konow*, NZA 1987, S. 119; KR-*Rost*, KSchG, § 2 Rdnr. 54 c.

26 Siehe oben § 3 II.

27 BAG (11.6.1958) AP Nr. 2 zu § 611 BGB Direktionsrecht.

28 LAG Hamm (3.4.1987) LAGE Nr. 8 zu § 4 TVG Metallindustrie.

29 *Konow*, NZA 1987, S. 119 f.; KR-*Rost*, KSchG, § 2 Rdnr. 54 e.

Zum zweiten ergibt eine materielle Betrachtung, daß der Arbeitgeber tarifrechtlich tätig wird. Er setzt tarifvertragliche Tatbestände im Betrieb um. Auch wenn er dabei gewisse Ermessensspielräume hat, kann sein eigener Beitrag doch vernachlässigt werden, weil er nur das zu Ende denkt, was im Tarifvertrag bereits angelegt ist. Wenn die tariflichen Vorgaben besonders groß sind, wird man sein Handeln gar nur als gerichtlich voll überprüfbare Anwendung des Tarifvertrages empfinden. Aber auch wenn er einen gewissen Beurteilungsspielraum haben sollte, ist seine Weisung doch weitestgehend am Tarifvertrag zu messen, weil Inhalt, Zweck und Ausmaß der Regelungsermächtigung vorgegeben sind. Darin unterscheidet sich das Handeln kraft tariflicher Delegation von einer Bestimmung im Rahmen des Direktionsrechts. Das Bundesarbeitsgericht hat daher auch gemeint, wegen der engen tariflichen Vorgaben könne statt von einem Direktionsrecht des Arbeitgebers auch von einem tariflich begründeten Leistungsbestimmungsrecht ausgegangen werden[30]. Es liegt also strenggenommen gar keine Erweiterung des Direktionsrechts, sondern eine tarifliche Begründung andersartiger Befugnisse vor. Der aufgrund einer tariflichen Ermächtigungsnorm handelnde Arbeitgeber ist deshalb genausowenig an das Kündigungsschutzrecht gebunden, wie dies die Tarifpartner selbst sind.

2. Mitbestimmung des Betriebsrats

Es fragt sich, ob der aufgrund einer tariflichen Ermächtigung handelnde Arbeitgeber den Betriebsrat im Rahmen des Betriebsverfassungsgesetzes beteiligen muß, auch wenn er allein von den Tarifvertragsparteien als Ergänzungsberechtigter benannt ist.

a) Ansatzpunkte

Diese Frage ist vom Bundesarbeitsgericht ganz unterschiedlich beantwortet worden.

aa) Bei einer Reihe von Entscheidungen steht dabei der Umstand im Vordergrund, daß der Arbeitgeber seine betrieblichen Regelungsbefugnisse nur unter Berücksichtigung betriebsverfassungsrechtlicher Mitbestimmungstatbestände wahrnehmen kann. Die Tarifvertragsparteien können den Betriebsrat nicht entmachten, indem sie dem Arbeitgeber alleinige Bestimmungsrechte zuweisen.

[30] BAG (26.6.1985) AP Nr. 4 zu § 9 TVAL II.

Der 1. Senat des Bundesarbeitsgerichts hat bereits unter Geltung des Betriebsverfassungsgesetzes 1952 angedeutet, daß die einseitige Zuweisung an den Arbeitgeber dann gegen den „Geist der Mitbestimmung" verstoßen könnte, wenn der Betriebsrat die Arbeitgeberentscheidung nicht einmal nachprüfen könne[31]. In zwei weiteren Entscheidungen wurde zwar eine die Mitbestimmung verdrängende Ermächtigung nicht anerkannt. Das wurde jedoch damit begründet, daß tarifliche Regelungen aus der Zeit vor Inkrafttreten des Betriebsverfassungsgesetzes 1972 die neuen gesetzlichen Tatbestände nicht ausschließen könnten. Die Frage, ob ein einseitiges Bestimmungsrecht dem Arbeitgeber zugewiesen werden kann, blieb ausdrücklich offen[32].

Eine eindeutige Stellungnahme der höchstrichterlichen Rechtsprechung liegt aber seit dem Beschluß des 1. Senats vom 18.4.1989 – 1 ABR 100/87 vor[33]: Ein Tarifvertrag sah vor, daß der Arbeitgeber in dringenden Fällen und unter weiteren einschränkenden Voraussetzungen eine Mehrarbeit von bis zu sechs Stunden wöchentlich anordnen konnte. Der Betriebsrat sollte ausschließlich über die zeitliche Lage der Überstunden mitbestimmen. Das Bundesarbeitsgericht nahm an, der Tarifvertrag habe das gesetzliche Mitbestimmungsrecht nicht verdrängt, weil er keine abschließende Regelung enthalte, sondern nur das einseitige Bestimmungsrecht des Arbeitgebers wiederherstelle. Das laufe dem Zweck des § 87 Abs. 1 Einleitungssatz BetrVG zuwider, der die gleichberechtigte Teilhabe der Arbeitnehmer an den Entscheidungen in sozialen Fragen sicherstellen wolle. Daher sei die Mitbestimmung des Betriebsrats nur ausgeschlossen, wenn eine inhaltliche Regelung durch Gesetz oder Tarifvertrag vorliege. Sie fehle im konkreten Fall, weil der Tarifvertrag nicht so detailliert sei, daß er nur noch umzusetzen wäre. Statt dessen verbleibe dem Arbeitgeber ein Bestimmungsrecht. Über dessen Ausübung müsse der Betriebsrat gemäß § 87 BetrVG mitbestimmen.

Der 1. Senat des Bundesarbeitsgerichts hat seine Entscheidung zwischenzeitlich bekräftigt[34]. Er scheint sich mit seiner Auffassung auf die allgemeine Meinung im Schrifttum berufen zu können. Ausführlich begründet worden ist sie vor allem von Bernd Preis[35]. Nur die aus sich heraus vollziehbare

---

[31] BAG (8.2.1963) AP Nr. 4 zu § 56 BetrVG Akkord.

[32] BAG (5.3.1974) AP Nr. 1 zu § 87 BetrVG 1972 Kurzarbeit; BAG (13.7.1977) AP Nr. 2 zu § 87 BetrVG 1972 Kurzarbeit.

[33] BAG (18.4.1989) AP Nr. 18 zu § 87 BetrVG 1972 Tarifvorrang.

[34] BAG (4.7.1989) AP Nr. 20 zu § 87 BetrVG 1972 Tarifvorrang; BAG (13.2.1990) AP Nr. 45 zu § 118 BetrVG 1972.

[35] *Bernd Preis*, DB 1973, S. 474 ff. Früher in diesem Sinn *Biedenkopf*, Tarifautonomie, S. 305; *Rumpff*, AuR 1972, S. 81; eingeschränkt *Hanau*, BB 1972, S. 500.

tarifliche Normierung könne eine vorrangige Regelung sein, die die gesetzlichen Mitbestimmungstatbestände verdrängt. Die Zuweisung eines einseitigen Bestimmungsrechts reiche dafür nicht aus. Dieser Argumentation wird häufig zugestimmt[36]. Es finden sich aber auch kritische Stellungnahmen[37].

bb) Entgegen der bislang skizzierten Sichtweise läßt sich auch betonen, daß die Bestimmungsbefugnisse bei materieller Betrachtung eher tariflicher als betrieblicher Natur sind und deshalb eine Mitbestimmung des Betriebsrats nicht in Betracht kommt. Nicht die Aufhebung betriebsverfassungsrechtlicher Mitbestimmungstatbestände, sondern die Vervollständigung der tarifvertraglichen Regelung steht im Vordergrund[38].

Das Bundesarbeitsgericht hat sich auffallend zurückgehalten, die Frage zu beantworten, ob tariflich begründete Bestimmungsrechte gemäß §§ 315 ff. BGB oder durch Tarifvertrag erweiterte Direktionsrechte zusätzlich der Mitbestimmung des Betriebsrats zu unterwerfen sind. Nur vereinzelt wurden Mitbestimmungsrechte des Betriebsrats angeprüft oder erwogen[39]. Der 6. Senat brauchte die Frage nicht entscheiden, weil kein Mitbestimmungstatbestand vorhanden war[40]. Der 7. Senat hat es ausdrücklich dahinstehen lassen, ob es sich bei einer zugunsten des Arbeitgebers eingeräumten Ermächtigung um eine die Mitbestimmung des Personalrats verdrängende tarifliche Rege-

---

[36] *Dietz / Richardi*, BetrVG, vor § 87 Rdnr. 8, § 87 Rdnr. 131; *Farthmann*, RdA 1974, S. 70; *Fitting / Auffarth*, BetrVG, § 87 Rdnr. 10; *Gnade / Kehrmann*, BetrVG, § 87 Rdnr. 35; *Hagemeier / Kempen*, TVG, Einl. Rdnr. 213; *Hess / Schlochauer*, BetrVG, § 87 Rdnr. 58; *v. Hoyningen-Huene / Meier-Krenz*, ZfA 1988, S. 301; *Konzen*, BB 1977, S. 1307; *Moll*, Tarifvorrang, S. 43; *Schaub*, ArbRHB, § 235 II 3; *v. Stebut*, RdA 1974, S. 70; *Wiedemann / Stumpf*, TVG, § 1 Rdnr. 298 und § 4 Rdnr. 282; *Wiese*, 25 Jahre BAG, S. 675 f.

[37] *Galperin / Löwisch*, BetrVG, § 87 Rdnr. 52 und *Löwisch* AuR 1978, S. 105; *Gamillscheg*, PdW ArbR II, S. 368; *Hromodka*, Anm. zu BAG (18.4.1989) SAE 1990, S. 23; *Lieb*, ZfA 1978, S. 210; *Säcker*, ZfA 1972, Sonderheft, S. 49; *Neumann*, NZA 1990, S. 961 ff.; *Stege / Weinspach*, BetrVG, § 87 Rdnr. 31; *Wiedemann*, Anm. zu BAG (31.1.1984) AP Nr. 3 zu § 87 BetrVG 1972 Tarifvorrang. Zum älteren Schrifttum vgl. *Dietz*, RdA 1962, S. 391; *Hueck / Nipperdey / Stahlhacke*, TVG, § 1 Rdnr. 53; *Stahlhacke*, DB 1963, S. 67.

[38] *Wiedemann*, Anm. zu BAG (31.1.1984) AP Nr. 3 zu § 87 BetrVG 1972 Tarifvorrang.

[39] BAG (25.1.1978) AP Nr. 10 zu § 611 BGB Croupier; BAG (22.5.1985) AP Nr. 7 zu § 1 TVG Tarifverträge: Bundesbahn; BAG (15.1.1987) AP Nr. 21 zu § 75 BPersVG.

[40] BAG (17.3.1988) AP Nr. 11 zu § 15 BAT.

lung handeln könne[41]. Der 4. Senat schließlich nimmt an, die Tarifpartner hätten eine detaillierte Regelung getroffen, auch wenn sie dem Arbeitgeber gestatteten, unter bestimmten Voraussetzungen die Arbeitszeit einseitig zu verlängern[42]. Außerdem hat dieser Senat in den beiden Entscheidungen vom 28.11.1984 zum Bestimmungsrecht des Arbeitgebers behauptet, eine Mitbestimmung des Personalrats sei nur denkbar, wenn die Tarifpartner sie gemäß § 75 Abs. 5 Satz 2 BPersVG ausdrücklich zugelassen hätten[43].

cc) Nicht nur der Umstand, daß es sich gerade um im Tarifvertrag wurzelnde Befugnisse handelt, sondern auch die relativ weitreichenden tariflichen Bestimmungen, die die verbleibende Entscheidungsfreiheit des Arbeitgebers beschränken, haben das Bundesarbeitsgericht bewogen, von einer weiteren Mitbestimmung auf betrieblicher Ebene abzusehen.

So hat das Bundesarbeitsgericht entschieden, daß Schwierigkeiten bei der Feststellung der tariflichen Tatbestandsvoraussetzungen[44] oder rechtliche Zweifelsfragen wegen der generalklauselartigen Weite der Tarifnormen[45] sowie gewisse Beurteilungsspielräume des Arbeitgebers[46] das Vorliegen einer mitbestimmungsverdrängenden tariflichen Regelung nicht ausschließen. In den genannten Fällen handele es sich nur um Rechtsfragen, deren Beurteilung allenfalls den Gerichten, nicht jedoch dem Betriebsrat zukomme. Vorbehaltlich gerichtlicher Kontrolle könne der Arbeitgeber den Tarifvertrag mitbestimmungsfrei anwenden. Weil der Tarifvertrag nur begrenzt Fragen offen ließ, ansonsten aber eine ausführliche Regelung darstellte, hat auch das LAG Hamm eine tarifliche Zuweisung an den Arbeitgeber zur mitbestimmungsfreien Entscheidung gebilligt[47].

b) Bewertung

Die aufgezeigten unterschiedlichen Argumentationsansätze lassen sich durchaus miteinander vereinbaren, wenn man sie mit den dargelegten[48] Zulässigkeitsvoraussetzungen für eine Delegation abstimmt.

---

[41] BAG (12.2.1986) AP Nr. 7 zu § 15 BAT.

[42] BAG (26.6.1985) AP Nr. 4 zu § 9 TVAL II.

[43] BAG (28.11.1984) AP Nr. 1 und 2 zu § 4 TVG Bestimmungsrecht.

[44] BAG (4.8.1981) AP Nr. 1 zu § 87 BetrVG 1972 Tarifvorrang.

[45] BAG (2.3.1982) AP Nr. 8 zu Art. 5 Abs. 1 GG Meinungsfreiheit.

[46] BAG (8.3.1983) AP Nr. 14 zu § 87 BetrVG 1972 Lohngestaltung.

[47] LAG Hamm (3.10.1974) DB 1974, S. 2162.

[48] Siehe oben § 3 II.

Solange die Anforderungen an eine Delegation nicht eingehalten sind, muß den Ausschlag geben, daß der Arbeitgeber handelt. Er kann sich nicht darauf berufen, daß die Tarifvertragsparteien ihn zu einer einseitigen Bestimmung ermächtigt haben, denn sie haben dies in einer unzulässigen Weise getan. Einerseits ist den Tarifpartnern nämlich verwehrt, die Betriebsverfassung zugunsten des Arbeitgebers aufzuheben. Das Betriebsverfassungsgesetz ist nicht tarifdispositiv[49]. Selbst das Vorliegen einer tariflichen Regelung im Sinne von § 87 Abs. 1 Einleitungssatz BetrVG darf nicht vom Willen der Tarifpartner abhängen, sondern muß objektiv bestimmt werden[50]. Andererseits haben die Tarifvertragsparteien nicht genügend selbst geregelt, um die mitbestimmungsverdrängende Wirkung des Tarifvertrages auf den Arbeitgeber erstrecken zu können. Dazu hätten sie alles Wesentliche normieren und die verbleibende Ermächtigung durch die Festlegung von Inhalt, Zweck und Ausmaß genügend begrenzen müssen. Solange es daran fehlt, ist die Delegationsklausel unzulässig. Eine Tarifnorm, die dem Arbeitgeber eine mitbestimmungsfreie Entscheidung erlaubt, bedeutet dann nicht die Übertragung tariflicher Befugnisse. Der Arbeitgeber kann sich allenfalls auf eine individualvertragliche Ermächtigung zur Direktion berufen. Das Bundesarbeitsgericht spricht in solchen Fällen zu Recht von der bloßen „Wiederherstellung" des einseitigen Direktionsrechts das Arbeitgebers. Auf ein solches Bestimmungsrecht müssen die Mitbestimmungstatbestände des Betriebsverfassungsgesetzes Anwendung finden.

Anders ist jedoch zu entscheiden, wenn eine zulässige Delegation zugunsten des Arbeitgebers erfolgt ist. Dann liegt eine gewisse Regelung durch die Tarifvertragsparteien selbst vor. Außerdem handelt der Arbeitgeber nicht aufgrund seines individualvertraglich begründeten Direktionsrechts, sondern er nimmt die tariflich begründete Befugnis zur näheren Ergänzung des Tarifvertrages wahr. Diese Bestimmung kann er, auch wenn es sich um eine soziale Angelegenheit des § 87 Abs. 1 BetrVG handelt, ohne die weitere Mitbestimmung des Betriebsrats vornehmen. Das ergibt sich aus folgender Argumentation:

aa) Bei einer ausreichenden tariflichen Regelung im Sinne von § 87 Abs. 1 Einleitungssatz BetrVG sind beliebig weite Einschränkungen des

---

[49] *Dietz/Richardi*, BetrVG, § 1 Rdnr. 134; *Hess/Schlochauer*, BetrVG, vor § 1 Rdnr. 79; GK-*Kraft*, BetrVG, § 1 Rdnr. 49.

[50] *Dietz/Richardi*, BetrVG, § 77 Rdnr. 197; *Fitting/Auffarth*, BetrVG, § 87 Rdnr. 10; *Mayer-Maly*, Anm. zu BAG (4.8.1981) AP Nr. 1 zu § 87 BetrVG 1972 Tarifvorrang; *Wiese*, Anm. zu BAG (5.3.1974) AP Nr. 1 zu § 87 BetrVG 1972 Kurzarbeit.

gesetzlichen Betriebsverfassungsrechts denkbar[51]. Es handelt sich nicht um eine unzulässige, tarifliche Aufhebung von Mitbestimmungstatbeständen[52], sondern um eine mittelbare Beschränkung von Betriebsratsrechten durch eine vorrangige tarifliche Regelung[53]. So kann beispielsweise die Wirkung einer Betriebsvereinbarung an die Genehmigung der Tarifvertragsparteien gebunden werden[54]. Außerdem ist es zulässig, daß der Tarifvertrag zwingende Mitbestimmungstatbestände des § 87 Abs. 1 BetrVG herabstuft, indem ein Spruch der Einigungsstelle ausgeschlossen wird[55]. Damit wird das „echte" Mitbestimmungsrecht in ein bloßes Anhörungsrecht umgewandelt, weil der Arbeitgeber im Fall der Nichteinigung mit dem Betriebsrat allein entscheiden kann. Auch gegen eine mitbestimmungsfreie Ergänzung des Tarifvertrages durch den Arbeitgeber ist also solange nichts einzuwenden, wie eine ausreichende tarifliche Regelung im Sinne des § 87 Abs. 1 Einleitungssatz BetrVG bejaht werden kann.

bb) Eine tarifliche Regelung im Sinne von § 87 Abs. 1 Einleitungssatz BetrVG ist immer dann gegeben, wenn die Zulässigkeitsvoraussetzungen für eine Delegation eingehalten sind. Untersucht man die Anforderungen, die im allgemeinen an eine die Mitbestimmung des Betriebsrats verdrängende tarifliche Regelung gestellt werden, ergeben sich weitgehende Übereinstimmungen mit den Anforderungen an eine zulässige Delegation.

Zum ersten müssen, das hat deutlich die Diskussion über die Sperrwirkung bezüglich der außertariflichen Angestellten gezeigt, gewisse inhaltliche An-

---

[51] *Dietz/Richardi*, BetrVG, § 87 Rdnr. 130; *Farthmann*, RdA 1974, S. 69; *Hagemeier/Zachert*, TVG, § 4 Rdnr. 195; *Löwisch*, AuR 1978, S. 104; *Nikisch*, RdA 1964, S. 308; GK-*Wiese*, BetrVG, § 87 Rdnr. 54; *Wiedemann/Stumpf*, TVG, § 4 Rdnr. 282; a.A. *Haug*, BB 1986, S. 1926. Vgl. aus der älteren Rechtsprechung auch BAG (23.3.1962) AP Nr. 1 zu § 56 BetrVG Akkord; BAG (6.7.1962) AP Nr. 7 zu § 37 BetrVG; BAG (8.2.1963) AP Nr. 4 zu § 56 BetrVG Akkord; BAG (15.5.1964) AP Nr. 5 zu § 56 BetrVG Akkord.

[52] Vgl. dazu *Dietz/Richardi*, BetrVG, § 1 Rdnr. 137.

[53] *Spilger*, Betriebsverfassungsrecht, S. 200; vgl. auch *Dietz/Richardi*, BetrVG, § 2 Rdnr. 138; *Nikisch*, ArbR III, S. 356; GK-*Wiese*, BetrVG, § 87 Rdnr. 5.

[54] *Fitting/Auffarth*, BetrVG, § 77 Rdnr. 64; GK-*Kreutz*, BetrVG, § 77 Rdnr. 134; *Galperin/Löwisch*, BetrVG, § 77 Rdnr. 87 und AuR 1978, S. 104; *Gerhard Müller*, RdA 1958, S. 432; GK-*Thiele*, BetrVG, 3. Bearb., § 77 Rdnr. 124, nimmt bezeichnenderweise in diesem Fall einen Ermächtigungscharakter der Öffnungsklausel an; *Weyand*, AuR 1989, S. 196.

[55] BAG (12.8.1982) AP Nr. 5 zu § 77 BetrVG 1972; BAG (28.2.1984) AP Nr. 4 zu § 87 BetrVG 1972 Tarifvorrang; bestätigt von BAG (14.2.1989) AP Nr. 8 zu § 87 BetrVG 1972 Akkord.

forderungen an eine tarifliche Regelung gestellt werden[56]. § 87 Abs. 1 Einleitungssatz BetrVG erfordert eine inhaltliche Regelung der Angelegenheit[57]. In den Fällen der Delegation ist das dadurch gewährleistet, daß alles Wesentliche durch die Tarifvertragsparteien selbst zu regeln ist und Inhalt, Zweck und Ausmaß jeder Ermächtigung tariflich festgelegt sein müssen. Deshalb liegt immer eine tarifliche Rahmenregelung vor, die lediglich noch näher ausgestaltet werden muß.

Zum zweiten ist eine tarifliche Regelung im Sinne von § 87 Abs. 1 Einleitungssatz BetrVG nicht deshalb ausgeschlossen, weil noch eine weitere Ergänzung möglich und erforderlich ist[58]. Das Bundesarbeitsgericht hat verschiedentlich entschieden, daß jede nicht ohne weiteres als unvollständig erkennbare tarifliche Regelung die Mitbestimmung des Betriebsrats bereits verdrängt[59]. Positiv wurde formuliert, daß jede einigermaßen vollständige, aus sich heraus praktisch zu handhabende Regelung den Anforderungen des § 87 Abs. 1 Einleitungssatz BetrVG genügt[60]. Auch die großzügige Annahme von nur noch gerichtlich überprüfbaren Rechtsfragen, die der Arbeitgeber alleine entscheiden kann[61], setzt die Anforderungen an § 87 Abs. 1 Einlei-

---

[56] BAG (22.1.1980) AP Nr. 3 zu § 87 BetrVG 1972 Lohngestaltung; *Dietz/Richardi*, BetrVG, § 87 Rdnr. 128; *Galperin/Löwisch*, BetrVG, § 87 Rdnr. 54 a; *Moll*, Tarifvorrang, S. 75; *Wiedemann*, Gedächtnisschrift Kahn-Freund, S. 348 ff. A.A. offenbar *Hromodka*, Anm. zu BAG (18.4.1989) SAE 1990, S. 24; *Lieb*, ZfA 1978, S. 207.

[57] So bereits für eine vorrangige gesetzliche Regelung BAG (13.3.1973) AP Nr. 1 zu § 87 BetrVG 1972 Werkmietwohnungen.

[58] Für den übertariflichen Bereich vgl. einerseits BAG (25.5.1982) AP Nr. 2 zu § 87 BetrVG 1972 Prämie; BAG (31.1.1984) AP Nr. 3 zu § 87 BetrVG 1972 Tarifvorrang; andererseits BAG (17.12.1985) AP Nr. 5 zu § 87 BetrVG 1972 Tarifvorrang.

[59] BAG (6.7.1962) AP Nr. 7 zu § 37 BetrVG; BAG (4.8.1981) AP Nr. 1 zu § 87 BetrVG 1972 Tarifvorrang; BAG (31.8.1982) AP Nr. 2 zu § 87 BetrVG 1972 Auszahlung; BAG (20.12.1988) AP Nr. 9 zu § 87 BetrVG 1972 Auszahlung; ambivalent dagegen BAG (5.3.1974) AP Nr. 1 zu § 87 BetrVG 1972 Kurzarbeit.

[60] BAG (23.3.1962) AP Nr. 1 zu § 56 BetrVG Akkord; BAG (6.7.1962) AP Nr. 7 zu § 37 BetrVG; BAG (13.11.1964) AP Nr. 25 zu § 56 BetrVG; BAG (29.1.1969) AP Nr. 20 zu § 611 BGB Akkordlohn; BAG (5.3.1974) AP Nr. 1 zu § 87 BetrVG 1972 Kurzarbeit; BAG (4.8.1981) AP Nr. 1 zu § 87 BetrVG 1972 Tarifvorrang; BAG (31.8.1982) AP Nr. 2 zu § 87 BetrVG 1972 Auszahlung; BAG (16.7.1985) AP Nr. 17 zu § 87 BetrVG 1972 Lohngestaltung; BAG (20.12.1988) AP Nr. 9 zu § 87 BetrVG 1972 Auszahlung; GK-*Wiese*, BetrVG, § 87 Rdnr. 52; *Dietz/Richardi*, BetrVG, § 87 Rdnr. 129.

[61] BAG (4.8.1981) AP Nr. 1 zu § 87 BetrVG 1972 Tarifvorrang; BAG (2.3.1982)

tungssatz BetrVG herab. Obwohl der Tarifvertrag weiter durch die Betriebspartner gemeinsam für den Betrieb auszugestalten war, hat das Bundesarbeitsgericht wiederholt den Tatbestand des Einleitungssatzes bejaht[62]. Trotz der Ergänzungsbedürftigkeit des Tarifvertrages können auch die gesetzlichen Mitbestimmungsrechte des Betriebsrats abgeschwächt werden. Die Betriebspartner sind dann an der Vervollständigung der gemäß § 87 Abs. 1 Einleitungssatz BetrVG vorrangigen Regelung beteiligt[63]. Neuerdings hat das Bundesarbeitsgericht sogar einem verweisenden Tarifvertrag eine Sperrwirkung zugebilligt[64]. Die genannten Entscheidungen tragen dem Umstand Rechnung, daß dem Tarifvertrag Regelungscharakter auch dann zugesprochen werden kann, wenn Fragen der Anwendung auf den Einzelfall oder der Umsetzung im einzelnen Betrieb bewußt offen gelassen und einem Dritten zugewiesen sind. In den Fällen der zulässigen Delegation kann eine Inhaltswirkung der Tarifnormen angenommen werden, obwohl die nähere Konkretisierung auf unterer Ebene noch fehlt. Die inhaltliche Regelung reicht zugleich aus, die Mitbestimmung des Betriebsrats in sozialen Angelgenheiten zu verdrängen.

cc) Abzulehnen sind Auffassungen, die ohne weitere Einschränkungen jede noch so geringe Entscheidungsfreiheit des Arbeitgebers der Mitbestimmung des Betriebsrats unterwerfen wollen. Schon Bernd Preis hat behauptet, die Wahrnehmung des Bestimmungsrechts sei auch dann mitbestimmungspflichtig, wenn die Ausübung der Rechte an bestimmte tarifliche Voraussetzungen geknüpft sei[65]. Das Bundesarbeitsgericht hat entschieden, bloß ergänzungsbedürftige Rahmenregelungen könnten keine Sperrwirkung gegenüber der Mitbestimmung in sozialen Angelegenheiten haben[66]. Auch Wiese

---

AP Nr. 8 zu Art. 5 Abs. 1 GG Meinungsfreiheit; BAG (8.3.1983) AP Nr. 14 zu § 87 BetrVG 1972 Lohngestaltung.

[62] BAG (23.3.1962) AP Nr. 1 zu § 56 BetrVG Akkord; BAG (6.7.1962) AP Nr. 7 zu § 37 BetrVG; BAG (29.1.1969) AP Nr. 20 zu § 611 BGB Akkordlohn; BAG (5.3.1974) AP Nr. 1 zu § 87 BetrVG 1972 Kurzarbeit (unter II 5 c); BAG (16.7.1985) AP Nr. 17 zu § 87 BetrVG 1972 Lohngestaltung.

[63] Vgl. BAG (22.12.1981) AP Nr. 7 zu § 87 BetrVG 1972 Lohngestaltung; *v. Hoyningen-Huene*, SAE 1985, S. 302; *Richardi*, NZA 1988, S. 677.

[64] BAG (30.1.1990) AP Nr. 78 zu § 99 BetrVG 1972.

[65] *Bernd Preis*, DB 1973, S. 478 f.

[66] BAG (3.4.1979) AP Nr. 2 zu § 87 BetrVG 1972; bestätigend BAG (20.12.1988) AP Nr. 9 zu § 87 BetrVG 1972 Auszahlung; vgl. auch BAG (18.3.1976) AP Nr. 4 zu § 87 BetrVG 1972 Altersversorgung; der Rechtsprechung zustimmend *Dietz / Richardi*, BetrVG, § 87 Rdnr. 129; *Wiedemann / Stumpf*, TVG, § 1 Rdnr. 91 und § 4 Rdnr. 281; GK-*Wiese*, BetrVG, § 87 Rdnr. 53.

meint, daß ein verbleibender Entscheidungsspielraum selbst dann mitzubestimmen sei, wenn dem Arbeitgeber gewisse, allgemeine Schranken in seinem Handeln auferlegt sind[67]. Ähnlich streng ist die Forderung, der Arbeitgeber dürfe nichts mehr zu bestimmen haben, sondern die tarifliche Regelung müsse nur noch durch ihn „anzuwenden" sein[68].

Damit werden die Anforderungen an eine mitbestimmungsfrei anzuwendende tarifliche Regelung überspannt. Sogar die Anwendung von Tatbestandsmerkmalen kann eine „Bestimmung" in der Form einer Beurteilung erforderlich machen[69]. Wollte man deshalb eine Mitbestimmung des Betriebsrats fordern, bliebe für die Vorschrift des § 87 Abs. 1 Einleitungssatz BetrVG kein Anwendungsbereich. Der Arbeitgeber könnte Sachverhalte nur mit Hilfe des Betriebsrats unter Tarifnormen subsumieren. Der Einleitungssatz will aber nicht nur klarstellen, daß die Betriebspartner bei der Regelung sozialer Fragen Tarifverträge zu beachten haben[70]. Vielmehr soll dadurch der tariflichen Regelung ein Vorrang vor betrieblichen Regelungsmechanismen eingeräumt werden. Die Mitbestimmungstatbestände des § 87 Abs. 1 BetrVG sollen verdrängt werden. Das setzt gedanklich geradezu voraus, daß trotz des Tarifvertrages noch etwas zu bestimmen sein könnte. Die Bedeutung des Einleitungssatzes erweist sich daher besonders in den Fällen, in denen eine begrenzte Ergänzung der tariflichen Regelung noch erforderlich ist.

dd) Auch der Normzweck des § 87 Abs. 1 Einleitungssatz BetrVG spricht für und nicht gegen die These, daß im Fall einer zulässigen Delegation zugunsten des Arbeitgebers der Tarifvertrag ohne Mitwirkung des Betriebsrats für den Betrieb umzusetzen ist. Die Vorschrift will nämlich einen Schutz der

---

[67] *Wiese*, 25 Jahre BAG, S. 678.

[68] BAG (5.3.1974) AP Nr. 1 zu § 87 BetrVG 1972 Kurzarbeit; BAG (5.11.1985) AP Nr. 2 zu § 98 BetrVG 1972; BAG (26.5.1988) AP Nr. 14 zu § 87 BetrVG 1972 Ordnung des Betriebes; BAG (18.4.1989) AP Nr. 18 zu § 87 BetrVG 1972 Tarifvorrang; BAG (4.7.1989) AP Nr. 20 zu § 87 BetrVG 1972 Tarifvorrang; *Rumpff*, AuR 1972, S. 78; *Haug*, BB 1986, S. 1926.

[69] BAG (12.10.1955) AP Nr. 1 zu § 63 BetrVG; BAG (14.3.1967) AP Nr. 3 zu § 61 BetrVG; BAG (9.10.1970) AP Nr. 4 zu § 63 BetrVG; BAG (10.2.1976) AP Nr. 4 zu § 99 BetrVG 1972; vgl. auch BAG (13.7.1977) AP Nr. 2 zu § 87 BetrVG 1972 Kurzarbeit, wo das BAG wegen der generalklauselartigen Weite einen mitbestimmungspflichtigen Entscheidungsspielraum annimmt. *Hilger*, BB 1956, S. 10 ff.; *Söllner*, 25 Jahre BAG, S. 605 ff.; *Weiss*, Anm. zu BAG (8.3.1983) AP Nr. 14 zu § 87 BetrVG 1972 Lohngestaltung.

[70] *Wiese*, 25 Jahre BAG, S. 661; *Hromodka*, Anm. zu BAG (18.4.1989) SAE 1990, S. 23.

Arbeitnehmer vor einseitiger Übervorteilung durch den Arbeitgeber gewährleisten. Wenn keine gesetzlichen oder tarifvertraglichen Regelungen den Arbeitgeber in seiner Entscheidung beschränken, soll er gezwungen sein, den Betriebsrat zu beteiligen[71]. Dieser Arbeitnehmerschutz ist in den Fällen der Delegation dadurch sichergestellt, daß alles Wesentliche durch die Tarifpartner selbst festgelegt und eine Ermächtigung durch tarifliche Vorgaben genügend eingegrenzt sein muß. Damit ist Vorsorge getroffen, daß der Arbeitgeber nicht einseitig entscheiden kann, ohne an bereits mitbestimmte Strukturen gebunden zu sein[72]. Wegen der engen tariflichen Rahmenregelung kann man nicht von einer mitbestimmungsfreien, einseitigen Arbeitgeberentscheidung sprechen. Der Arbeitgeber kann lediglich das nachvollziehen und für seinen Betrieb umsetzen, was im Tarifvertrag bereits angelegt ist.

Aus der ratio legis des § 87 Abs. 1 Einleitungssatz BetrVG läßt sich dagegen nicht ableiten, daß zusätzlich zu dem tariflichen Maßstab, an dem das Arbeitgeberverhalten zu messen ist, noch eine Mitbestimmung des Betriebsrats nötig wäre. Der Einleitungssatz erklärt nämlich den durch die tarifliche Regelung gegebenen Schutz für ausreichend, ohne daß es darauf ankäme, ob sich mittels betriebsverfassungsrechtlicher Mitbestimmung eine noch „arbeitnehmerfreundlichere" Lösung finden ließe. Denn der Einleitungssatz statuiert einen Vorrang für die tarifliche Regelung und verneint damit das sonst geltende Günstigkeitsprinzip. Ohne den Einleitungssatz wären betriebsverfassungsrechtliche Regelungen zusätzlich zum Tarifvertrag möglich, soweit sie günstiger sind. Eine derartige Kumulation tariflicher und betriebsverfassungsrechtlicher Mitbestimmung böte einen weitergehenden Arbeitnehmerschutz. Zugunsten des Tarifvertrages ist jedoch eine Rangordnung aufgestellt, die die betriebsverfassungsrechtliche Mitbestimmung in sozialen Angelegenheiten völlig entfallen läßt, wenn eine tarifliche Regelung besteht. Auf eine doppelte Mitbestimmung auf tarifvertraglicher und betrieblicher Ebene wurde also verzichtet[73]. Wenn ein gewisser Schutz aufgrund der tariflichen Regelung besteht, kommt es daher nicht mehr darauf an, ob sich dieser noch verbessern ließe. Daß der Arbeitgeber bei der Umsetzung einer tariflichen Regelung noch etwas zu „bestimmen" hat, reicht daher nicht aus, um eine zusätzliche betriebsverfassungsrechtliche Mitbestimmung zu rechtfertigen. Denn das Arbeitgeberverhalten ist nur an den engen tariflichen Vorgaben zu messen, die die Grenzen der Ermächtigung markieren. Wäre die Regelung des Arbeit-

[71] Vor allem *Wiese* (in: 25 Jahre BAG, S. 661 ff.) hat den Schutz der Arbeitnehmer vor einseitiger Bestimmung durch den Arbeitgeber als Normzweck herausgearbeitet.

[72] *Hromodka*, Anm. zu BAG (18.4.1989) SAE 1990, S. 24; *Wiedemann*, Anm. zu BAG (31.1.1984) AP Nr. 3 zu § 87 BetrVG 1972 Tarifvorrang.

[73] In diesem Sinne *Lieb*, ZfA 1978; S. 205; *Moll*, Tarifvorrang, S 19.

gebers zusätzlich noch der Mitbestimmung des Betriebsrats unterworfen, würden diese tariflichen Maßstäbe unterlaufen, was die Vorschrift des § 87 Abs. 1 Einleitungssatz BetrVG gerade verhindern will.

ee) Die Übertragung der Anforderungen an eine Delegation auf § 87 Abs. 1 Einleitungssatz BetrVG führt im Einzelfall weniger zu anderen Ergebnissen als vielmehr zu einer anderen Begründung, die sich auf das Ergebnis nicht auswirkt. Weil auch eine Delegationsnorm, um zulässig zu sein, enge Voraussetzungen erfüllen muß, liegt nicht ohne weiteres eine sperrende tarifliche Regelung vor. Ein Tarifvertrag, dem bislang die Sperrwirkung versagt worden ist, wird zumeist auch die Voraussetzungen an eine Delegation nicht erfüllen. Beispielsweise hätte man im Beschluß des 1. Senats vom 18.4. 1989[74] auch argumentieren können, die Ermächtigung zugunsten des Arbeitgebers, in dringenden Fällen Mehrarbeit anzuordnen, sei eine unzulässige Delegation[75]. Dann könnte sich der Arbeitgeber nicht auf die tarifliche Ermächtigung berufen. Die Anordnung von Mehrarbeit könnte nur auf außertarifliche Ermächtigungen gestützt werden und sie wäre gemäß § 87 Abs. 1 BetrVG mitbestimmungspflichtig.

Andererseits könnte die Delegation auch für noch zulässig gehalten werden. Dann liegt ein tarifrechtlich nicht zu beanstandendes Bestimmungsrecht vor, den „dringenden Fall“ für den Betrieb festzustellen. Es handelt sich nicht um die Wiederherstellung eines individualvertraglich bestehenden, einseitigen Direktionsrechts, sondern um die Neubegründung einer eng begrenzten tariflichen Konkretisierungsbefugnis des Arbeitgebers. Die Bestimmung des Arbeitgebers ist an den tariflichen Vorgaben zu messen. Nur gerichtlich ist überprüfbar, ob ein „dringender Fall“ im Sinne der tariflichen Ermächtigung vorlag. Der Betriebsrat hat darüber nicht mitzubestimmen[76].

3. Wirkungsumfang

Schließlich fragt es sich, ob die aufgrund der tariflichen Ermächtigung vorgenommene Bestimmung des Arbeitgebers den gleichen Personenkreis normativ erfassen kann, wie es der Tarifvertrag vermag.

---

[74] BAG (18.4.1989) AP Nr. 18 zu § 87 BetrVG 1972 Tarifvorrang.

[75] Beispielsweise mit der Begründung, die Tarifvertragsparteien hätten angesichts der Grundrechtsrelevanz die „dringenden Fälle“ selbst regeln müssen.

[76] Er hat allerdings gemäß § 80 Abs. 1 Nr. 1 BetrVG die Aufgabe, die Einhaltung von Tarifverträgen zu überwachen.

a) Grundsatz der beiderseitigen Tarifgebundenheit

Grundsätzlich kann auch der durch den Tarifvertrag ermächtigte Arbeitgeber nur mit Wirkung für die beiderseits Tarifgebundenen handeln. Er konkretisiert tarifliche Regelungen, die gemäß § 3 Abs. 1 TVG nur für die organisierten Arbeitnehmer Geltung beanspruchen. Seine Ergänzung erhält ihre Inhaltswirkung nur mittelbar über die Delegationsnorm des Tarifvertrages. Eine Bestimmung des Arbeitgebers kraft tarifvertraglicher Delegation wirkt daher nach allgemeiner Auffassung nur für die beiderseits Tarifgebundenen[77].

Diese eingeschränkte normative Wirkung wird zumeist dem Willen der Tarifvertragsparteien entsprechen. Sie werden die Delegation häufig nur als ein Mittel ihrer eigenen Tarifgesetzgebung verstehen, deren normative Wirkung von vornherein eingeschränkt ist. Selbst wenn die Tarifpartner beabsichtigten, den Arbeitgeber zu einer Bestimmung gegenüber den Außenseitern zu ermächtigen, könnte das keine normative Ausdehnung des Tarifvertrages zur Folge haben. Zulässig ist nämlich nur die Verlagerung der eigenen Kompetenz, nicht aber die Anerkennung von originären Arbeitgeberbefugnissen[78]. Letztere könnte nur der staatliche Gesetzgeber begründen[79]. Die tariflichen Regelungsbefugnisse können zwar begrenzt übertragen werden, dadurch aber wird der vom Gesetz vorgesehene Umfang nicht verändert. Die im Tarifvertragsgesetz vorgegebenen Schranken tariflicher Befugnisse können durch eine Delegation nicht umgangen werden. Den Tarifpartnern ist daher verwehrt, den Arbeitgeber zu einem Handeln zu ermächtigen, das ihnen selbst gar nicht zusteht. Welche Rechtsfolgen die Bestimmung des Arbeitgebers aufgrund tariflicher Ermächtigung hat, kann durch den Tarifvertrag nicht selbst festgelegt sein. Sie ergeben sich aus dem Tarifvertragsgesetz, das in § 3 Abs. 1 grundsätzlich beiderseitige Tarifgebundenheit verlangt.

b) Ausnahmen

Etwas anderes gilt jedoch dann, wenn auch der Tarifvertrag eine über die tarifgebundenen Arbeitsverhältnisse hinausragende Bedeutung hätte.

---

[77] BAG (18.8.1987) AP Nr. 23 zu § 77 BetrVG 1972 (unter II 3 a); *v. Hoyningen-Huene / Meier-Krenz*, ZfA 1988, S. 298; *Spilger*, Betriebsverfassungsrecht, S. 224.

[78] Siehe oben § 2 III 2.

[79] Siehe oben § 3 I 1 a.

aa) Dies betrifft zuerst den Bereich der Betriebsverfassung. Die tarifliche Regelung gemäß § 87 Abs. 1 Einleitungssatz BetrVG verdrängt die gesetzliche Mitbestimmung für alle Arbeitnehmer, unabhängig von ihrer Mitgliedschaft in den Gewerkschaften. Daher kann auch der Arbeitgeber mitbestimmungfrei gegenüber den nicht organisierten Arbeitnehmern entscheiden, soweit die Tarifpartner ihn dazu ermächtigt haben[80]. Es treten dieselben Rechtsfolgen ein, die auch eintreten würden, wenn die Tarifvertragsparteien eine ausführliche Regelung im Sinne von § 87 Abs. 1 Einleitungssatz BetrVG selbst getroffen hätten. Der mit der betriebsverfassungsrechtlichen Mitbestimmung verbundene Schutz entfällt für alle, obwohl die tarifliche Regelung nur für die Tarifgebundenen gilt.

bb) Ein erweiterter Wirkungskreis gilt weiter für den Fall, daß der Tarifvertrag für allgemeinverbindlich erklärt sein sollte. Die Allgemeinverbindlicherklärung von Bestimmungsklauseln ist für zulässig gehalten worden, wenn Inhalt, Zweck und Ausmaß der Ermächtigung im Tarifvertrag angegeben sind. Die Wirkung der Erklärung sei dann zumindest im wesentlichen zu überblicken[81]. Diese Anforderungen sind identisch mit den Zulässigkeitsvoraussetzungen für jede Delegationsnorm[82]. Auch wenn es noch an der näheren Bestimmung durch den Arbeitgeber fehlt, ist doch aufgrund des Tarifvertrages der Inhalt aller betroffenen Arbeitsverhältnisse zumindest bestimmbar. Daher kann grundsätzlich jede zulässige Delegationsnorm gemäß § 5 TVG für allgemeinverbindlich erklärt werden.

cc) Zweifelhaft kann noch sein, ob der Arbeitgeber die nähere Bestimmung auch für diejenigen Arbeitnehmer vornehmen darf, die die Anwendung des Tarifvertrages nur schuldrechtlich in ihrem Arbeitsvertrag vereinbart haben.

Das Bundesarbeitsgericht hat nicht nur die in Bezug genommenen Tarifverträge, sondern auch die aufgrund einer tariflichen Delegationsnorm ergangenen Bestimmungen des Arbeitgebers auf solche Arbeitsverhältnisse angewendet. Der 4. Senat hat das tariflich erweiterte Weisungsrecht des Arbeitgebers von der individualrechtlichen Bezugnahme gedeckt gesehen[83]. Wenn die tariflichen Vergütungsgruppen eine Festsetzung des Arbeitgebers verlangten, bedarf es nach Auffassung des Senats dieser Bestimmung auch, wenn die

[80] Siehe oben § 4 II 2 b.

[81] *Hanau*, RdA 1970, S. 166.

[82] Siehe oben § 3 II.

[83] BAG (11.6.1958) AP Nr. 2 zu § 611 BGB Direktionsrecht.

Anwendung des Tarifvertrages nur einzelvertraglich vereinbart war[84]. Der 5. Senat hat ganz allgemein angenommen, daß bei einzelvertraglicher Bezugnahme bezüglich des Bestimmungsrechts des Arbeitgebers für den nicht tarifgebundenen dasselbe gelte wie für den tarifgebundenden Arbeitnehmer[85]. Diese Meinung ist konsequenterweise auch für den Fall vertreten worden, in dem der Arbeitgeber zusammen mit dem Betriebsrat die Bestimmung aufgrund des Tarifvertrages treffen sollte. Im Bereich der Eingruppierung wird für selbstverständlich erachtet, daß eine Bezugnahmeklausel die Tätigkeit der Betriebspartner deckt[86]. Auch im Zusammenhang mit dem „Leber-Kompromiß" ist die Erstreckung auf diejenigen Arbeitnehmer angenommen worden, die die Anwendung der Tarifverträge vereinbart hatten[87].

Den genannten Auffassungen ist zuzustimmen. Aus der Bezugnahmeklausel wird man entnehmen können, daß eine Gleichstellung mit den übrigen Arbeitnehmern beabsichtigt ist. Dazu muß die Bestimmungsbefugnis des Arbeitgebers auch für diese Arbeitsverhältnisse gelten. Man kann nicht einwenden, nur die Regelung durch die Tarifvertragsparteien selbst und nicht die Bestimmung durch andere, zumal nicht einseitig durch den Arbeitgeber, sei Gegenstand der Bezugnahme. Denn solange die Anforderungen an eine Delegation eingehalten sind, ist sichergestellt, daß eine tarifliche Rahmenregelung existiert, die die Macht des Bestimmungsbefugten genügend begrenzt. Ein derartiges Vorgehen ist zulässig und gebräuchlich, wie die Urteile zeigen. Daher kann niemand behaupten, er habe nicht absehen können, daß durch Bezugnahme des Tarifvertrages auch die Regelungen Dritter aufgrund tariflicher Delegationsnormen Inhalt seines Arbeitsverhältnisses werden. Die individualrechtliche Bezugnahme deckt zulässige Bestimmungsklauseln zugunsten Dritter. Der bestimmungsbefugte Arbeitgeber kann daher auch Arbeitsverhältnisse regeln, für die individualvertraglich die Anwendung des Tarifvertrages vereinbart ist.

---

[84] BAG (25.1.1978) AP Nr. 10 zu § 611 BGB Croupier.

[85] BAG (28.11.1984) AP Nr. 2 zu § 4 TVG Bestimmungsrecht.

[86] Zum BetrVG 1952: BAG (6.2.1962) AP Nr. 2 zu § 63 BetrVG; BAG (9.10.1970) AP Nr. 4 zu § 63 BetrVG; BAG (5.2.1971) AP Nr. 6 zu § 61 BetrVG. Zum BetrVG 1972: BAG (3.12.1985) AP Nr. 31 zu § 99 BetrVG 1972; *Galperin/Löwisch*, BetrVG, § 99 Rdnr. 30; GK-*Kraft*, BetrVG, § 99 Rdnr. 33.

[87] *Buchner*, RdA 1990, S. 7; *Hanau*, NZA 1985, S. 76; *Spilger*, Betriebsverfassungsrecht, S. 220; *Zöllner*, ZfA 1988, S. 277. Kritisch dagegen *Löwisch*, NZA 1985, S. 171 und 317; *Schüren*, RdA 1988, S. 144; *Ziepke*, BB 1985, S. 286 und Tarifvertrag 1984, § 2 Anm. 5 (S. 13).

III. Tarifnormen im materiellen Sinn

Die untersuchten Aspekte der Änderung von Arbeitsverträgen, der Mitbestimmung des Betriebsrats und des Wirkungsumfangs haben gezeigt, daß die Delegation tariflicher Rechtsetzungsbefugnisse zugunsten des Arbeitgebers die vom Tarifrecht vorgegebenen Rechtsfolgen nach sich zieht. Ob die Tarifpartner eine Angelegenheit selbst regeln oder im Rahmen einer zulässigen Delegation die Regelung dem Arbeitgeber überlassen, macht insoweit keinen Unterschied. Es treten die gleichen tarifrechtlichen Rechtsfolgen ein. Solange der Arbeitgeber im Rahmen der Ermächtigung handelt, ist seine Konkretisierung genauso zu behandeln, als wäre sie von den Tarifvertragsparteien selbst vereinbart worden.

Zugleich haben die Untersuchungen ergeben, daß der Arbeitgeber der Form nach keine Tarifnormen setzt, sondern eine Regelung auf betrieblicher Ebene schafft. Es liegt daher betriebliches Recht vor, das lediglich wie ein Tarifvertrag wirkt, ohne seine Form zu haben. Man könnte von „betrieblichem Recht mit tarifrechtlichen Folgen" sprechen. Besser ist es jedoch die Regelung des Delegatars als „Tarifnorm im materiellen Sinn" zu bezeichnen[88]. Dadurch wird zum einen ausgedrückt, daß sich in bezug auf die Form die Regelung des Delegatars und des Deleganten unterscheiden. Zum anderen wird damit dem Umstand Rechnung getragen, daß der Delegatar in Wahrnehmung der übertragenen tariflichen Rechtsetzungsbefugnis handelt. Während die Tarifpartner Tarifverträge in formeller und materieller Hinsicht erlassen können, sind die betrieblichen Regelungen kraft tarifvertraglicher Delegation lediglich Tarifverträge im materiellen Sinn.

[88] Vgl. *Triepel*, Delegation, S. 58: „... durch die Delegation eines Rechtsverordnungsrechts gewinnt der Delegatar in aller Regel nur die Macht, Rechtsakte von materieller, aber nicht von formeller Gesetzeskraft zu setzen ...".

§ 5 Die Delegation zugunsten der Betriebspartner

Die bisherigen Untersuchungen haben gezeigt, daß der Arbeitgeber als Adressat einer tariflichen Ermächtigung Tarifnormen im materiellen Sinn erläßt[1]. Es fragt sich, ob das gleiche gelten kann, wenn Arbeitgeber und Betriebsrat gemeinsam von den Tarifvertragsparteien zu ergänzenden betrieblichen Regelungen ermächtigt sind.

Die betrieblichen Vereinbarungen der Betriebspartner könnten bei materieller Betrachtung Tarifnormen sein, weil sie auf der übertragenen tariflichen Rechtsetzungsbefugnis beruhen (I). Daneben könnten sich Besonderheiten ergeben, weil mit dem Arbeitgeber und dem Betriebsrat Organe der gesetzlichen Betriebsverfassung begünstigt sind (II).

I. Konkretisierung des Tarifvertrages

Es fragt sich, ob die Regelung der Betriebspartner auf tariflicher Grundlage die Rechtsfolgen eines Tarifvertrages auslöst.

1. Bestimmungsrecht

Tarifrechtliche Rechtsfolgen soll nach weit verbreiteter Auffassung die Regelung von Arbeitgeber und Betriebsrat nach sich ziehen, wenn sie aufgrund eines tariflichen Bestimmungsrechts im Sinne der §§ 315 ff. BGB ergeht[2]. Die Betriebspartner werden dabei als Bestimmungsberechtigte im Sinne von § 317 BGB verstanden, die den Inhalt des Tarifvertrages für die dem Tarifvertrag unterworfenen Arbeitsverhältnisse näher festlegen können.

---

[1] Siehe oben § 4 III.

[2] BAG (24.9.1959) AP Nr. 11 zu § 611 BGB Akkordlohn; BAG (22.12.1981) AP Nr. 7 zu § 87 BetrVG 1972 Lohngestaltung (unter IV 2 a); BAG (15.1.1987) AP Nr. 21 zu § 75 BPersVG; BAG (18.8.1987) AP Nr. 23 zu § 77 BetrVG 1972 (unter II 3 a). *Buchner*, DB 1985, S. 922 f. und NZA 1986, S. 379; *Hanau*, NZA 1985, S. 76; *v. Hoyningen-Huene / Meier-Krenz*, ZfA 1988, S. 298 f.; GK-*Kreutz*, BetrVG, § 77 Rdnr. 136; *Richardi*, NZA 1988, S. 673 und ZfA 1990, S. 229.

Ihre Konkretisierung des Tarifinhalts ist nicht anders zu behandeln als die des allein bestimmungsbefugten Arbeitgebers[3].

Tarifrechtliche Folgen können nach Auffassung des Bundesarbeitsgerichts sogar eintreten, wenn die tariflich neu begründete Befugnis bereits im Betriebsverfassungsgesetz ausdrücklich vorgesehen ist. Daß der Tarifvertrag die Befugnis nenne, sei von besonderer Bedeutung, selbst wenn er die gesetzliche Regelung nur inhaltlich wiederhole[4]. Die gesetzliche Regelung müsse dann völlig außer Betracht bleiben. Deshalb sei auch die tarifliche Schlichtungsstelle zuständig, wenn die Betriebspartner keine Einigung erzielten[5]. Wenn ein Tarifvertrag die Betriebspartner als eine Art Schiedsgutachter zur Bestimmung des Akkordansatzes vorsehe, sei – so das Bundesarbeitsgericht – die gesetzliche Mitbestimmung verdrängt. Die Bestimmung durch die Betriebspartner könne nur für die tarifunterworfenen Arbeitnehmer verbindlich sein[6]. Für eine Regelung von Akkordfragen auf tariflicher Grundlage konnte der Betriebsrat nach Auffassung des Bundesarbeitsgerichts keine Vergütung gemäß § 37 BetrVG erhalten[7].

Allerdings hat das Bundesarbeitsgericht in anderen Fällen, wenn sich der Tarifvertrag zugunsten der Betriebspartner öffnete, gemeint, es handele sich nur um die Freigabe originärer gesetzlicher Befugnisse[8]. Diese Rechtsprechung hat aber damit die tarifliche Begründung von Rechten nicht ausgeschlossen. Denn wenn die Tarifpartner es den Parteien des Betriebs erlauben, auf Befugnisse des Betriebsverfassungsgesetzes zurückzugreifen, gestalten sie den Tarifvertrag lediglich dispositiv aus. Der Fall der Dispositivität ist von einer Delegation zu unterscheiden[9]. Die genannten Urteile stehen daher tarifrechtlichen Folgen einer Delegation nicht entgegen.

Zweifel an tarifrechtlichen Rechtsfolgen könnten sich aber aus der Auffassung ergeben, eine Bestimmungsklausel zugunsten der Betriebspartner sei eine Norm über betriebsverfassungsrechtliche Fragen im Sinne von § 1

---

[3] Siehe oben § 4.

[4] BAG (23.3.1962) AP Nr. 1 zu § 56 BetrVG Akkord.

[5] BAG (23.3.1962) AP Nr. 1 zu § 56 BetrVG Akkord.

[6] BAG (29.1.1969) AP Nr. 20 zu § 611 BGB Akkordlohn.

[7] BAG (6.7.1962) AP Nr. 7 zu § 37 BetrVG.

[8] BAG (22.12.1981) AP Nr. 7 zu § 87 BetrVG 1972 Lohngestaltung; BAG (16.12.1986) AP Nr. 8 zu § 87 BetrVG 1972 Prämie; BAG (18.8.1987) AP Nr. 23 zu § 77 BetrVG 1972 (unter II 3 b); BAG (24.11.1987) AP Nr. 6 zu § 87 BetrVG 1972 Akkord; BAG (14.2.1989) AP Nr. 8 zu § 87 BetrVG 1972 Akkord.

[9] Siehe oben § 2 III 1.

Abs. 1 TVG. Diese gelte über § 3 Abs. 2 TVG für die nicht tarifgebundenen Arbeitnehmer, solange nur der Arbeitgeber tarifgebunden ist[10]. Auf diese Weise sollen betriebsverfassungsrechtliche Rechtsfolgen einer tariflichen Ermächtigung begründet werden. Es soll erklärt werden, warum der Betriebsrat für alle Arbeitnehmer des Betriebs tätig werden kann, obwohl seine Rechte nicht im Gesetz, sondern im Tarifvertrag begründet sind. Ob dies tatsächlich der Fall ist, kann noch offenbleiben[11]. Entscheidend ist zunächst, daß die Einsetzung der Betriebspartner als Bestimmungsberechtigte tarifrechtliche Folgen nicht ausschließt. Selbst wenn eine Norm über betriebsverfassungsrechtliche Fragen vorliegt, fehlt es nicht an dem Ermächtigungscharakter des Tarifvertrages. Eine Bestimmung durch die Betriebspartner mag mehr Rechtsfolgen auslösen als eine Bestimmung durch den Arbeitgeber. Es gibt aber keinen Grund, ihr die Wirkungen abzusprechen, die die Bestimmung durch den Arbeitgeber hätte. Wenn diese wie eine Tarifnorm zu behandeln ist, muß gleiches auch für die Betriebspartner in der Aufgabe der Bestimmungsberechtigten gelten. Auch die Betriebspartner konkretisieren lediglich die rahmenmäßig vorgegebene tarifliche Regelung. Sie handeln aufgrund einer rechtlich zulässigen Ermächtigung.

Die Betriebspartner werden dabei auf ihrer Ebene und in der Form eigener Rechtsetzungsakte tätig[12]. Sie können aufgrund tariflicher Ermächtigung keine Tarifnormen im formellen Sinn schaffen. Eine Tarifnorm, die dazu ermächtigte, wäre unzulässig[13]. Die Regelung der Betriebspartner kann also ebenso wie die des Arbeitgebers allein nur wie eine tarifliche Regelung zu behandeln sein. Der Form nach muß sie sich vom Tarifvertrag unterscheiden lassen. Welche Form die Bestimmung der Betriebspartner haben darf, ist bislang wenig erörtert worden[14]. Seit den Tarifverträgen zur Arbeitszeitverkürzung stellt sich die wichtige Frage, ob nicht die Betriebsvereinbarung als Mittel zur näheren, betrieblichen Konkretisierung von Tarifverträgen eingesetzt werden kann.

---

[10] LAG Schleswig-Holstein (27.8.1986) DB 1986, S. 2440; *Hueck/Nipperdey/Säcker*, ArbR II 1, S. 288; *Wiedemann/Stumpf*, TVG, § 1 Rdnr. 299.

[11] Siehe dazu unten § 5 II.

[12] *Wiedemann*, in: *Beuthien* (Hrsg.), Arbeitsteilhaber, S. 156 f.

[13] Siehe oben § 3 I 1 b.

[14] BAG (29.1.1969) AP Nr. 20 zu § 611 BGB Akkordlohn, geht von einem „Schiedsgutachten" aus.

2. Öffnungsklausel im Sinne des § 77 Abs. 3 Satz 2 BetrVG

Es könnte sich aus § 77 Abs. 3 Satz 2 BetrVG ergeben, daß als Mittel eines tariflichen Bestimmungsrechts die Betriebsvereinbarung von den Tarifpartnern vorgeschrieben werden darf. Dazu müßte die Vorschrift jedoch überhaupt auf Fälle der Delegation anwendbar sein. „Zulassen“ im Sinne von § 77 Abs. 3 Satz 2 BetrVG müßte „ermächtigen“ bedeuten. § 77 Abs. 3 Satz 2 BetrVG erlaubte dann die Delegation tariflicher Rechtsetzungsbefugnisse auf die Betriebspartner.

Diese Sicht ist vom Bundesarbeitsgericht in der Entscheidung vom 18.8.1987 verworfen worden. Der Senat sieht in den Tarifverträgen zur Arbeitszeitverkürzung zwar den Tatbestand des § 77 Abs. 3 Satz 2 BetrVG erfüllt. Dadurch würde jedoch nur die Sperrwirkung des § 77 Abs. 3 Satz 1 BetrVG aufgehoben. Die Betriebspartner machten von einer Regelungsbefugnis Gebrauch, die kraft Gesetzes bestehe[15]. Dem entsprechen Stellungnahmen in der Literatur, daß bei einer Öffnungsklausel nur die Möglichkeit gegeben sei, auf originäre betriebsverfassungsrechtliche Befugnisse zurückzugreifen[16]. Ermächtigungscharakter kann die Zulassung danach nicht haben[17].

Allerdings finden sich auch gegenteilige oder zumindest zweifelnde Stellungnahmen[18]. Namentlich Thiele meint, die Öffnungsklausel könne sehr wohl Ermächtigungscharakter haben[19]. Auch wird bestritten, daß bei tariflicher Öffnungsklausel gemäß § 77 Abs. 3 Satz 2 BetrVG eine Berufung auf originäre betriebsverfassungsrechtliche Befugnisse möglich ist[20]. Daß der Tarifvertrag die Betriebsvereinbarung zulasse, sei nicht unbedeutend. Richardi erwägt daher, ob die Befugnis nicht aus dieser Zulassung abzuleiten sein könnte[21]. Der Präsident des Bundesarbeitsgerichts, Kissel, hat vorsichtig gefragt, ob man nicht aus § 77 Abs. 3 BetrVG ein Delegationsverbot herlei-

---

[15] BAG (18.8.1987) AP Nr. 23 zu § 77 BetrVG 1972 (unter II 3 b).

[16] *Buchner*, DB 1985, S. 915 f.; *v. Hoyningen-Huene / Meier-Krenz*, ZfA 1988, S. 302 f.; *Küttner / Schlüpers-Oehmen / Rebel*, DB 1985, S. 173; GK-*Kreutz*, BetrVG, § 77 Rdnr. 125.

[17] So ausdrücklich GK-*Kreutz*, BetrVG, § 77 Rdnr. 135.

[18] *Kempen*, AuR 1989, S. 266 f.; *Linnenkohl*, ArbR der Gegenwart 26 (1989), S. 90 f.

[19] GK-*Thiele*, BetrVG, 3. Bearb., § 77 Rdnr. 124; vgl. außerdem *Fitting / Auffarth*, BetrVG, § 77 Rdnr. 82.

[20] *Linnenkohl*, BB 1988, S. 1460.

[21] *Richardi*, ZfA 1990, S. 223.

ten könnte[22]. Das aber setzt gedanklich voraus, daß die Vorschrift überhaupt Fälle der Delegation erfaßt. Es sprechen verschiedene Argumente dafür, daß § 77 Abs. 3 Satz 2 BetrVG Fälle der Delegation und nicht den bloßen Hinweis auf gesetzliche Befugnisse der Betriebspartner meint.

a) Wortlaut

Zuerst läßt sich der Wortlaut der Vorschrift dafür anführen, daß „Zulassen" im Sinne von § 77 Abs. 3 Satz 2 BetrVG eine tarifliche Ermächtigung bedeutet.

aa) Aus dem Tatbestandsmerkmal „ergänzend" läßt sich darauf schließen, daß eine tarifliche Rahmenregelung vorliegen muß, die bereits gewisse Dinge anspricht und im übrigen durch eine Betriebsvereinbarung vervollständigt werden soll[23]. Der Sachverhalt entspricht also dem einer zulässigen Delegation. Diese ist, wie aufgezeigt, dann möglich, wenn die Tarifpartner alles Wesentliche selbst geregelt haben. Der Delegatar darf nur noch konkretisierende Einzelheiten schaffen[24]. § 77 Abs. 3 Satz 2 BetrVG erlaubt also den Tarifvertragsparteien nur einen sehr begrenzten Verzicht auf eine eigene Regelung[25]. Eine Öffnungsklausel gemäß § 77 Abs. 3 Satz 2 BetrVG entspricht daher auch exakt dem Tatbestand des Bestimmungsrechts, wenn man zunächst einmal unberücksichtigt läßt, daß die Konkretisierung mittels Betriebsvereinbarung erfolgen soll.

Analysiert man die Rechtsprechung und fragt, welche Anforderungen an das Bestimmungsrecht und an ergänzende Betriebsvereinbarungen zu stellen sind, läßt sich kein eindeutiges Unterscheidungsmerkmal finden. So hat das Bundesarbeitsgericht in bezug auf die Tarifverträge zur Arbeitszeitverkürzung festgestellt, daß die Betriebsvereinbarungen ergänzenden Charakter hätten, weil sie die Vorgaben beachten müßten, die die Tarifvertragsparteien für die Festlegung der Arbeitszeit aufgestellt haben[26]. Ein Bestimmungsrecht liege vor, so der Senat im selben Urteil, wenn einem Dritten die Konkretisierung tariflicher Bestimmungen überlassen werde[27]. Auch in der Literatur finden sich keine exakten Abgrenzungskriterien zwischen Öffnungsklausel einerseits

---

[22] *Kissel*, NZA 1986, S. 79.

[23] *Gerhard Müller*, Tarifautonomie, S. 340 Fn. 536; *Zöllner*, ZfA 1988, S. 275.

[24] Siehe oben § 3.

[25] *Beuthien*, BB 1983, S. 1996; *Linnenkohl*, BB 1989, S. 2475.

[26] BAG (18.8.1987) AP Nr. 23 zu § 77 BetrVG 1972 (unter II 3 b).

[27] BAG (18.8.1987) AP Nr. 23 zu § 77 BetrVG 1972 (unter II 3 a).

und Bestimmungsrecht zugunsten der Betriebspartner andererseits. So erklärt beispielweise Kreutz, eine Öffnungsklausel gemäß § 77 Abs. 3 Satz 2 BetrVG setze eine zu ergänzende tarifliche Regelung voraus, die ausgefüllt werden müsse[28]. Von der Öffnungsklausel seien Bestimmungsklauseln zu unterscheiden. Sie lägen vor, wenn ein Tarifvertrag die Betriebspartner zu einer Konkretisierung der tariflichen Rahmenregelung ermächtige[29]. Ähnlich die Ausführungen von v. Hoyningen-Huene und Meier-Krenz: Die Bestimmungsklausel sei dadurch gekennzeichnet, daß der Tarifvertrag nicht alle Einzelheiten regele, sondern nur Rahmenbedingungen aufstelle, deren Konkretisierung er bestimmten Stellen zuweise[30]. Es handele sich um ein unselbständiges Beteiligungsrecht, das auf den Tarifvertrag aufbaue[31]. Die Öffnungsklausel dagegen lasse ergänzende Bestimmungen durch Betriebsvereinbarungen zu. Die Zulassung erfolge oft in bezug auf bestimmte tariflich geregelte Angelegenheiten[32]. Es sei aufgrund eines Tarifvorbehalts sogar nötig, daß der Tarifvertrag sich nicht nur öffne, sondern grundlegende Regelungen selbst treffe[33].

Angesichts der Gemeinsamkeiten zwischen den beiden Instituten liegt es nahe, daß die Öffnungsklausel im Sinne des § 77 Abs. 3 Satz 2 BetrVG mit dem Fall eines tariflich begründeten Bestimmungsrechts identisch ist, in dem die Tarifpartner die Parteien des Betriebs zur Ergänzung der Tarifverträge mittels Betriebsvereinbarung ermächtigen.

bb) Dagegen scheint aber vor allem der Begriff „Betriebsvereinbarung" zu sprechen. Er impliziert gesetzlich begründete Befugnisse. „Betriebsvereinbarung" könnte ausschließlich eine Betriebsvereinbarung im betriebsverfassungsrechtlichen Sinn sein. Es fragt sich, ob es eine Betriebsvereinbarung aufgrund einer tariflichen Ermächtigung überhaupt geben kann.

Manchen Stellungnahmen scheint unausgesprochen die Vorstellung zugrunde zu liegen, Betriebsvereinbarungen könnten nur auf einer gesetzlichen, nicht aber auf einer tariflichen Ermächtigung beruhen. Dann kann § 77 Abs. 3 Satz 2 BetrVG keine Erlaubnis zur Delegation sein. Denn eine Betriebsvereinbarung kann nach diesem Verständnis nur die Rechtsfolgen des § 77 Abs. 4 Satz 1 BetrVG auslösen, was der Annahme einer Delegation von

---

[28] GK-*Kreutz*, BetrVG, § 77 Rdnr. 129.

[29] GK-*Kreutz*, BetrVG, § 77 Rdnr. 136.

[30] *v. Hoyningen-Huene / Meier-Krenz*, ZfA 1988, S. 295.

[31] *v. Hoyningen-Huene / Meier-Krenz*, ZfA 1988, S. 296.

[32] *v. Hoyningen-Huene / Meier-Krenz*, ZfA 1988, S. 302.

[33] *v. Hoyningen-Huene / Meier-Krenz*, ZfA 1988, S. 306.

vorneherein entgegensteht. Wohin ein apodiktisches Festhalten an einer derartigen Prämisse führt, zeigt beispielhaft die Argumentation von v. Hoyningen-Huene und Meier-Krenz: Eine Betriebsvereinbarung müsse als allgemeine betriebliche Regelung auch für die nichtorganisierten Arbeitnehmer Geltung erlangen. Tarifnormen, die näher zu konkretisieren wären, würden dagegen nur für die Tarifgebundenen gelten. Eine den Tarifvertrag konkretisierende Betriebsvereinbarung würde die tariflichen Vorgaben auf die Außenseiter erstrecken. Daher sei es ausgeschlossen, eine Betriebsvereinbarung vorzusehen, um eine tarifliche Rahmenregelung zu konkretisieren[34]. Dieses Ergebnis widerspricht zumindest dem Wortlaut von § 77 Abs. 3 Satz 2 BetrVG. Dort ist gerade vorgesehen, daß Betriebsvereinbarungen zur Ergänzung von Tarifverträgen zugelassen werden können. Man hätte daher die Prämisse überprüfen müssen, ob den Tarifvertrag ergänzende Betriebsvereinbarungen überhaupt für alle Arbeitnehmer des Betriebs gelten.

(1) Das Bundesarbeitsgericht hat bei der Bewertung der Tarifverträge zur Arbeitszeitverkürzung erwogen, ob nur „dem äußeren Anschein nach eine Betriebsvereinbarung im Sinne des Betriebsverfassungsrechts" vorlag. Dies sei denkbar, wenn man Arbeitgeber und Betriebsrat als Bestimmungsberechtigte im Sinne von § 317 Abs. 1 BGB verstehen könnte. Unter diesen Umständen gehe die normative Wirkung nur von der tariflichen Norm aus und erstrecke sich lediglich auf die tarifgebundenen Arbeitsverhältnisse. Derartige tarifrechtliche Folgen seien aber nicht anzunehmen, wenn die Tarifpartner den Begriff „Betriebsvereinbarung" verwendeten. In diesem Fall hätten sie ihn auch im Sinne des Betriebsverfassungsgesetzes gebrauchen wollen. Deshalb könne es sich nur um eine „Betriebsvereinbarung im betriebsverfassungsrechtlichen Sinn" handeln[35].

Nach Auffassung des Bundesarbeitsgerichts entscheidet demnach der Wille der Tarifpartner, in welchem Sinn eine Betriebsvereinbarung zu verstehen ist. Dagegen läßt sich einwenden, daß dazu der Wille überhaupt rechtlich relevant sein muß. Es mag sein, daß die Tarifvertragsparteien zu einer Regelung ermächtigen wollen, die einen größeren Wirkungskreis als der Tarifvertrag hat[36]. Fraglich bleibt aber dennoch, ob sie diese Rechtsfolge überhaupt herbeiführen können. Außerdem überzeugt der Hinweis auf den Sprachgebrauch nicht, weil die Tarifvertragsparteien sich der Gesetzesformulierung des § 77 Abs. 3 Satz 2 BetrVG bedient haben. Das Gericht hätte erörtern müssen, ob

---

[34] *v. Hoyningen-Huene / Meier-Krenz*, ZfA 1988, S. 316 f.

[35] BAG (18.8.1987) AP Nr. 23 zu § 77 BetrVG 1972 (unter II 3 a).

[36] Dieser Umstand kann für die Berufung auf originäre Kompetenzen noch von Bedeutung sein; siehe unten § 8 II.

die dort genannte „ergänzende Betriebsvereinbarung“ nicht die Form ist, in der Arbeitgeber und Betriebsrat als Bestimmungsberechtigte im Sinne von § 317 BGB tätig werden.

(2) Die Frage, ob vielleicht die „Betriebsvereinbarung“ im Zusammenhang des § 77 Abs. 3 Satz 2 BetrVG anders zu verstehen sein könnte, hat auch das Schrifttum verschiedentlich beschäftigt:

Die „ergänzende“ Betriebsvereinbarung habe einen besonderen Charakter, weil sie den Tarifvertrag ausführe[37]. Es handele sich nur um eine Betriebsvereinbarung „im formellen Sinn“[38]. Es könne eine Betriebsvereinbarung „in Wahrnehmung tariflich übertragener Befugnisse“ gemeint sein[39]. Eine „derartige“ Betriebsvereinbarung erfasse nur die Tarifgebundenen, weil sie die Geltung des zu ergänzenden Tarifvertrages voraussetze[40]. Allen diesen Überlegungen ist gemeinsam, daß sie eine tarifrechtliche Wirkung nicht ausschließen, obwohl es sich um Betriebsvereinbarungen handelt.

Tarifrechtliche Folgen einer Betriebsvereinbarung werden auch in Kauf genommen, wenn ein Bestimmungsrecht bejaht wird, obwohl der Tarifvertrag von ergänzenden Betriebsvereinbarungen spricht. So ist im Zusammenhang mit den Tarifverträgen zur Arbeitszeitverkürzung verschiedentlich gefolgert worden, es läge ein tarifliches Bestimmungsrecht vor[41]. Daß die Tarifverträge den Tatbestand einer Öffnungsklausel im Sinne von § 77 Abs. 3 Satz 2 BetrVG erfüllten, wird dabei gar nicht bestritten. Damit ist der Sache nach zugegeben, daß eine Betriebsvereinbarung auch – nämlich als Form der Ausübung eines Bestimmungsrechts – tarifrechtliche Folgen haben kann.

In der Arbeitsrechtswissenschaft der Weimarer Zeit bestanden überhaupt keine Bedenken, Betriebsvereinbarungen aufgrund des Tarifvertrages anstatt auf gesetzlicher Basis zuzulassen. So nennen Hueck und Nipperdey bei der Aufzählung möglicher Betriebsvereinbarungen auch die „Betriebsvereinba-

---

[37] *Ziepke*, Tarifvertrag 1984, § 2 Anm. 5, (S. 13) und § 3 Anm. 2, (S. 51).

[38] *Ziepke*, Tarifvertrag 1984, § 3 Anm. 2, (S. 51).

[39] Erwogen von *Linnenkohl*, BB 1988, S. 1459 und BB 1989, S. 2474; *Richardi*, ZfA 1990, S. 223.

[40] *Löwisch*, DB 1984, S. 2458 und NZA 1985, S. 171; *Weyand*, AuR 1989, S. 197; *Ziepke*, BB 1985, S. 286 und Tarifvertrag 1984, § 2 Anm. 5 (S. 13). Vgl. auch bereits *Canaris*, AuR 1966, S. 134 Fn. 33 und S. 136 Fn. 57.

[41] Uneingeschränkt LAG Niedersachsen (4.2.1986) NZA 1986, Beil. 2, S. 15; *Brunz*, NZA 1986, Beil. 2, S. 5; *Ziepke*, Tarifvertrag 1984, § 2 Anm. 5 (S. 13) und BB 1985, S. 286. Hilfsweise *Hanau*, NZA 1985, S. 76 f. In bezug auf die Einigungsstellenentscheidung *Buchner*, DB 1985, S. 922 f.; *Zöllner*, ZfA 1988, S. 277.

rung kraft tarifvertraglicher Delegation“[42]. Damit verbanden sie eine Betriebsvereinbarung, die nur aufgrund tariflicher Ermächtigung erging und deren Rechtsfolgen sich dementsprechend aus dem Tarifrecht ergaben.

(3) Eine Betriebsvereinbarung, deren Geltung sich auf die tarifgebundenen Arbeitnehmer beschränkt, ist auch nach heutigem Recht denkbar. Die Betriebsratstätigkeit muß nicht notwendigerweise für alle Arbeitnehmer wirken[43]. Gemäß § 80 Abs. 1 Nr.1 BetrVG ist Aufgabe des Betriebsrats, die Einhaltung von Tarifverträgen zu überwachen, was zweifellos die Außenseiter nicht berührt. Die Mitbestimmung des Betriebsrats bei der Eingruppierung oder Umgruppierung gemäß § 99 Abs. 1 BetrVG setzt selbstverständlich voraus, daß die Vergütungsgruppen überhaupt auf das Arbeitsverhältnis Anwendung finden können. Selbst Betriebsvereinbarungen können für nicht tarifgebundene Arbeitnehmer ohne jede rechtliche Bedeutung sein, wenn sie die Anwendbarkeit des Tarifvertrages voraussetzen. Das ist beispielsweise der Fall, wenn eine Betriebsvereinbarung allgemeine Urlaubsgrundsätze aufstellt, die tarifliche Ansprüche näher ausführen. Für den Arbeitnehmer, der gar keinen tariflichen Anspruch auf Urlaub hat, kann diese Betriebsvereinbarung gegebenenfalls bedeutungslos sein, obwohl sie gemäß § 77 Abs. 4 Satz 1 BetrVG prinzipiell auch sein Arbeitsverhältnis normativ erfaßt. Gleiches gilt für Betriebsvereinbarungen zu Fragen der betrieblichen Lohngestaltung. Sie werden häufig an tarifliche Ansprüche anknüpfen. Für einen nicht tarifgebundenen Arbeitnehmer hat das nicht zur Folge, daß tarifliche Ansprüche über § 77 Abs. 4 Satz 1 BetrVG auf ihn erstreckt werden. In der auf tarifgebundene Arbeitnehmer beschränkten Betriebsratstätigkeit liegt kein Gleichheitsverstoß[44]. Zwar verbietet § 75 Abs. 1 BetrVG eine Ungleichbehandlung wegen gewerkschaftlicher Betätigung oder Einstellung. Diese betriebsverfassungsrechtliche Vorschrift schließt aber nicht aus, daß die in § 3 Abs. 1 TVG tarifrechtlich vorgegebene Unterscheidung zwischen tarifgebundenen Arbeitnehmern und anderen im Betrieb Auswirkungen hat[45].

---

[42] *Hueck/Nipperdey*, ArbR III, 3.-5. Auflage, S. 363. Vgl. auch *Buchner*, DB 1985, S. 918.

[43] *Buchner*, RdA 1990, S. 4; *Hanau*, NZA 1985, S. 76; *Spilger*, Betriebsverfassungsrecht, S. 209.

[44] *Spilger*, Betriebsverfassungsrecht, S. 209; *Ziepke*, BB 1985, S. 286; a.A. *Löwisch*, NZA 1985, S. 172.

[45] Eine davon zu unterscheidende Frage ist, ob der Betriebsrat nicht aufgrund § 75 Abs. 1 BetrVG gehalten ist, die tarifrechtlichen Unterschiede auf betriebsverfassungsrechtlichem Wege wieder aufzuheben.

Es ist daher nicht begründbar, warum eine Betriebsvereinbarung in ihrer Wirkung nicht auf die beiderseits tarifgebundenen Arbeitsverhältnisse beschränkt sein kann, wenn sie auf tariflicher Grundlage ergeht. Ob sie darüber hinaus Folgen auslöst, weil sie zugleich eine Betriebsvereinbarung im betriebsverfassungsrechtlichen Sinn ist, wird noch zu erörtern sein[46]. Da eine übertragene tarifliche Kompetenz wahrgenommen wird, wirkt die Betriebsvereinbarung jedenfalls über die Ermächtigungsnorm tarifrechtlich. Wie die ausfüllende Regelung genannt wird und wer sie schafft, ist nicht entscheidend. Von Bedeutung ist vielmehr, daß im Rahmen einer zulässigen Ermächtigung gehandelt wird. Eben weil die Betriebsvereinbarung weniger Alternative zum Tarifvertrag, sondern Ausführungsregelung ist[47], kommen ihr tarifrechtliche Rechtsfolgen zu. Weil sie den Tarifvertrag ergänzt, wirkt sie wie ein Tarifvertrag. Man kann trotz tarifrechtlicher Wirkungen den Begriff „Betriebsvereinbarung" verwenden[48]. Es ist auch sinnvoll im Anschluß an Hueck und Nipperdey[49] von einer „Betriebsvereinbarung kraft tarifvertraglicher Delegation" zu sprechen, weil derartige Betriebsvereinbarungen aufgrund tariflicher Ermächtigung ergehen. Für das Verständnis des § 77 Abs. 3 Satz 2 BetrVG ergibt sich daraus, daß der Begriff „Betriebsvereinbarung" der Annahme einer Delegation nicht entgegensteht. Es kann sich nämlich bei der „ergänzenden Betriebsvereinbarung" um eine Betriebsvereinbarung kraft tarifvertraglicher Delegation handeln.

b) Systematik

aa) Dafür, daß Zulassen im Sinne von § 77 Abs. 3 Satz 2 BetrVG die Ermächtigung zur tariflichen Rechtsetzung bedeutet, spricht auch das Verhältnis des Satzes 2 zu Satz 1 der Vorschrift.

Die Zulassung ergänzender Betriebsvereinbarungen setzt das Vorliegen einer Sperrwirkung voraus. Satz 2 macht nur Sinn, wenn die Voraussetzungen des Satzes 1 gegeben sind[50]. Wenn keine Sperrwirkung vorliegt, bedarf es keiner Zulassung. Die Betriebspartner können ohne weiteres auf ihre originären Befugnisse zurückgreifen. Andererseits läßt sich aus Satz 2 aber auch ableiten, daß die Sperrwirkung gemäß Satz 1 durch Tarifverträge ausgelöst

---

[46] Siehe unten § 5 II und § 8.

[47] *Hanau*, NZA 1985, S. 76; *Ziepke*, Tarifvertrag 1984, § 3 Anm. 2 (S. 46).

[48] Grundlegend *Flatow*, Betriebsvereinbarung, S. 17.

[49] *Hueck/Nipperdey*, ArbR III, 3.-5. Auflage, S. 363.

[50] *Beuthien*, BB 1983, S. 1994; *Richardi*, ZfA 1990, S. 224.

werden kann, die noch ergänzungsbedürftig sind. Es wäre überhaupt keine ergänzende Betriebsvereinbarung erforderlich, wenn der Tarifvertrag bereits in jeder Hinsicht vollständig wäre. Die Anforderungen an eine sperrende tarifliche Regelung dürfen daher nicht zu hoch angesetzt werden. Das wird viefach nicht beachtet. So findet sich die Auffassung, unvollständige, bloß ergänzungsbedürftige Tarifverträge könnten die Voraussetzungen des Satzes 1 nicht erfüllen[51]. Demnach dürften die Tarifverträge zur Arbeitszeitverkürzung keine Sperrwirkung zur Folge haben[52]. Wer so argumentiert, nimmt dem zweiten Satz jeden Anwendungsbereich. Ergänzende Betriebsvereinbarungen wären danach ohne ausdrückliche Zulassung durch die Tarifpartner möglich, weil die ergänzungsbedürftigen Tarifverträge keine Sperrwirkung auslösten.

Damit das System des § 77 Abs. 3 BetrVG sinnvoll ist, muß ein ergänzungsbedürftiger und ergänzungsfähiger Tarifvertrag für eine Sperrwirkung ausreichen. Wie auch im Fall des § 87 Abs. 1 Einleitungssatz BetrVG[53] kann man nicht verlangen, daß die Tarifpartner alle Details bereits selbst geregelt haben. Die Frage kann nur sein, wieviel sie regeln müssen, damit trotz der Unvollständigkeit die gesetzliche Betriebsverfassung verdrängt ist. Nach der hier vertretenen Auffassung ist dazu eine alles Wesentliche bereits vorsehende tarifliche Rahmenregelung erforderlich, die eine sehr begrenzte Ermächtigung zur Konkretisierung durch den Delegatar ausspricht[54]. Nur in Fällen der Delegation hat § 77 Abs. 3 Satz 2 BetrVG also einen sinnvollen Anwendungsbereich. Nur dann ist eine Sperrwirkung durch den ergänzungsbedürftigen Tarifvertrag möglich und die ausdrückliche Zulassung ergänzender Betriebsvereinbarungen nötig. § 77 Abs. 3 Satz 2 BetrVG erfaßt Fälle, in denen gerade wegen der weiterbestehenden Sperrwirkung eine besondere Ermächtigung zur Rechtsetzung anstelle der gesetzlichen Befugnisse unerläßlich ist[55].

bb) Daß Zulassung im Sinne von § 77 Abs. 3 Satz 2 BetrVG nicht die Freigabe originärer Befugnisse bedeutet, zeigt auch der Vergleich mit § 4

[51] *Dietz / Richardi*, BetrVG, § 77 Rdnr. 231; GK-*Kreutz*, BetrVG, § 77 Rdnr. 92. Zu § 59 BetrVG 1952: *Galperin / Siebert*, § 59 Rdnr. 8; *Säcker*, RdA 1967, S. 373.

[52] Konsequent *Richardi*, NZA 1988, S. 673 und ZfA 1990, S. 223.

[53] Siehe oben § 4 II 2.

[54] Siehe oben § 3 II.

[55] Bei einem solchen Verständnis ist Satz 2 auch keine Ausnahme zu Satz 1 mehr. Die Tarifvertragsparteien halten vielmehr an der Sperrwirkung fest. Die Betriebsvereinbarung ergänzt gerade den sperrenden Tarifvertrag zu einer vollständigen tariflichen Normierung.

Abs. 3, 1. Alternative TVG. Diese Vorschrift ermöglicht dispositive Tarifnormen. Sie sind nicht zwingend, sondern lassen abweichende Vereinbarungen zu. Die Tarifvertragsparteien verzichten insoweit auf den Vorrang des Tarifvertrages, der sich aus der Stellung in der Normenhierarchie ergibt. Die Zulassung im Sinne von § 4 Abs. 3, 1. Alternative TVG kann auch an bestimmte Bedingungen geknüpft werden. Es ist daher zulässig, vorzusehen, daß nur durch Betriebsvereinbarung abgewichen werden kann. Auf diese Weise wird betriebsvereinbarungsdispositives Tarifrecht geschaffen[56].

Über § 4 Abs. 3, 1. Alternative TVG werden keine Rechtsetzungsbefugnisse delegiert[57]. Dispositive Normen ermöglichen eine Abweichung nur, wenn zusätzlich eine Regelungsbefugnis besteht. Dispositivität setzt originäre Befugnisse voraus, wohingegen Delegation Befugnisse neu begründet und damit den Begünstigten des Nachweises seiner Kompetenz enthebt. Betriebsvereinbarungsdispositives Tarifrecht ermöglicht die Wahrnehmung originärer Betriebsratsbefugnisse. Dadurch wird die Sperrwirkung des Tarifvertrages nicht wieder aufgehoben, sondern ihr Eintritt wird von vornherein verhindert. Dispositive Tarifverträge reichen für § 77 Abs. 3 Satz 1 BetrVG nicht aus. Außerdem sind sie keine Regelung im Sinne von § 87 Abs. 1 Einleitungssatz BetrVG. § 4 Abs. 3, 1. Alternative TVG ist also die Ausnahme zur verdrängenden Wirkung des Tarifvertrages.

Im Gegensatz zu § 77 Abs. 3 Satz 2 BetrVG macht § 4 Abs. 3, 1. Alternative TVG die Zulassung von keinen besonderen Voraussetzungen abhängig. Die zugelassenen Betriebsvereinbarungen müssen den Tarifvertrag nicht ergänzen. Daher können die Tarifpartner auch nur die Abweichung durch Betriebsvereinbarungen erlauben. So wie die Tarifpartner völlig auf eine Regelung verzichten können, muß es ihnen auch möglich sein, eine uneingeschränkt dispositive Regelung zu treffen. Das läßt sich problemlos ohne Rückgriff auf § 77 Abs. 3 Satz 2 BetrVG aus § 4 Abs. 3, 1. Alternative TVG begründen. Demgegenüber wird im Schrifttum behauptet, entgegen dem Wortlaut des § 77 Abs. 3 Satz 2 BetrVG könnten auch abweichende Betriebsvereinbarungen zugelassen werden[58]. Diese vom Wortlaut nicht mehr

---

[56] *Hueck/Nipperdey/Säcker*, ArbR II 1, S. 563; *Hueck/Nipperdey/Stahlhacke*, TVG, § 4 Rdnr. 161; *Wiedemann/Stumpf*, TVG, § 4 Rdnr. 205; *Zöllner*, ArbR, § 6 I 4, S. 65 und ZfA 1988, S. 275.

[57] Siehe oben § 2 III 1.

[58] *Beuthien*, BB 1983, S. 1992 ff; *Dietz/Richardi*, BetrVG, § 77 Rdnr. 230; *Fitting/Auffarth*, BetrVG, § 77 Rdnr. 64a; *Hess/Schlochauer*, BetrVG, § 77 Rdnr. 91; *v. Hoyningen-Huene/Meier-Krenz*, ZfA 1988, S. 302; GK-*Kreutz*, BetrVG, § 77 Rdnr. 131; *v. Stebut*, RdA 1974, S. 340 f.

gedeckte Argumentation wäre überflüssig, wenn man § 77 Abs. 3 Satz 2 BetrVG auf Fälle der Delegation beschränkte.

Die Abweichung durch Betriebsvereinbarungen muß gemäß § 4 Abs. 3, 1. Alternative TVG nur gestattet sein. Eine besondere ausdrückliche Zulassung ist im Gegensatz zu § 77 Abs. 3 Satz 2 BetrVG nicht erforderlich. Diese Gestattung kann formlos erfolgen. Es reicht aus, daß der diesbezügliche Wille der Tarifpartner eindeutig erkennbar ist. Die Freigabe originärer betriebsverfassungsrechtlicher Befugnisse ist auf diese Weise auch in den Fällen möglich, in denen die Angelegenheit nur üblicherweise durch Tarifvertrag geregelt ist. Wenn diese Tarifverträge üblicherweise betriebsvereinbarungsdispositiv sind, können die Betriebspartner ohne weiteres auf ihre gesetzlichen Befugnisse zurückgreifen.

Da betriebsvereinbarungsdispositive Tarifverträge keine Sperrwirkung auslösen und § 77 Abs. 3 BetrVG in diesen Fällen keine Anwendung findet, kann § 77 Abs. 3 Satz 2 BetrVG nur den ganz anders gelagerten Fall einer Delegation meinen.

c) Zweck

Für ein solches Verständnis spricht außerdem der Zweck des Tarifvorrangs. Durch § 77 Abs. 3 BetrVG und § 87 Abs. 1 Einleitungssatz BetrVG ist ein Vorrang des Tarifvertrages vor Regelungen auf betriebsverfassungsrechtlicher Ebene eingeräumt. Daraus könnte abzuleiten sein, daß im Zweifel eine Erwähnung von Betriebsratsrechten die tarifliche Begründung neuer Rechte und nicht die Verweisung auf originäre betriebsverfassungsrechtliche Rechte darstellt. Beim Vorliegen einer tariflichen Ermächtigung wird die gesetzliche Mitbestimmung verdrängt, weil sich die Betriebspartner nur noch auf den Tarifvertrag und nicht mehr auf das Betriebsverfassungsgesetz berufen können. Die tarifliche Entscheidung, wie und unter welchen Bedingungen der Betriebsrat mitbestimmen soll, wird dadurch aufgewertet, wie es dem Zweck des Tarifvorrangs entspricht. Demgegenüber führt die Annahme, § 77 Abs. 3 Satz 2 BetrVG meine nur eine Aufhebung der Sperrwirkung, zu einer Begünstigung des gesetzlichen Betriebsverfassungsrechts, die angesichts des Vorranges der tariflichen Entscheidung jedenfalls begründungsbedürftig ist.

Hinzu kommt, daß die aufgrund einer tariflichen Ermächtigung ergehenden betrieblichen Regelungen Tarifnormen im materiellen Sinn darstellen[59]. Weil der Ermächtigte den Tarifvertrag konkretisiert und nur ergänzende

---

[59] Siehe oben § 4 III und § 5 I 1.

Einzelheiten schafft, wirkt sein Tun über die Ermächtigungsnorm. Nicht nur die tarifliche Rahmenregelung, sondern auch die ergänzenden Betriebsvereinbarungen sind daher vorrangige tarifliche Regelungen im Sinne von § 77 Abs. 3 Satz 1 BetrVG. Satz 2 BetrVG ist keine Ausnahme zu Satz 1. Statt dessen ist er Ausprägung des Umstands, daß die Tarifpartner mit ihrer tariflichen Regelung die gesetzlichen Befugnisse vollständig verdrängt haben.

d) Zwischenergebnis

Über § 77 Abs. 3 Satz 2 BetrVG werden entgegen der bislang herrschenden Meinung ursprüngliche Betriebsratsbefugnisse nicht wieder freigegeben, sondern neue Befugnisse begründet. Der Tarifvertrag ermächtigt die Betriebspartner, die tarifliche Regelung zu ergänzen. Das setzt auf der Seite des Tarifvertrages voraus, daß den Anforderungen an eine Delegation genügt ist. Es muß Inhalt, Zweck und Ausmaß der Ermächtigung vorgegeben sein und die Tarifpartner müssen alles Wesentliche selbst regeln[60].

Die ergänzende Betriebsvereinbarung im Sinne von § 77 Abs. 3 Satz 2 BetrVG ist eine Betriebsvereinbarung kraft tariflicher Delegation. Sie hat wie jedes Handeln aufgrund tariflicher Ermächtigung in erster Linie tarifrechtliche Rechtsfolgen. Namentlich wirkt die Konkretisierung der tariflichen Vorgaben mittels Betriebsvereinbarung nur für die Arbeitsverhältnisse, die vom Tarifvertrag selbst erfaßt sind[61].

3. Erweiterung von Mitbestimmungsrechten

Die festgestellte tarifrechtliche Wirkung einer näheren Bestimmung des Tarifinhalts durch Arbeitgeber und Betriebsrat könnte fehlen, wenn die Tarifvertragsparteien die gesetzlichen Mitbestimmungsrechte des Betriebsrats erweitert haben. Die Wahrnehmung gesetzlicher Befugnisse führt zu Betriebsvereinbarungen, die gemäß § 77 Abs. 4 Satz 1 BetrVG grundsätzlich alle Arbeitnehmer des Betriebs normativ erfassen. Eine Erweiterung dieser gesetzlichen Befugnisse, so könnte man meinen, löst die gleichen betriebsverfassungsrechtlichen Rechtsfolgen aus.

---

[60] Im Ergebnis ebenso *Beuthien*, BB 1983, S. 1996.

[61] Siehe oben § 4 II 3.

a) Ansatzpunkte

Welche Rechtsfolgen sich ergeben, hängt wesentlich davon ab, was man unter der „tariflichen Erweiterung der gesetzlichen Mitbestimmung" versteht.

aa) Die großzügigsten Stellungnahmen im Schrifttum fassen darunter jede Begründung von Betriebsratsrechten durch den Tarifvertrag. Sobald der Tarifvertrag und nicht mehr das Gesetz Grundlage für das Handeln der Betriebspartner ist, sind die gesetzlichen Rechte erweitert. Daher ist auch die Bestimmungsklausel zugunsten der Betriebspartner eine Form der Erweiterung des Mitbestimmungsrechts[62]. Gleiches muß für die Öffnungsklausel gelten, bei der die Bestimmung mittels ergänzender Betriebsvereinbarung erfolgt[63]. Alle Fälle der Ermächtigung zugunsten der Betriebspartner werden einheitlich unter dem Aspekt der Erweiterung der Mitbestimmungsrechte betrachtet[64].

bb) Die Gegenmeinung glaubt, sich auf Nikisch berufen zu können. Nikisch hat ausgeführt, daß die tarifliche Einräumung von Betriebsratsbefugnissen gar keine Erweiterung der im Betriebsverfassungsgesetz verliehenen Mitbestimmungsrechte darstelle. Die Tarifparteien könnten immer nur bestimmen, ob, inwieweit und in welcher Form der Betriebsrat in einer tariflich geregelten Angelegenheit mitzuwirken habe. Die Beteiligung innerhalb einer tariflichen Regelung bedeute nicht die Ausweitung der gesetzlichen Mitbestimmung, sondern einen Sachverhalt ganz anderer Art[65]. Daraus hat man abgeleitet, die Fälle der Erweiterung der gesetzlichen Mitbestimmung seien zu unterscheiden von der Beteiligung des Betriebsrats innerhalb einer tariflich geregelten Angelegenheit. Entweder es werde ein Mitbestimmungsrecht begründet oder die Tarifpartner regelten eine Angelegenheit und beteiligten die Betriebspartner daran. Der letzte Fall sei unproblematisch, weil dadurch nur eine Ergänzung zum Tarifvertrag geschaffen würde, die nur tarifrechtliche

---

62 *Hueck/Nipperdey/Säcker*, ArbR II 1, S. 288; *Linnenkohl*, BB 1988, S. 1460; *Wiedemann/Stumpf*, TVG, § 1 Rdnr. 299.

63 Siehe oben § 5 I 2.

64 *Kreitner*, Anm. zu BAG (6.2.1985) AP Nr. 16 zu § 4 TVG Übertariflicher Lohn und Tariflohnerhöhung; *Wiedemann/Stumpf*, TVG, § 1 Rdnr. 299; *Ziepke*, Tarifvertrag 1984, § 3 Anm. 2 (S. 46 f.).

65 *Nikisch*, Anm. zu BAG (24.9.1959) AP Nr. 11 zu § 611 BGB Akkordlohn, RdA 1964, S. 308, ArbR III, S. 356 f.

Wirkungen zeitigen könnte. Insbesondere seien davon nur tarifgebundene Arbeitnehmer erfaßt[66].

cc) Eine vermittelnde Position vertreten von Hoyningen-Huene und Meier-Krenz. Sie verstehen die Erweiterung des Mitbestimmungsrechts als Oberbegriff. Er umfasse zum einen Fällen, in denen eine tarifliche Regelung existiert, auf die das Beteiligungsrecht aufbaut. Eine Bestimmungsklausel sei daher eine besondere Erscheinungsform der Erweiterung der Mitbestimmungsrechte. Zum anderen seien damit Sachverhalte gemeint, in denen dem Betriebsrat ein selbständiges Beteiligungsrecht eingeräumt ist, weil der Tarifvertrag auf eine eigene Regelung verzichtet[67]. Es sei eine Regelungsmöglichkeit für die Betriebspartner eröffnet, ohne daß sie in eine tarifliche Rahmenregelung eingebunden wären. Letzteres sei beispielsweise denkbar, wenn der Tarifvertrag ohne weitere Angaben bestimmte, daß die Dauer der Arbeitszeit durch die Betriebsvereinbarung festzulegen sei[68]. Ein selbständiges Beteiligungsrecht liege auch vor, wenn ohne nähere tarifliche Voraussetzungen jede Kündigung oder Einstellung der zwingenden Mitbestimmung des Betriebsrats unterworfen werde. Anders dagegen, wenn der Tarifvertrag die Mitbestimmung nur für bestimmte Arbeitnehmer einführte oder einen Katalog der Einspruchsgründe aufstellte. Dann sei der Betriebsrat innerhalb einer tariflichen Rahmenregelung beteiligt. Auch nach dieser Meinung bleibt es also bei der Unterscheidung zwischen Beteiligung innerhalb der tariflichen Regelung und anderen Fällen der Begründung von Mitbestimmungsrechten. Im Gegensatz zu der engeren Auffassung werden aber alle Fälle als Erweiterung der Mitbestimmungsrechte verstanden.

b) Bewertung

Die einheitliche Sichtweise, die unterschiedslos von einer Erweiterung der Mitbestimmungsrechte spricht, ist vor allem deshalb zu bevorzugen, weil in allen Fällen eine tarifliche Ermächtigung vorliegt. Entweder die Betriebspartner werden aufgrund Gesetzes oder aufgrund Tarifvertrages tätig. Sobald der Tarifvertrag Befugnisse begründet, die im Gesetz nicht vorgesehen sind,

---

[66] *Buchner*, AR-Blattei D, Tarifvertrag V A (unter III 2 b bb); *Dietz / Richardi*, BetrVG, § 1 Rdnr. 48 und vor § 87 Rdnr. 8 ff.; *Richardi*, NZA 1984, S. 388 und NZA 1988, S. 676; *Spilger*, Betriebsverfassungsrecht, S. 205 ff.; GK-*Wiese*, BetrVG, § 87 Rdnr. 8.

[67] *v. Hoyningen-Huene / Meier-Krenz*, ZfA 1988, S. 296 f.; *Meier-Krenz*, Beteiligungsrechte, S. 12 f.

[68] *v. Hoyningen-Huene / Meier-Krenz*, ZfA 1988, S. 297.

ist ausschließlich der Tarifvertrag Grundlage des Handelns. Die Formulierung „Erweiterung der gesetzlichen Mitbestimmung" suggeriert, daß die Tarifpartner Mitbestimmungstatbestände schaffen können, die den gesetzlichen gleichstehen. Das kann aber nicht bedeuten, daß sie das Betriebsverfassungsgesetz ändern könnten wie der Gesetzgeber. Streng genommen ist eine Erweiterung der „gesetzlichen" Mitbestimmung nur durch den Gesetzgeber möglich. Die Tarifvertragsparteien können demgegenüber lediglich eine tarifliche Ermächtigung zugunsten der Betriebspartner aussprechen. Sie ergänzen die „gesetzlichen" um „tarifliche" Mitbestimmungsrechte[69].

Es gibt keine „bloße" Erweiterung der Mitbestimmungsrechte. Die Tarifvertragsparteien müssen zumindest einen Tarifvertrag schaffen, der die entsprechende Ermächtigung zugunsten der Betriebspartner ausspricht. Insoweit liegt immer eine gewisse tarifliche Regelung vor, nämlich die Regelung des Mitbestimmungstatbestands. Zumindest der Form nach muß ein Tarifvertrag existieren, der das Recht begründet. Man kann daher allenfalls materielle Kriterien anführen, um bei der Erweiterung von Mitbestimmungsrechten verschiedene Fälle zu unterscheiden. Das versucht die vermittelnde Position, die darauf abstellt, ob die Tarifpartner die Angelegenheit materiell geregelt haben. Bei zunehmender tariflicher Regelung verblaßt das eingeräumte Recht in seiner Bedeutung. Je geringer die Entscheidungsfreiräume der Betriebspartner, desto stärker steht der Tarifvertrag im Vordergrund. Das ist der Grund, warum bei sehr engen tariflichen Mitbestimmungstatbeständen behauptet wird, es läge nur eine Beteiligung des Betriebsrats innerhalb einer tariflichen Regelung vor. Wenn dagegen dem Betriebsrat bestimmte Fragen generell zur Regelung überlassen werden, soll ein selbständiges Mitbestimmungsrecht des Betriebsrats gegeben sein. Dieser Unterscheidung stehen zwei Schwierigkeiten entgegen. Zum ersten ist fraglich, wann ein Tarifvertrag Betriebsratsrechte nur begründet, ohne zugleich eine eigene tarifliche Regelung zu treffen (aa). Problematisch ist zum zweiten, ob ein solcher Tarifvertrag überhaupt zulässig sein kann (bb).

aa) Eine Definition der Beteiligung des Betriebsrats im Rahmen einer tariflich geregelten Angelegenheit versucht Spilger: Darunter seien Fälle zu verstehen, in denen „der Tarifvertrag den Arbeitgeber zu einer bestimmten Maßnahme ermächtigt ... und den Betriebsrat in irgendeiner Form an dieser Maßnahme beteiligt"[70]. Dagegen läßt sich einwenden, daß eine Ermächti-

---

[69] Vgl. auch BAG (18.8.1987) AP Nr. 23 zu § 77 BetrVG 1972 (unter III 1 b): „Die gesetzliche Betriebsverfassung ... (wird) ... durch den Tarifvertrag nicht erweitert."

[70] *Spilger*, Betriebsverfassungsrecht, S. 84.

gung begriffsnotwendig zu jeder Delegation gehört. Ob der Arbeitgeber ermächtigt und der Betriebsrat daran beteiligt wird oder ob beide gemeinsam ermächtigt werden, darf keinen Unterschied machen. Abgrenzungskriterium kann also allenfalls die Bestimmtheit der Maßnahme sein. Nur eine unbestimmte Ermächtigung bedeutet demnach eine Erweiterung der Mitbestimmungsrechte, ohne zugleich eine Beteiligung innerhalb der tariflichen Regelung darzustellen.

Das ist offenbar auch die Auffassung von v. Hoyningen-Huene und Meier-Krenz: Schon der Umstand, daß nicht jede Kündigung, sondern nur die Kündigung von älteren Arbeitnehmern dem Zustimmungserfordernis des Betriebsrats unterworfen wird, soll zu einem unselbständigen Beteiligungsrecht innerhalb der tariflichen Rahmenregelung führen[71]. Demnach würde jedes einschränkende Tatbestandsmerkmal aus dem selbständigen Mitbestimmungsrecht eine Beteiligung an der tariflichen Rahmenregelung machen. Die zwingende Mitbestimmung bei allen Kündigungen ist aber im Vergleich zu einer umfassenden Mitbestimmung bei allen personellen Maßnahmen bereits eine solche Einschränkung. Daß Kündigungen der Zustimmung des Betriebsrats bedürfen, ist eine tarifliche Rahmenregelung. Das zeigt sich auch daran, daß derartige Tarifklauseln Beendigungsnormen im Sinne von § 1 Abs. 1 TVG sein können. Die Tarifpartner haben die Beendigung des Arbeitsverhältnisses geregelt. Wenn dies auch nicht sehr detailliert geschehen ist, so liegt darin doch eine materielle tarifliche Regelung. Was sich für das einzelne Arbeitsverhältnis ergibt, hängt davon ab, wie die ermächtigten Betriebspartner von der ihnen eingeräumten Ermächtigung Gebrauch machen. Ähnliches gilt für das Beispiel, daß ein Tarifvertrag ohne weitere Angaben die Dauer der Arbeitszeit der Regelung durch Betriebsvereinbarung überläßt[72]. Darin liegt bereits die materielle Entscheidung der Tarifvertragsparteien darüber, welche soziale Angelegenheiten mitbestimmungspflichtig sein sollen. Bereits diese Beispiele lassen vermuten, daß jede tarifliche Begründung von Rechten zugleich eine Beteiligung des Betriebsrats innerhalb der tariflichen Regelung ist.

Diese These wird bei einer Auswertung der einschlägigen Gerichtsurteile erhärtet. Das Bundesarbeitsgericht hat verschiedentlich die Beteiligung innerhalb der tariflichen Regelung in den Vordergrund gestellt. Besonders deutlich ist dies in der Entscheidung vom 23.3.1969 geschehen. Wenn der Tarifvertrag die Betriebspartner unter bestimmten Umständen an Akkordänderungen beteilige, sei das eine tarifliche Regelung der Angelegenheit und

---

[71] *Meier-Krenz*, Beteiligungsrechte, S. 12 f.

[72] *v. Hoyningen-Huene / Meier-Krenz*, ZfA 1988, S. 297.

keine Regelung des Mitbestimmungsrechts des Betriebsrats[73]. Von der Erweiterung der gesetzlichen Mitbestimmung war auch in der Entscheidung vom 22.12.1981 nicht die Rede. Der Tarifvertrag hatte vorgesehen, daß die Betriebspartner den Kreis der Begünstigten und die Höhe einer tariflichen Erschwerniszulage festlegen sollten. Für die Festlegung der Arbeitnehmer konnten sich die Betriebspartner auf § 87 Abs. 1 Nr. 10 BetrVG berufen. Es hätte nahe gelegen, die tarifliche Ermächtigung zur Festsetzung der Höhe als tarifliche Erweiterung des § 87 Abs. 1 Nr. 10 BetrVG aufzufassen. Doch das Bundesarbeitsgericht bejaht diesbezüglich ein Bestimmungsrecht des Arbeitgebers gemäß §§ 315 ff. BGB, das dieser im Einvernehmen mit dem Betriebsrat auszuüben habe[74]. Selbst wenn das Gericht das Stichwort von der „Erweiterung der gesetzlichen Mitbestimmungsrechte" benutzte, wurde zusätzlich auf ein Bestimmungsrecht zur Ausfüllung des Tarifvertrages zurückgegriffen, was zeigt, daß zugleich eine Beteiligung an der tariflichen Regelung angenommen werden konnte. Das Bundesarbeitsgericht hat bereits in seiner ersten Entscheidung zur Frage der Erweiterung von Mitbestimmungsrechten vom 24.9.1959 hilfsweise mit einem Bestimmungsrecht im Sinne von 317 BGB argumentiert. Es sei nicht auszuschließen, daß dem Betriebsrat statt der betriebsverfassungsrechtlichen Mitbestimmungsfunktion eine individualrechtliche Bestimmungsfunktion zugewiesen sein könnte[75]. Selbst bei der Bewertung der Tarifverträge zur Arbeitszeitverkürzung im Beschluß vom 18.7.1987 wurde das tariflich eingeräumte Mitbestimmungsrecht mit einem Bestimmungsrecht verglichen[76].

Offenbar läßt sich jede Begründung von Mitbestimmungsrechten auch als Beteiligung an der tariflich geregelten Materie verstehen[77]. Es ist lediglich eine Frage der Betrachtung, ob man aus der Sicht der Betriebspartner die erweiterten betriebsverfassungsrechtlichen Rechte oder aus der Sicht der Tarifvertragsparteien die tarifrechtliche Beteiligung der Betriebspartner betont. Der Fall, daß überhaupt keine materielle tarifliche Regelung existiert, ist demgegenüber mehr theoretischer Natur[78]. Dazu wäre erforderlich, daß die tarifliche Ermächtigung überhaupt keine Einschränkungen enthielte und damit weitgehende Freiheit eröffnete. Das lenkt jedoch den Blick auf die zweite

---

[73] BAG (23.3.1962) AP Nr. 1 zu § 56 BetrVG Akkord.

[74] BAG (22.12.1981) AP Nr. 7 zu § 87 BetrVG 1972 Lohngestaltung.

[75] BAG (24.9.1959) AP Nr. 11 zu § 611 BGB Akkordlohn.

[76] BAG (18.8.1987) AP Nr. 23 zu § 77 BetrVG 1972 (unter III 2 b a.E.).

[77] Vgl. auch *Buchner*, AR Blattei D, Tarifvertrag V A (unter III 2 b bb).

[78] Vgl. auch *v. Hoyningen-Huene / Meier-Krenz*, ZfA 1988, S. 297; *Spilger*, Betriebsverfassungsrecht, S. 199.

Schwierigkeit, die eine Unterscheidung zwischen der Erweiterung der Mitbestimmung und der Beteiligung des Betriebsrats innerhalb der tariflichen Regelung hervorruft.

bb) Eine unbegrenzte Ermächtigung der Betriebspartner ist unzulässig. Die Tarifvertragsparteien müssen alles Wesentliche selbst regeln. Sie können nur eine nach Inhalt, Zweck und Ausmaß begrenzte Ermächtigung aussprechen. Sie dürfen nur zur Konkretisierung der von ihnen selbst getroffenen materiellen Regelung ermächtigen. Anderenfalls liegt eine unzulässige Delegation vor[79].

Wer das anerkennt, kann nicht zugleich zwischen selbständigem und unselbständigem Beteiligungsrecht unterscheiden. Wenn die Tarifvertragsparteien gehalten sind, grundlegende Regelungen selbst zu treffen[80], dürfte es gar keine selbständigen Beteiligungsrechte geben[81], weil jedes Betriebsratsrecht in diese tarifliche Rahmenregelung eingebettet sein muß. Wenn die Tarifvertragsparteien nur Betriebsratsrechte begründen könnten, ohne selbst eine Regelung zu treffen, müßten sie zu einer unbegrenzten Delegation befugt sein. Weil aber ein Tarifvorbehalt besteht, der die Tarifpartner zwingt, eine gewisse Regelung selbst zu treffen, sind die Betriebspartner immer an der tariflichen Regelung beteiligt. Die Tarifparteien können also immer nur bestimmen, ob, inwieweit und in welcher Form der Betriebsrat in einer tariflich geregelten Angelegenheit mitzuwirken hat[82]. Jede Form der Erweiterung von Mitbestimmungsrechten muß zugleich eine Beteiligung innerhalb der tariflichen Regelung sein. Ansonsten wäre sie von vorneherein unzulässig.

Das bedeutet zugleich, daß die viel erörterte Frage der Zulässigkeit einer Erweiterung der Mitbestimmung[83] zumindest auch eine Frage der Zulässigkeit einer tariflichen Delegation ist. Die Voraussetzungen für eine Delegation müssen also eingehalten sein, damit gesetzlich nicht vorgesehene Mitbestimmungsrechte tariflich begründet werden können. Das ist vom Bundesarbeitsgericht im Beschluß zum „Leber-Kompromiß" für soziale Angelegenheiten richtig erkannt worden. Weil die tariflich eingeräumten Mitbestimmungsrech-

---

[79] Siehe oben § 3 I und II.

[80] *v. Hoyningen-Huene / Meier-Krenz*, ZfA 1988, S. 299 f.

[81] So aber *v. Hoyningen-Huene / Meier-Krenz*, ZfA 1988, S. 296 f.

[82] *Nikisch*, Anm. zu BAG (24.9.1959) AP Nr. 11 zu § 611 BGB Akkordlohn, RdA 1964, S. 308, ArbR III, S. 356 f.

[83] Vgl. nur GK-*Wiese*, BetrVG, § 87 Rdnr. 10; *Wiedemann / Stumpf*, TVG, § 1 Rdnr. 248.

te genügend begrenzt waren, konnte die Verlagerung zulässig sein[84]. Anders hat das Bundesarbeitsgericht aber in bezug auf die Erweiterung der Mitbestimmung in personellen Angelegenheiten entschieden[85]. Obwohl keine weiteren tariflichen Voraussetzungen vorgegeben waren, billigte das Bundesarbeitsgericht ein tariflich begründetes Mitbestimmungsrecht des Betriebsrats bei der Einstellung von Arbeitnehmern. Es wurde nicht untersucht, ob die Tarifvertragsparteien gehalten sind, Gründe zu normieren, unter denen der Betriebsrat seine Zustimmung verweigern kann[86]. Weil die tarifliche Ermächtigung jede Ablehnung einer Einstellung deckte, hätte man die Tarifklausel für unzulässig erklären müssen. Wenn die Tarifpartner dagegen in näher beschriebenen Fällen dem Betriebsrat eine Einspruchsmöglichkeit geben, können jedenfalls keine Bedenken infolge der Delegation bestehen[87]. Dann ist eine Verletzung der Berufsfreiheit überprüfbar, weil sich aus den Einspruchsgründen entnehmen läßt, ob ein der Schwere des Eingriffs entsprechender sachlicher Grund im Sinne der „Drei-Stufen-Theorie" vorliegt. Für die Einführung von Mitbestimmungstatbeständen in wirtschaftlichen Angelegenheiten ergibt sich aus der zugleich vorliegenden Delegation tariflicher Rechtsetzungsbefugnisse, daß auch der Betriebsrat oder die Einigungsstelle allenfalls insoweit in die unternehmerische Freiheit eingreifen können, als es die Tarifpartner vermögen[88].

Festzuhalten bleibt, daß eine Delegation die gesetzlichen Mitbestimmungsrechte um tariflich begründete Befugnisse erweitert. Dies setzt eine tarifliche Rahmenregelung voraus, an der der Delegatar beteiligt wird. Daher ist jede

---

[84] BAG (18.8.1987) AP Nr. 23 zu § 77 BetrVG 1972 (unter II 3 b). Zur Erweiterung der Mitbestimmung in sozialen Angelegenheiten vgl. außerdem BAG (24.9.1959) AP Nr. 11 zu § 611 BGB Akkordlohn; BAG (8.10.1959) AP Nr. 14 zu § 56 BetrVG. Im Fall, der BAG (16.7.1985) AP Nr. 17 zu § 87 BetrVG 1972 Lohngestaltung zugrunde lag, war die einschlägige Rechtsverordnung zu beachten, so daß nur scheinbar eine unbegrenzte Ermächtigung ausgesprochen war; vgl. dazu *Löwisch*, Anm. zu BAG (16.7.1985) AP Nr. 17 zu § 87 BetrVG 1972 Lohngestaltung.

[85] BAG (10.2.1988) AP Nr. 53 zu § 99 BetrVG 1972.

[86] Vgl. *Richardi*, NZA 1988, S. 674 und *Dietz / Richardi*, BetrVG, § 2 Rdnr. 139.

[87] Etwas unbedenklicher daher der Tarifvertrag, der der Entscheidung BAG (2.7.1980) AP Nr. 5 zu § 101 BetrVG 1972 zugrunde lag.

[88] Vgl. dazu grundsätzlich BVerfG (1.3.1979) AP Nr. 1 zu § 1 MitbestG und Ablehnungsbeschluß (18.12.1985) AP Nr. 15 zu § 87 BetrVG 1972 Arbeitszeit; BAG (31.8.1982) AP Nr. 8 zu § 87 BetrVG 1972 Arbeitszeit und BAG (27.6.1989) AP Nr. 103 zu Art. 9 GG Arbeitskampf; *Beuthien*, ZfA 1986, S. 131 ff.; *Forschungsinstitut für Wirtschaftsverfassung und Wettbewerb* (Hrsg.), Tarifautonomie und Kartellrecht; *Wiedemann*, RdA 1986, S. 231 ff.

Erweiterung von Mitbestimmungsrechten zugleich eine Beteiligung der Betriebspartner innerhalb der tariflichen Regelung. Auch die Erweiterung der gesetzlichen Mitbestimmungsrechte durch Tarifvertrag hat – wie jede Delegation – tarifrechtliche Rechtsfolgen. Die Betriebspartner ergänzen aufgrund des tariflich eingeräumten Mitbestimmungstatbestands den Tarifvertrag, wenden ihn auf den Einzelfall an oder setzen ihn für den Betrieb um. Die betriebliche Regelung hat in materieller Hinsicht die Wirkungen eines Tarifvertrages.

II. Tarifliches Betriebsverfassungsrecht

Bei einer Delegation zugunsten der Betriebspartner sind die von der gesetzlichen Betriebsverfassung vorgesehenen Organe des Betriebs ermächtigt. Das könnte rechtfertigen, die auf tariflicher Grundlage ergangenen betrieblichen Regelungen in materieller Hinsicht nicht nur als Tarifvertrag, sondern zusätzlich auch als betriebliche Regelung zu behandeln, die grundsätzlich alle Arbeitnehmer des Betriebs erfaßt.

1. § 77 Abs. 4 Satz 1 BetrVG

Die betriebseinheitliche Wirkung ist noch nicht damit nachgewiesen, daß man die Erweiterung von Mitbestimmungsrechten für zulässig erklärt und die umfassende Geltung der betrieblichen Regelungen auf § 77 Abs. 4 Satz 1 BetrVG stützt. Selbst wenn die Mitbestimmungsrechte des Betriebsrats erweitert werden können, beantwortet das noch nicht die Frage, für wen diese Erweiterung rechtliche Folgen hat. Wie bereits dargelegt, bedeutet die tarifliche Erweiterung gesetzlicher Mitbestimmungsbefugnisse keine Veränderung des Betriebsverfassungsgesetzes[89]. Die gesetzlich vorgesehenen Mitbestimmungsrechte werden lediglich um tariflich begründete ergänzt. Daß beide Arten von Mitbestimmungsrechten gleichbehandelt werden müssen, ist nicht denknotwendig. Es ist eine bloße Behauptung, daß durch die Erweiterung Mitbestimmungsrechte geschaffen würden, die denen des Gesetzes entsprechen[90]. Das mag von den Tarifvertragsparteien beabsichtigt sein. Es mag auch von den Betriebspartnern als unerheblich empfunden werden, ob ihre Mitbestimmungsrechte im Gesetz oder im Tarifvertrag wurzeln. Ob aber

---

[89] Siehe oben § 5 I 3.

[90] So beispielsweise *v. Hoyningen-Huene / Meier-Krenz*, ZfA 1988, S. 306; *Meier-Krenz*, DB 1988, S. 2153. Stillschweigend angenommen von BAG (18.8.1987) AP Nr. 23 zu § 77 BetrVG 1972 (unter III 2 b).

tariflich begründete Mitbestimmungsrechte wie gesetzliche zu behandeln sind, ist eine rechtliche Frage. Entscheidend ist daher nicht, was die Beteiligten wollen, sondern wie weit ihr Handeln rechtlich anerkannt ist.

Selbst wenn der Tarifvertrag die Form einer Betriebsvereinbarung zuläßt, stehen die Rechtsfolgen deshalb noch nicht fest. Die Betriebsvereinbarung kraft tarifvertraglicher Delegation unterscheidet sich von der Betriebsvereinbarung im betriebsverfassungsrechtlichen Sinn gerade dadurch, daß sie aufgrund einer tariflichen Ermächtigung ergeht. Es ist bereits an anderer Stelle aufgezeigt worden, daß die Rechtsfolgen einer Betriebsvereinbarung nicht immer gleich sein müssen[91]. Es kann unterschiedliche Arten von Betriebsvereinbarungen geben. Man könnte allerdings daran denken, § 77 Abs. 4 Satz 1 BetrVG auf alle Betriebsvereinbarungen gleichermaßen zu beziehen. Die normative Wirkung wäre dann für alle betrieblichen Regelungen gesetzlich angeordnet. Es käme nicht darauf an, ob sie aufgrund Gesetzes oder aufgrund Tarifvertrages ergehen. Es ist aber zweifelhaft, ob § 77 Abs. 4 Satz 1 BetrVG auch Betriebsvereinbarungen kraft tarifvertraglicher Delegation erfassen darf. Dem stehen vor allem das Rechtsstaats- und das Demokratieprinzip entgegen. Danach muß Rechtsetzungstätigkeit zwar nicht zwingend staatlich sein. Aber private Rechtsetzung muß staatlich anerkannt werden. Erst der staatliche Geltungsbefehl stellt das Vorrecht des parlamentarischen Gesetzgebers sicher, allein zu bestimmen, was Recht ist[92].

Der Gesetzgeber hat im Betriebsverfassungsgesetz Befugnisse zum Abschluß von Betriebsvereinbarungen normiert und in § 77 Abs. 4 Satz 1 BetrVG bestimmt, daß diese Vereinbarungen unmittelbar und zwingend gelten sollen. Damit ist diese Art der privaten Rechtsetzung staatlich bestätigt[93]. Dagegen bestehen keine Bedenken, solange das Institut Betriebsvereinbarung festgelegt ist und der staatliche Geltungsbefehl nicht verändert werden kann[94]. Wenn die Tarifpartner dagegen bestimmen könnten, was Betriebsvereinbarungen im Sinne von § 77 Abs. 4 Satz 1 BetrVG sind, wäre der Vorbehalt des staatlichen Gesetzes verletzt. Derartige Fragen muß der staatliche Gesetzgeber selbst regeln. Er kann nicht ein Rechtsinstitut mit normativer Wirkung ausstatten, zugleich aber die Ausformung dieses Instituts offenlassen oder Dritten anheimstellen[95]. Der Gesetzgeber hat bei der Anerkennung privater Rechtsetzung seine eigene Grundrechtsbindung und die

---

[91] Siehe oben § 5 I 2 a.

[92] *Ferdinand Kirchhof*, Rechtsetzung, S. 133 f.

[93] *Ferdinand Kirchhof*, Rechtsetzung, S. 213; *Kreutz*, Betriebsautonomie, S. 110.

[94] *Ferdinand Kirchhof*, Rechtsetzung, S. 192 zum Tarifvertrag.

[95] Vgl. BVerfG (9.5.1972) BVerfGE 33, S. 125, 158.

daraus resultierenden Schutzpflichten zu beachten[96]. Daher mußte er im Betriebsverfassungsgesetz gewisse Vorkehrungen treffen, um den Erzeuger privater Rechtsregeln trotz der ihm eingeräumten Autonomie auf vorgegebene Ziele und Verfahren zu verpflichten. Nur deshalb wird man die in § 77 Abs. 4 Satz 1 BetrVG angeordnete normative Wirkung von Betriebsvereinbarungen für verfassungsgemäß halten können[97]. § 77 Abs. 4 Satz 1 BetrVG darf demnach nicht den Inhalt haben, daß er „jeder" Betriebsvereinbarung unabhängig von ihrem Entstehungsgrund normative Kraft verleiht. Die Vorschrift gilt nur für eine Betriebsvereinbarung im Sinne des Betriebsverfassungsgesetzes. Auf betriebliche Regelungen, die aufgrund einer tariflichen Ermächtigung ergehen, kann sie keine Anwendung finden.

Aus den gleichen Gründen ist es auch ausgeschlossen, daß man sich die Erweiterung der gesetzlichen Mitbestimmungsrechte als Verleihung einer Rechtsetzungsmacht durch die Tarifpartner denkt. Teilweise wird bewußt oder unbewußt von der Vorstellung ausgegangen, die Tarifvertragsparteien könnten Rechtsetzungsbefugnisse der Betriebspartner einfach nur anerkennen, beispielsweise wie der staatliche Gesetzgeber öffentlich-rechtliche Körperschaften mit einer Rechtsetzungsbefugnis austattet. Wäre die tarifliche Erweiterung von Mitbestimmungsrechten damit vergleichbar, fehlte eine eigene Regelung der Tarifpartner. Es läge keine Delegation im Sinne einer Kompetenzverlagerung, sondern eine Delegation im Sinne einer Habilitation vor[98]. Die Tarifpartner bewältigten die Angelegenheit nicht in sachlicher Hinsicht selbst, sondern bestätigten nur fremde Regeln als verbindlich und statteten sie mit einer normativen Wirkung aus. Damit nähmen sie Befugnisse wahr, die ausschließlich dem Gesetzgeber vorbehalten sind. Nur der Staat kann bestimmen, was Recht ist und wer mit welchen Rechtsfolgen Recht setzen darf. Folglich kann den Tarifpartnern kein Recht zur Anerkennung fremder Regelungen zustehen[99].

2. § 1 Abs. 1 TVG

Der erweiterte Anwendungsbereich von tarifvertragsergänzenden Regelungen könnte aber aus § 1 Abs. 1 TVG herzuleiten sein. Denn eine Ermächtigung zugunsten von betriebsverfassungsrechtlichen Organen könnte eine

---

96 *Ferdinand Kirchhof*, Rechtsetzung, S. 522 ff.

97 Vgl. insbesondere *Kreutz*, Betriebsautonomie, S. 115 ff. und 240 ff.

98 Siehe oben § 2 III 2.

99 Siehe oben § 3 I 1.

Tarifnorm über betriebsverfassungsrechtliche Fragen im Sinne dieser Vorschrift darstellen. Das entspräche der verschiedentlich geäußerten Auffassung, daß eine tarifliche Bestimmungsklausel zugunsten der Betriebspartner zugleich eine Betriebsverfassungsnorm sei[100]. Dazu paßte außerdem, daß die Zulässigkeit einer Erweiterung der Mitbestimmung durch Tarifvertrag mit Hinweis auf die Betriebsverfassungsnormen im Sinne von § 1 Abs. 1 TVG begründet wird[101]. Es deckte sich schließlich auch mit der Entscheidung des Bundesarbeitsgerichts zum „Leber-Kompromiß". Die Ermächtigung der Einigungsstelle zur Ausfüllung des tariflichen Zeitrahmens wurde nämlich als Norm über betriebsverfassungsrechtliche Fragen verstanden[102].

Zuerst erfordert eine Betriebsverfassungsnorm, daß der Tarifvertrag sich mit Fragen der Betriebsverfassung beschäftigt[103]. Eine tarifliche Delegationsnorm will zwar in erster Linie die Ergänzung und Umsetzung von Tarifverträgen auf anderer Ebene ermöglichen. Das schließt jedoch nicht aus, daß zugleich betriebsverfassungsrechtliche Regeln aufgestellt werden. Wenn die Konkretisierung tariflicher Rahmenregelungen nicht allein in das Regelungsermessen des Arbeitgebers, sondern in das gemeinsame Ermessen von Arbeitgeber und Betriebsrat gestellt wird, ist zugleich eine für die Betriebsverfassung wesentliche Verfahrensvorschrift normiert. Gleiches gilt, wenn die Bestimmung des Tarifinhalts im Streitfall der betrieblichen Einigungsstelle zugewiesen ist.

Für das Vorliegen einer betriebsverfassungsrechtlichen Norm wird man weiter verlangen müssen, daß die Tarifvertragsparteien dem Arbeitgeber und Betriebsrat gemeinsam nicht nur eine Abweichung vom Tarifvertrag erlauben[104]. In diesem Fall würde die Rechtsstellung des Betriebsrats nicht erweitert, sondern nur die Sperrwirkung des Tarifvertrages ausgeräumt. Fälle der Delegation gehen dagegen über die Zulassung abweichender Vereinba-

---

[100] LAG Schleswig-Holstein (27.8.1986) DB 1986, S. 2440; *Hueck/Nipperdey/Säcker*, ArbR II 1, S. 288; *Hueck/Nipperdey/Tophoven*, TVG, § 1 Rdnr. 43; *Meier-Krenz*, Beteiligungsrechte, S. 21; *Wiedemann/Stumpf*, TVG, § 1 Rdnr. 299.

[101] Vgl. nur BAG (8.10.1959) AP Nr. 14 zu § 56 BetrVG; BAG (10.2.1988) AP Nr. 53 zu § 99 BetrVG 1972. *Beuthien*, ZfA 1986, S. 134 ff.; *Fitting/Auffarth*, BetrVG, § 88 Rdnr. 3; *Hagemeier/Zachert*, TVG, § 1 Rdnr. 34 und 165 ff.; *Hanau*, NZA 1985, S. 57; *Meier-Krenz*, Beteiligungsrechte, S. 14 ff.; *Wiedemann/Stumpf*, TVG, Einl. Rdnr. 165.

[102] BAG (18.8.1987) AP Nr. 23 zu § 77 BetrVG 1972 (unter III 2 b).

[103] *Gerhard Müller*, Tarifautonomie, S. 133 ff.; *Weyand*, Mitbestimmung, S. 98 ff.; *Wiedemann/Stumpf*, TVG, § 1 Rdnr. 248 ff.

[104] *Galperin*, BB 1960, S. 456.

rungen hinaus[105]. Durch sie werden Rechte neu begründet, es wird nicht nur auf bereits bestehende Befugnisse verwiesen. Das rechtfertigt es, eine Tarifnorm über betriebsverfassungsrechtliche Fragen anzunehmen.

Eine Betriebsverfassungsnorm setzt nicht voraus, daß den Betriebspartnern freies Belieben eingeräumt wird. Auch wenn § 1 Abs. 1 TVG den Erlaß von Betriebsnormen und Betriebsverfassungsnormen erlaubt, dürfen die Tarifvertragsparteien keine unbeschränkte Ermächtigung zugunsten der betrieblichen Ebene aussprechen, sondern müssen die wesentlichen Entscheidungen selbst treffen[106]. Galperin dagegen hat für das Vorliegen einer Betriebsverfassungsnorm eine unbegrenzte Ermächtigung der Betriebspartner verlangt[107]. Ähnlich ist auch die Auffassung, eine Erweiterung der Mitbestimmung und damit eine Betriebsverfasungsnorm könne nicht vorliegen, wenn die Betriebspartner nur innerhalb der tariflichen Regelung beteiligt seien[108]. Akzeptiert man die hier entwickelten Delegationsvoraussetzungen, die die Einräumung von freiem Belieben ausschließen[109], müßte demnach jede Betriebsverfassungsnorm zugleich eine unzulässige Delegation darstellen — was Galperin auch zugibt[110]. Für § 1 Abs. 1 TVG bliebe dann in bezug auf Betriebsverfassungsnormen kein Anwendungsbereich, was wenig Sinn macht.

Einer Betriebsverfassungsnorm steht auch nicht entgegen, daß zugleich eine Inhaltsnorm vorliegt[111]. Vereinzelt ist den Tarifpartnern das Recht abgesprochen worden, eine Inhaltsnorm mittels einer Ermächtigung zugunsten der Betriebspartner in eine Betriebsverfassungsnorm zu verwandeln[112]. Man könne nicht jede inhaltliche Regelung, die auch ein Beteiligungsrecht des Betriebsrats enthält, als Norm über betriebsverfassungsrechtliche Fragen verstehen, weil anderenfalls die Unterscheidung zwischen § 3 Abs. 1 TVG und § 3 Abs. 2 TVG aufgehoben und das Regel-Ausnahme-Verhältnis umgekehrt würde[113]. Ob diese Rechtsfolgen eintreten, ist noch zu untersu-

---

[105] Siehe oben § 2 III 1.

[106] Siehe oben § 3 I 2. Insoweit richtig ArbG Nürnberg (16.10.1989) NZA 1990, S. 70.

[107] *Galperin*, BB 1960, S. 455.

[108] Siehe oben § 5 I 3 a bb.

[109] Siehe oben § 3 II 2 b.

[110] *Galperin*, BB 1960, S. 455.

[111] *Meier-Krenz*, Beteiligungsrechte, S. 21.

[112] *Löwisch*, DB 1984, S. 2457, *v. Hoyningen-Huene / Meier-Krenz*, ZfA 1988, S. 298.

[113] *Spilger*, Betriebsverfassungsrecht, S. 217.

chen[114], jedenfalls sollte man den Tatbestand der Betriebsverfassungsnormen nicht von vorneherein gegen den Gesetzeswortlaut einschränken. Denn infolge der Anforderungen an eine zulässige Delegation liegt immer eine tarifliche Rahmenregelung vor[115]. Delegationsnormen sind daher auch Inhaltsnormen, weil bereits auf ihrer Grundlage der Inhalt des Arbeitsverhältnisses bestimmbar ist. Nur unter diesen Voraussetzungen ist es den Tarifpartnern überhaupt erlaubt, eine Ermächtigung zur näheren Konkretisierung ihrer Normen auszusprechen. Sind die Betriebspartner oder die betriebliche Einigungsstelle die tariflich Begünstigten, hat die Tarifnorm regelmäßig eine doppelte Bedeutung. Sie ist Inhaltsnorm, weil die Tarifpartner dem Delegatar genügend Vorgaben gemacht haben. Sie ist Norm über betriebsverfassungsrechtliche Fragen, weil nicht Rechte für irgend jemand, sondern gerade für die betriebsverfassungsrechtlich vorgesehenen Organe begründet werden. Daraus allein läßt sich aber ein erweiterter Anwendungsbereich betrieblicher Regelungen kraft tarifvertraglicher Delegation nicht ableiten. § 1 Abs. 1 TVG erlaubt zwar derartige Doppelnormen, er sagt aber nichts über deren Rechtsfolgen aus. Der Anwendungsbereich der zulässigen Tarifnormen ergibt sich vielmehr erst aus § 3 TVG.

3. § 3 Abs. 2 TVG

Es fragt sich, welche Rechtsfolgen sich aus derartigen Doppelnormen ergeben. Dabei müssen die Wirkungen für die Betriebsverfassung und die Wirkung auf den Inhalt der Arbeitsverhältnisse streng auseinandergehalten werden.

a) Betriebsverfassungsrechtliche Wirkung

aa) Die betriebsverfassungsrechtliche Wirkung besteht jedenfalls in einer einseitigen Verpflichtung des tarifgebundenen Arbeitgebers, die Betriebsverfassungsnorm einzuhalten[116]. Daher unterscheidet sich auch die Geltungsweise von Betriebsverfassungsnormen und Inhaltsnormen: Die unmittelbare und zwingende Wirkung zwischen den beiderseits Tarifgebundenen kann

---

[114] Siehe gleich unter 3.

[115] Siehe oben § 3 I und II.

[116] *Koller*, ZfA 1978, S. 61 a.E.; *Richardi*, Kollektivgewalt, S. 263 f.; *Wagenitz*, Tarifmacht, S. 61; *Wiedemann / Stumpf*, TVG, § 1 Rdnr. 246; *Zöllner*, RdA 1962, S. 459.

gemäß § 4 Abs. 1 Satz 2 TVG nur „entsprechend" für Normen über betriebsverfassungsrechtliche Fragen gelten[117]. Betriebsverfassungsnormen wenden sich an den Arbeitgeber und den Betriebsrat, gegebenenfalls noch an die betriebliche Einigungsstelle. Durch die mit dem Tarifvertragsgesetz eingeführte normative Wirkung von Betriebs- und Betriebsverfassungsnormen ist es den Tarifvertragsparteien möglich, zu Lasten des tarifgebundenen Arbeitgebers eine bestimmte betriebliche Ordnung des Betriebs einzuführen, wohingegen mittels Inhaltsnormen nur die einzelnen Arbeitsverhältnisse gestaltbar sind.

§ 3 Abs. 2 TVG stellt das tarifliche dem gesetzlichen Betriebsverfassungsrecht gleich. Der Arbeitgeber muß Betriebsverfassungsnormen respektieren unabhängig davon, ob sie bereits im Betriebsverfassungsgesetz oder erst durch einen Tarifvertrag eingeführt sind. Diese Verpflichtung bedeutet für sich genommen keinen Eingriff in Grundrechte des Arbeitgebers. Weil dieser tarifgebunden ist, muß er eine von den Tarifvertragsparteien eingeführte Betriebsverfassung hinnehmen[118]. Dadurch ist auch nicht generell seine grundrechtlich verbürgte unternehmerische Freiheit verletzt. Selbstverständlich müssen die Tarifvertragsparteien auch bei der Vereinbarung von Betriebs- oder Betriebsverfassungsnormen die Grundrechte der Beteiligten achten wie bei jeder tariflichen Gesetzgebung. Soweit man durch Tarifvertrag Eingriffe in die unternehmerischen Entscheidungen zuläßt[119], kann aber auch die Einräumung entsprechender Mitbestimmungsrechte des Betriebsrats nicht bedenklich sein. Wenn die Tarifvertragsparteien eine derartige Regelung selbst treffen könnten, ist auch die Verlagerung der Regelungsbefugnis auf die betriebliche Ebene zulässig, solange die Anforderungen an eine Delegation eingehalten sind. Durch die Einräumung eines Mitbestimmungsrechts des Betriebsrats behält der Arbeitgeber sogar mehr eigene Einwirkungsmöglichkeit, als wenn die Tarifvertragsparteien selbst die Angelegenheit abschließend geregelt hätten. Selbst wenn die Delegation ersatzweise zugunsten der Einigungsstelle ausgesprochen wird, können Rechte des Arbeitgebers nicht verletzt sein. Das Bundesarbeitsgericht stellt im Beschluß zum „Leber-Kom-

---

[117] *Wiedemann / Stumpf*, TVG, § 1 Rdnr. 245.

[118] BAG (18.8.1987) AP Nr. 23 zu § 77 BetrVG 1972 (unter III 2 b); *Meier-Krenz*, DB 1988, S. 2151.

[119] Vgl. dazu grundsätzlich BVerfG (1.3.1979) AP Nr. 1 zu § 1 MitbestG; BAG (31.8.1982) AP Nr. 8 zu § 87 BetrVG 1972 Arbeitszeit; BVerfG (18.12.1985) AP Nr. 15 zu § 87 BetrVG 1972 Arbeitszeit; BAG (27.6.1989) AP Nr. 103 zu Art. 9 GG Arbeitskampf; *Beuthien*, ZfA 1986, S. 131 ff.; *Forschungsinstitut für Wirtschaftsverfassung und Wettbewerb* (Hrsg.), Tarifautonomie und Kartellrecht; *Wiedemann*, RdA 1986, S. 231 ff.

promiß" richtig fest: „Durch einen Spruch der Einigungsstelle oder der tariflichen Schlichtungsstelle wird der Arbeitgeber nicht mehr gebunden als bei der Bestimmung des Tarifinhalts durch Dritte"[120]. Solange eine tarifliche Inhaltsnorm zulässig wäre, kann eine die Inhaltsbestimmung verlagernde Betriebsverfassungsnorm nicht die Rechte des Arbeitgebers verletzen.

bb) Der Verpflichtung zur Beachtung von Betriebs- oder Betriebsverfassungsnormen kann sich der Arbeitgeber nicht mit Hinweis auf das Günstigkeitsprinzip entziehen. Vereinzelt ist vorgeschlagen worden, daß tariflich begründete Mitbestimmungstatbestände nur dann Anwendung finden sollten, wenn sie die Stellung des Arbeitnehmers verbesserten[121]. Ähnlich wird neuerdings im Zusammenhang mit Betriebsnormen argumentiert: Die Tarifverträge der Metalltarifrunde 1990 sehen vor, daß nur mit einem bestimmten Prozentsatz der Belegschaft eine längere Arbeitszeit als die tariflich vorgesehene Regelarbeitszeit vereinbart werden kann[122]. Dennoch soll dem Tarifvertrag die vertragliche Einräumung eines Wahlrechts nicht entgegenstehen, das dem Arbeitnehmer die Wahl zwischen einer längeren Arbeitszeit oder der Rückkehr zur tariflichen Regelarbeitszeit überläßt. Ein solche individualrechtliche Vereinbarung sei günstiger als die tarifliche Regelung[123].

Diese Argumentationen sind abzulehnen, weil das Günstigkeitsprinzip auf Betriebs- und Betriebsverfassungsnormen nicht angewendet werden kann[124]. Beide Normarten können nicht Gegenstand einer individualvertraglichen Regelung sein. Eine Betriebsverfassung oder eine bestimmte Belegschaftsstruktur läßt sich nicht durch einzelvertragliche Abmachungen einführen[125]. Diese Bestimmungen betreffen die Gesamtheit der Arbeitnehmer des Betriebs. Sie haben einen kollektiven Bezug, der den individuellen Günstigkeitsvergleich ausschließt[126]. Selbst wenn die Einräumung von Mitbe-

---

[120] BAG (18.8.1987) AP Nr. 23 zu § 77 BetrVG 1972 (unter III 2 b a.E.).

[121] *Lund*, Anm. zu BAG (10.2.1988) AP Nr. 53 zu § 99 BetrVG 1972; *Meier-Krenz*, DB 1988, S. 2152.

[122] Z.B. in Bayern 13 %, in Nordrhein-Westfalen 18 %.

[123] *Buchner*, DB 1990, S. 1720 f. (in Anlehnung an BAG (7.11.1989) AP Nr. 46 zu § 77 BetrVG 1972); *Löwisch*, BB 1991, S. 59 ff. Zum Wahlrecht vgl. auch *Richardi*, ZfA 1990, S. 242.

[124] *Gerhard Müller*, Tarifautonomie, S. 218 f.; *Linnenkohl / Rauschenberg / Reh*, BB 1990, S. 630; *Wiedemann / Stumpf*, TVG, § 4 Rdnr. 224.

[125] *Gerhard Müller*, RdA 1990, S. 323 f.

[126] Auch im Betriebsverfassungsrecht macht das Bundesarbeitsgericht die Anwendung des Günstigkeitsprinzips davon abhängig, ob ein kollektiver Bezug besteht oder nicht. Das Günstigkeitsprinzip im herkömmlichen Sinn wurde wegen kollektiven

stimmungstatbeständen durch Tarifvertrag für den einzelnen Arbeitnehmer ungünstig wäre, kann daraus nicht abgeleitet werden, daß individualvertraglich ein anderes oder gar kein Mitbestimmungsrecht des Betriebsrats vereinbart werden könnte. Die betriebliche Gesamtordnung kann vom einzelnen nicht abgeändert werden.

Selbst wenn man in dem Günstigkeitsprinzip eine Ausprägung des Art. 2 Abs. 1 GG sehen könnte[127], ergibt sich daraus nicht, daß der Arbeitgeber von Betriebs- oder Betriebsverfassungsnormen abweichen dürfte. Niemand hat Anspruch darauf, daß der Arbeitgeber mit ihm Arbeitsverträge bestimmten Inhalts abschließt. Art. 2 Abs. 1 GG garantiert nicht, daß keine Verpflichtungen bestehen, die bei privatautonomen Rechtsgeschäften zu beachten sind. Daher kann selbst der nicht tarifgebundene Arbeitnehmer nicht sicher sein, daß der Arbeitgeber durch tarifliche Vorschriften gezwungen ist, alle Arbeitsverhältnisse in bestimmter Weise auszugestalten. Umgekehrt kann der Arbeitgeber sich nicht auf die Privatautonomie der Arbeitsvertragsparteien berufen, um die tariflichen Ordnungsvorgaben bezüglich des Betriebs zu umgehen. Wird der Arbeitgeber beispielsweise durch den Tarifvertrag verpflichtet, nur eine bestimmte Anzahl von Arbeitsverhältnissen mit gewissem Inhalt abzuschließen, so muß er Angebote von Arbeitnehmer zurückweisen, wenn die entsprechenden Quoten erfüllt sind. Das war bislang für Lehrlingsskalen anerkannt[128], es ist vom Bundesarbeitsgericht neuerdings für qualitative Besetzungsregelungen gebilligt worden[129] und es könnte auch für die Prozentklauseln gelten, die die Verlängerung der Arbeitszeit nur für einen bestimmten Prozentsatz der Belegschaft vorsehen[130]. Wenn der tarifgebundene Arbeitgeber durch Betriebsverfassungsnormen gehalten ist, den Betriebsrat mitbestimmen zu lassen, kann er sich dieser Verpflichtung ebenfalls nicht durch Hinweis auf die vom Günstigkeitsprinzip gewährleistete Privatautonomie entziehen[131]. Die Ausübung seiner individuellen Vertragsfreiheit ist durch zwingende Tarifnormen von vorneherein eingeschränkt.

Bezugs abgelehnt von BAG (16.9.1986) AP Nr. 17 zu § 77 BetrVG 1972; angenommen dagegen von BAG (21.9.1989) AP Nr. 37 zu § 77 BetrVG 1972.

127 Vor allem *Belling*, Günstigkeitsprinzip, S. 86.

128 LAG Düsseldorf (19.9.1960) AP Nr. 1 zu § 4 TVG Lehrlingsskalen.

129 BAG (26.4.1990) AP Nr. 57 zu Art. 9 GG.

130 So *Neumann*, NZA 1990, S. 963, der eine „schuldrechtliche Verpflichtung" annimmt. Zuerst müßte aber festgestellt werden, ob die Betriebsnorm gegen Art. 12 GG verstößt, weil sie durch Gründe des Arbeitnehmerschutzes nicht gedeckt ist.

131 So aber offenbar *Richardi*, NZA 1988, S. 676; *Schüren*, RdA 1988, S. 143.

cc) Gemäß § 3 Abs. 2 TVG gelten die Betriebs- und Betriebsverfassungsnormen betriebseinheitlich. Die Verpflichtung des Arbeitgebers zur Einhaltung der tariflichen Betriebsverfassungsnorm besteht also nicht nur gegenüber den tarifgebundenen, sondern auch gegenüber den nicht gewerkschaftlich organisierten Arbeitnehmern. Betriebs- und Betriebsverfassungsnormen sind auf alle Arbeitnehmer anzuwenden.

Ist beispielsweise eine Einstellung zusammen mit dem Betriebsrat anhand tariflich vorgegebener Kriterien zu überprüfen, so muß der Arbeitgeber dies bei allen Einstellungen beachten[132]. Haben die Tarifvertragsparteien vorgesehen, daß der betriebliche Durchschnitt der Arbeitszeit bei 38,5 Stunden liegt, darf dieser nur bezogen auf die gesamte Belegschaft berechnet werden. Ist vorgesehen, daß eine vom Tarifvertrag geregelte Angelegenheit auf betrieblicher Ebene mittels Betriebsvereinbarung näher ausgestaltet werden soll, kann der Arbeitgeber sich diesem nicht entziehen mit dem Argument, nur ein Teil der Belegschaft sei tarifgebunden[133].

Die Einbeziehung der Außenseiter scheitert nicht daran, daß diese die Tarifvertragsparteien nicht legitimiert haben[134]. Zwar verlangt das Tarifvertragsgesetz im § 3 Abs. 1 für eine inhaltliche Gestaltung der Arbeitsverhältnisse eine beiderseitige Tarifgebundenheit, d.h. der Arbeitnehmer muß Mitglied in einer Gewerkschaft sein. Aber daraus ist nicht abzuleiten, daß Tarifverträge keine Wirkung auf Außenseiter haben könnten. Damit Tarifverträge ihre Aufgabe der sinnvollen Ordnung des Arbeitslebens erfüllen können, müssen sie sogar eine möglichst umfassende Bedeutung haben[135]. Das wird in der Praxis durch eine weitreichende vertragliche Bezugnahme und durch eine am Gleichbehandlungsgebot orientierte allgemeine Anwendung von Tarifverträgen erreicht. Außerdem ist eine inhaltliche Ausdehnung gemäß § 5 TVG mittels Allgemeinverbindlicherklärung möglich[136]. Bezüglich der Betriebs- und der Betriebsverfassungsnormen ordnet § 3 Abs. 2 TVG die betriebseinheitliche Geltung an. Damit verzichtet das Gesetz auf die für die

---

[132] Davon zu unterscheiden ist allerdings die Frage, welche Inhaltswirkung sich für den tarifwidrig abgeschlossenen Arbeitsvertrag ergibt. Siehe gleich unten § 5 II 3 b.

[133] Ob die Betriebsvereinbarung für alle Arbeitnehmer eine Inhaltswirkung hat, ist damit noch nicht entschieden. Siehe gleich unten § 5 II 3 b.

[134] Zweifelnd wohl *v. Hoyningen-Huene*, NZA 1985, S. 11; *Löwisch*, SAE 1988, S. 104 f.; *Richardi*, NZA 1988, S. 676; *Schüren*, RdA 1988, S. 141 f. und allgemein *Schüren*, Legitimation, S. 227 ff.

[135] *Gerhard Müller*, Tarifautonomie, S. 191.

[136] Zur Verfasssungsmäßigkeit BVerfG (24.5.1977) AP Nr. 15 zu § 5 TVG; BVerfG (15.7.1980) AP Nr. 17 zu § 5 TVG.

Inhaltswirkung geforderte Mitgliedschaft. Es anerkennt die Rechtsetzung der Tarifvertragsparteien mit Wirkung auch gegenüber den Außenseitern. Damit hat der Tarifvertragsgesetzgeber die Tarifpartner legitimiert, was im Rechtsstaat ausreicht[137].

Die Vorschrift ist nicht verfassungswidrig, insbesondere verstößt sie nicht gegen Art. 9 Abs. 3 GG[138]. Um das zu begründen, muß man die negative Koalitionsfreiheit nicht in Art. 2 GG verankert sehen[139]. Auch wenn sie aus Art. 9 Abs. 3 GG herzuleiten ist, darf ihre Bedeutung nicht überschätzt werden. Sie gewährleistet in erster Linie nur, daß auf die Arbeitnehmer kein übermäßiger Druck zum Eintritt in die Gewerkschaften ausgeübt werden darf[140]. Die Beschäftigung der Koalitionen mit betriebsverfassungsrechtlichen Fragen gehört wohl sogar zum nicht antastbaren Kernbereich der Tarifautonomie[141]. Ist aber die positive Beschäftigung mit diesen Fragen garantiert, wird man schlechterdings die Wirkung über die negative Koalitionsfreiheit nicht wieder völlig zerstören können. Insoweit ist die „mangelnde Solidarität" der Außenseiter nicht geschützt[142].

Das Bundesarbeitsgericht hat im Beschluß vom 26.4.1990 einen Eingriff in die negative Koalitionsfreiheit durch eine alle Arbeitnehmer erfassende Betriebsnorm verneint[143]: Bei den zu beurteilenden qualitativen Besetzungsregelungen sei „der Eingriff von der Sache her geboten, wenn die Regelung auf der Ebene des Individualarbeitsvertrages evident sachlogisch unzweckmäßig ist und deshalb eine einheitliche Regelung auf betrieblicher Ebene erforderlich wird". Derart wird man ebenfalls für Betriebsverfassungsnormen argumentieren können[144]. Eine Betriebsverfassung kann man nicht durch

---

[137] *Wiedemann / Stumpf*, TVG, § 3 Rdnr. 67 a.E.

[138] A.A. *Buchner*, Tarifvertragsgesetz, S. 67 ff. und S. 99; *Zöllner*, RdA 1962, S. 458.

[139] *Hueck / Nipperdey / Säcker*, ArbR II 1, S. 155 ff.

[140] BAG (29.11.1967) AP Nr. 13 zu Art. 9 GG.

[141] BVerfG (1.3.1979) BVerfGE 50, S. 290, 372 = AP Nr. 1 zu § 1 MitbestG (unter C IV 2 b cc); *Wiedemann / Stumpf*, TVG, Einl. Rdnr. 165. Vgl. auch BVerfG (30.11.1965) BVerfGE 19, S. 303, 321 = AP Nr. 7 zu Art. 9 GG (zur Personalvertretung).

[142] *Wiedemann*, RdA 1969, S. 330; *Wiedemann / Stumpf*, TVG, § 3 Rdnr. 72 a.E.

[143] BAG (26.4.1990) AP Nr. 57 zu Art. 9 GG.

[144] Vgl. *Hueck / Nipperdey / Säcker*, ArbR II 1, S. 482 Fn. 20a (S. 483); *Spilger*, Betriebsverfassungsrecht, S. 53.

Individualvertrag einführen[145]. Betriebsverfassungsrecht muß für den Betrieb einheitlich gelten, weil unvorstellbar ist, daß Mitbestimmungstatbestände nur gegenüber einem Teil der Belegschaft Anwendung finden können[146]. Anderenfalls könnte der Arbeitgeber das Mitbestimmungsverlangen des Betriebsrats mit der Begründung ablehnen, der Mitbestimmungstatbestand gelte nicht gegenüber der nicht gewerkschaftlich organisierten Belegschaft.

Die negative Koalitionsfreiheit „verschont" nicht vor betriebsverfassungsrechtlicher Mitbestimmung[147]. Das gilt für das gesetzlich und das tariflich begründete Betriebsverfassungsrecht gleichermaßen. Der einzelne kann die Betriebspartner nicht dadurch entmachten, daß er der Gewerkschaft fernbleibt. Den Betriebspartnern und der Einigungsstelle können daher Kompetenzen durch Gesetz und Tarifvertrag eingeräumt werden, ohne daß die negative Koalitionsfreiheit dem entgegenstünde. Das zeigt sich im Bereich des gesetzlichen Betriebsverfassungsrechts, das durch Tarifverträge mit Wirkung für die nicht organisierten Arbeitnehmer beeinflußt werden kann. Die tarifdispositiven Vorschriften des Betriebsverfassungsgesetzes (§§ 3, 38 Abs. 3, 47 Abs. 4, 55 Abs. 4, 72 Abs. 4, 76 Abs. 8, 86 BetrVG) werden durch Tarifvertrag für alle Arbeitnehmer abgeändert, ohne daß deshalb ein Verstoß gegen die negative Koalitionsfreiheit angenommen wird. Die Vorschriften der § 77 Abs. 3 BetrVG und § 87 Abs. 1 Einleitungssatz BetrVG werden ebenfalls nicht dem Verdikt der Verfassungswidrigkeit unterworfen, obwohl durch die tarifliche Regelung, die für die nicht organisierten Arbeitnehmer nicht normativ gilt, eine Mitbestimmung verhindert wird, die allen Arbeitnehmern zu Gute gekommen wäre[148]. In diesen Fällen wird die gesetzliche Betriebsverfassung durch Tarifverträge betriebseinheitlich geändert. Bei einer tariflichen Ermächtigung zugunsten der Betriebspartner wird eine Betriebsverfassung eingeführt, was gemäß § 3 Abs. 2 TVG ebenfalls betriebseinheitlich möglich ist.

Auch andere Grundrechte der Arbeitnehmer sind durch diese betriebseinheitliche Geltung von Betriebs- oder Betriebsverfassungsnormen nicht grund-

---

[145] *Gerhard Müller*, RdA 1990, S. 323 f.

[146] LAG Schleswig-Holstein (27.8.1986) DB 1986, S. 2440; *Hanau*, NZA 1985, S. 76; *Kreitner*, Anm. zu BAG (6.2.1985) AP Nr. 16 zu § 4 TVG Übertariflicher Lohn und Tariflohnerhöhung; *Küttner / Schlüpers-Oehmen / Rebel*, DB 1985, S. 173; *Spilger*, Betriebsverfassungsrecht, S. 53; *Löwisch*, ArbR, Rdnr. 276 und DB 1984, S. 2454; *Schüren*, RdA 1985, S. 25.

[147] A.A. wohl *Haug*, BB 1986, S. 1925; *Richardi*, Privatautonomie, S. 16 ff.

[148] *Buchner*, RdA 1990, S. 4; *Dietz / Richardi*, BetrVG, § 77 Rdnr. 222; *Haug*, BB 1986, S. 1925; *Gerhard Müller*, RdA 1990, S. 322.

sätzlich verletzt. Zwar kann der betroffene Arbeitnehmer beispielsweise in seiner Berufsfreiheit tangiert sein, wenn der Tarifvertrag mittels einer Betriebsverfassungsnorm jede Einstellung der Mitbestimmung des Betriebsrats unterwirft. Gleiches gilt für Betriebsnormen, die es dem Arbeitgeber verwehren, weitere Lehrlinge einzustellen oder Arbeitsplätze mit unterqualifizierten Kräften zu besetzen. Derartige Betriebs- oder Betriebsverfassungsnormen erfordern eine genaue Überprüfung an den Grundrechten der Arbeitnehmer. Dies ist umso mehr erforderlich, als auch nicht tarifgebundene Arbeitnehmer betroffen sein können[149].

Das Bundesarbeitsgericht hat beispielsweise eine Betriebsverfassungsnorm wegen der willkürlichen Bevorzugung älterer Arbeitnehmer für nichtig erklärt[150]. Andererseits wurden qualitative Besetzungsregelungen für rechtswirksam gehalten. Dadurch sei die Berufsfreiheit der Arbeitnehmer nicht verletzt[151]. Im Fall des „Leber-Kompromisses" zur Arbeitszeitverkürzung hat das Bundesarbeitsgericht es dagegen unterlassen, einen Verstoß gegen die Berufsfreiheit der Arbeitnehmer zu überprüfen[152]. Wenn die Tarifvertragsparteien für die individuelle Arbeitszeit betriebseinheitliche Vorgaben machen, kann man aber bezweifeln, daß dies durch einen sachlichen Grund im Sinne der „Drei-Stufen-Theorie" gerechtfertigt ist[153]. In bezug auf die Erweiterung der Mitbestimmung in personellen Angelegenheiten hat das Bundesarbeitsgericht eine Verletzung der Berufsfreiheit der Arbeitnehmer ebenfalls nicht erwogen[154]. Da die Betriebsverfassungsnorm den Betriebspartnern die Ablehnung einer Einstellung ohne besonderen Grund erlaubte, könnte sie einen unzulässigen Eingriff in die Berufsfreiheit der Arbeitnehmer und einen Verstoß gegen das Willkürverbot des Art. 3 Abs. 1 GG darstellen.

Hält die konkrete Betriebs- oder Betriebsverfassungsnorm der Überprüfung an den Grundrechten stand, kann man deren betriebseinheitliche Geltung gemäß § 3 Abs. 2 TVG nicht als Grundrechtsverstoß bewerten. Wenn beispielsweise die Einführung von Lehrlingsskalen zulässig ist, kann der Arbeit-

---

[149] Schon *Biedenkopf* hat sich dafür ausgesprochen, die Rechtsetzung in betriebsverfassungsrechtlichen Fragen dieserhalb einer besonderen Kontrolle zu unterwerfen; *Biedenkopf*, Tarifautonomie, S. 310 ff.

[150] BAG (6.2.1985) AP Nr. 16 zu § 4 TVG Übertariflicher Lohn und Tariflohnerhöhung.

[151] BAG (13.9.1983) AP Nr. 1 zu § 1 TVG Tarifverträge: Druckindustrie; BAG (26.4.1990) AP Nr. 57 zu Art. 9 GG.

[152] BAG (18.8.1987) AP Nr. 23 zu § 77 BetrVG 1972.

[153] Vgl. *Zöllner*, DB 1989, S. 2123 f.

[154] BAG (10.2.1988) AP Nr. 53 zu § 99 BetrVG 1972.

geber nicht die Berufsfreiheit eines Bewerbers für eine Ausbildungsstelle verletzen, wenn er diesen im Hinblick auf die Erfüllung der Lehrlingsquote abweist. Eine Betriebsverfassungsnorm, die personelle Maßnahmen unter bestimmten tariflich vorgegebenen Voraussetzungen der Mitbestimmung des Betriebsrats unterwirft, kann – ebenso wie die Vorschrift des § 99 Abs. 2 BetrVG – zulässig sein. Dann ist selbst der nicht tarifgebundene Arbeitnehmer nicht in seinen Rechten verletzt, wenn der Betriebsrat die Zustimmung verweigert. Wenn man in den Fällen der Arbeitszeitverkürzung den Tarifvertragsparteien zugestehen will, daß sie aus beschäftigungspolitischen Gründen die durchschnittliche betriebliche Arbeitszeit festschreiben oder den Prozentsatz der länger Arbeitenden vorgeben können, wird man die entsprechenden Betriebsnormen für grundrechtsgemäß halten. Der Arbeitgeber darf durch entsprechende Vereinbarungen mit allen betriebsangehörigen Arbeitnehmern die tarifliche Ordnung im Betrieb einführen.

dd) Grundsätzlich besteht für den Bestimmungsberechtigten keine Verpflichtung, von der tariflich eingeräumten Ermächtigung Gebrauch zu machen. Die Tarifvertragsparteien haben regelmäßig keine Macht, andere zu einer näheren Ausgestaltung ihrer Tarifverträge zu zwingen[155]. Das Bundesarbeitsgericht hat ausdrücklich offengelassen, ob dies auch gelten kann, wenn die Betriebspartner von den Tarifvertragsparteien ermächtigt sind[156]. Im Schrifttum wurde die Pflicht zum Tätigwerden aus dem Wortlaut der Tarifnorm[157] und für den Arbeitgeber aus dem Arbeitsvertrag[158] hergeleitet. Hueck und Nipperdey bejahten die Verpflichtung zur Weimarer Zeit für den Fall, daß der Tarifvertrag zu einer Betriebsvereinbarung ermächtigte[159]. Daraus erwachse die Verpflichtung, nach besten Kräften eine Betriebsvereinbarung zustande zu bringen.

Für das heutige Tarifrecht läßt sich dieses Ergebnis aus § 3 Abs. 2 TVG gewinnen. Selbst wenn grundsätzlich keine Verpflichtung besteht, den Tarifvertrag aufgrund der Ermächtigung näher auszugestalten, gilt dies nicht, wenn Organe der Betriebsverfassung bestimmungsberechtigt sind. Dann liegt eine Betriebsverfassungsnorm vor, die nicht nur den Arbeitgeber bindet. Auch Betriebsrat oder betriebliche Einigungsstelle haben Tarifverträge auf-

---

[155] *Küttner / Schlüpers-Oehmen / Rebel*, DB 1985, S. 175. Zu den Folgen einer Untätigkeit des Delegatars siehe unten § 9 II 1.

[156] BAG (18.8.1987) AP Nr. 23 zu § 77 BetrVG 1972 (unter II); vgl. auch BAG (28.11.1984) AP Nr. 1 zu § 4 TVG Bestimmungsrecht (unter II 1 d).

[157] *Ziepke*, BB 1985, S. 284 und Tarifvertrag 1984, § 3 Anm. 2 (S. 46).

[158] *Gaul*, Anm. zu BAG (29.1.1969) AP Nr. 20 zu § 611 BGB Akkordlohn.

[159] *Hueck / Nipperdey*, ArbR II, 3.-5. Aufl., S. 363 Fn. 21a.

grund des Betriebsverfassungsgesetzes zu beachten. Soweit eine Einigung erzielbar ist, sind die Betriebspartner verpflichtet, von der im Tarifvertrag eröffneten Kompetenz Gebrauch zu machen. Im Gegensatz zu anderen Delegataren können sie die ihnen gewährte Bestimmungsbefugnis nicht völlig ignorieren, sondern müssen sich um eine betriebliche Ergänzung bzw. Anwendung des Tarifvertrages bemühen.

ee) Für gesetzliche Mitbestimmungstatbestände ist umstritten, ob der Betriebsrat die Einhaltung des Betriebsverfassungsgesetzes mittels eines Beseitigungs- und Unterlassungsanspruchs erzwingen kann[160]. Richtiger Auffassung zufolge muß man dies bejahen und den Verstoß gegen tarifliches Betriebsverfassungsrecht miteinbeziehen.

Es ist unbefriedigend, wenn das Bundesarbeitsgericht es in dem Beschluß vom 16.7.1985 auf sich beruhen läßt, daß eine für den Betrieb verbindliche Tarifnorm vom Arbeitgeber nicht beachtet worden ist: Mitbestimmungswidrig erlangte Geldbeträge könnten nicht rückerstattet werden, weil das Mitbestimmungsrecht nicht im Betriebsverfassungsgesetz vorgesehen sei. Der Betriebsrat – so das Bundesarbeitsgericht – könne die Einhaltung von Tarifverträgen nicht gerichtlich feststellen lassen[161]. Dem muß widersprochen werden. Der Betriebsrat muß verlangen und durchsetzen können, daß eine dem tariflichen Betriebsverfassungsrecht gemäße Ordnung hergestellt wird[162]. Der Arbeitgeber ist gemäß § 3 Abs. 2 TVG verpflichtet, den tarifwidrigen Zustand zu beseitigen. Er kann beispielsweise gehalten sein, gegen Tarifnormen zustande gekommene Arbeitsverhältnisse auf individualrechtlich zulässigem Wege wieder aufzuheben[163]. § 3 Abs. 2 TVG stellt gesetzliches und tarifliches Betriebsverfassungsrecht auch in bezug auf den quasinegatorischen Schutz gleich.

b) Inhaltswirkung

Von der betriebsverfassungsrechtlichen Wirkung ist die Inhaltswirkung auf die Arbeitsverhältnisse zu unterscheiden. Es gilt der Grundsatz der § 3 Abs. 1; 4 Abs. 1 Satz 1 TVG, daß nicht organisierte Arbeitnehmer von den

---

[160] Vgl. nur *Salje*, DB 1988, S. 909 ff.; GK-*Wiese*, BetrVG, § 23 Rdnr. 116 ff. Zur Gegenauffassung *v. Hoyningen-Huene*, Betriebsverfassungsrecht, § 4 V 4 c, S. 71 f.

[161] BAG (16.7.1985) AP Nr. 17 zu § 87 BetrVG 1972 Lohngestaltung (unter III).

[162] *Koller*, ZfA 1978, S. 62; *Zöllner*, Anm. zu LAG Düsseldorf (19.9.1960) AP Nr. 1 zu § 4 TVG Lehrlingsskalen (unter I 3 b).

[163] *Dieterich*, Betriebliche Normen, S. 94 f.; *Misera*, Anm zu BAG (2.7.1980) AP Nr. 5 zu § 101 BetrVG 1972 (unter III 4 b).

Inhalts-, Abschluß- und Beendigungsnormen des Tarifvertrages nicht normativ erfaßt werden. § 3 Abs. 2 TVG stellt demgegenüber eine Ausnahme dar, die eng auszulegen ist[164]. Soweit wie möglich muß der Grundsatz auch in bezug auf Betriebs- und Betriebsverfassungsnormen aufrecht erhalten bleiben. Insofern sind die Stellungnahmen berechtigt, die eine Ausweitung der inhaltlichen Wirkung durch eine gleichzeitig vorgenommene Ermächtigung zugunsten der Betriebspartner ablehnen. Die Tarifpartner können die Inhaltswirkung nicht beliebig ausdehnen, indem sie zugleich eine betriebseinheitlich anzuwendende Betriebsverfassungsnorm schaffen[165]. Eine Allgemeinverbindlicherklärung ist nur über das Verfahren gemäß § 5 TVG zu erlangen. Durch eine tarifliche Bestimmungsklausel zugunsten der betriebsverfassungsrechtlichen Organe können nicht die inhaltlichen Vorgaben über den Kreis der tarifgebundenen Arbeitnehmer hinaus ausgedehnt werden[166].

Daraus folgt für tarifliche Einzelaktsermächtigungen, daß die tarifwidrig vorgenomme Handlung nicht die Nichtigkeit der Maßnahme nach sich zieht. Wenn beispielsweise die Einstellung durch Tarifvertrag der Mitbestimmung des Betriebsrats unterworfen wird, ist der Arbeitsvertrag trotz der Verletzung dieser Betriebsverfassungsnorm grundsätzlich wirksam[167]. Ein gegen die tarifliche Lehrlingsquote zustandegekommener Ausbildungsvertrag wird ebenfalls individualvertraglich gültig sein[168]. Das tarifliche Betriebsverfassungsrecht unterscheidet sich darin nicht vom gesetzlichen. Auch für einen Verstoß gegen § 99 BetrVG wird eine individualrechtliche Nichtigkeitsfolge verneint[169]. Eine Inhaltswirkung hat der Verstoß gegen tarifliches Betriebsverfassungsrecht lediglich für den tarifgebundenen Arbeitnehmer. Liegt nämlich eine Abschluß- oder Beendigungsnorm vor, hat dies unmittelbare Konsequenzen für den Inhalt des Arbeitsverhältnisses[170].

---

164 Vgl. zu der Behandlung von Ausnahmevorschriften *Larenz*, Methodenlehre, S. 339 f.

165 *Buchner*, DB 1985, S. 922; *Galperin*, BB 1960, S. 456; *v. Hoyningen-Huene / Meier-Krenz*, ZfA 1988, S. 298; *Löwisch*, ArbR, S. 276, NZA 1985, S. 171 und SAE 1988, S. 104; *Richardi*, Kollektivgewalt, S. 237; *Spilger*, Betriebsverfassungsrecht, S. 217; *Zöllner*, RdA 1962, S. 458 f.

166 *Galperin*, BB 1960, S. 455.

167 BAG (2.7.1980) AP Nr. 5 zu § 101 BetrVG 1972; *Misera*, Anm. zu BAG (2.7.1980) AP Nr. 5 zu § 101 BetrVG 1972; *Wagenitz*, Tarifmacht, S. 73.

168 *Zöllner*, Anm. zu LAG Düsseldorf (19.9.1960) AP Nr. 1 zu § 4 TVG Lehrlingsskalen.

169 *Dietz / Richardi*, BetrVG, § 99 Rdnr. 232.

170 *Richardi*, Kollektivgewalt, S. 237; *Spilger*, Betriebsverfassungsrecht, S. 214; *Wagenitz*, Tarifmacht, S. 73.

Auch für Rechtsetzungsermächtigungen läßt sich die Unterscheidung zwischen inhaltlicher und betriebsverfassungsrechtlicher Wirkung beibehalten. Aus der betriebseinheitlichen Geltung des Mitbestimmungstatbestands kann man bereits im gesetzlichen Betriebsverfassungsrecht nicht auf die umfassende inhaltliche Wirkung der betrieblichen Regelung schließen[171]. Gestaltet die betriebliche Regelung nur tarifliche Ansprüche näher aus, kann sie inhaltliche Bedeutung ausschließlich für die Arbeitnehmer gewinnen, für die der Tarifvertrag eine normative oder eine individualvertragliche Wirkung hat. Die Einbeziehung der Außenseiter läßt sich selbst dann nicht begründen, wenn in der Form einer Betriebsvereinbarung gehandelt wird. Die Betriebsvereinbarung kraft tarifvertraglicher Delegation baut auf eine tarifliche Ermächtigung auf und gestaltet nur die Arbeitsverhältnisse der Arbeitnehmer, für die der Tarifvertrag gilt.

Aus § 3 Abs. 2 TVG ergibt sich lediglich, daß die Tarifnorm in bezug auf alle Arbeitnehmer des Betriebs anzuwenden ist. Bezüglich der aufgrund der Tarifnorm ergangenen betrieblichen Regelung läßt sich der Norm keine Aussage entnehmen. Namentlich ist es nicht möglich aus der Vorschrift abzuleiten, daß Betriebsvereinbarungen oder Einigungsstellensprüche aufgrund tarifvertraglicher Delegation gleichfalls betriebseinheitlich gelten müssen[172].

Allerdings findet sich die Auffassung, bei Doppelnormen gehe der Charakter als Betriebsverfassungsnorm vor. Die zusätzliche Inhaltswirkung werde ebenfalls über § 3 Abs. 2 TVG auf die nicht tarifgebundenen Arbeitnehmer erstreckt[173]. Dahinter kann sich zum einen die richtige Erkenntnis verbergen, daß die Betriebsverfassungsnorm auch gegenüber den nicht organisierten Arbeitnehmern vom Arbeitgeber einzuhalten ist[174]. Es kann zum anderen gemeint sein, daß der Betriebsrat kollektivrechtlich die Beachtung des tariflichen Betriebsverfassungsrechts durchsetzen kann[175]. Beide Aspekte sind Ausdruck einer notwendigen, mittelbaren Inhaltswirkung[176].

---

[171] Siehe oben § 5 I 2 a. Vgl. außerdem *Meik*, DB 1990, S. 2524; *Gerhard Müller*, Tarifautonomie, S. 190.

[172] Ähnlich *Spilger*, Betriebsverfassungsrecht, S. 221: Es handele sich um eine betriebsverfassungsrechtliche und nicht um eine tarifrechtliche Frage.

[173] *Hueck / Nipperdey / Tophoven*, TVG, § 4 Rdnr. 42; *Linnenkohl / Rauschenberg*, BB 1984, S. 2202; *Nikisch*, ArbR II, S. 407; *Weyand*, AuR 1989, S. 197 f.; *Wiedemann / Stumpf*, TVG, § 1 Rdnr. 247.

[174] Siehe oben § 5 II 3 a cc.

[175] Siehe oben § 5 II 3 a ee.

[176] *Dieterich*, Betriebliche Normen, S. 90 ff. („notwendige Inhaltswirkung von

Für den infolge einer entgegenstehenden Betriebs- oder Betriebsverfassungsnorm vom Arbeitgeber abgewiesenen Arbeitssuchenden läßt sich eine stärkere inhaltliche Beeinflussung seines Arbeitsverhältnisses kaum denken. Der Tarifvertrag hat den Abschluß seines Arbeitsvertrages verhindert. Der entgegen eines tariflich eingeführten Mitbestimmungsrechts eingestellte Arbeitnehmer muß befürchten, daß der Arbeitgeber kollektivrechtlich zur Einhaltung des Betriebsverfassungsrechts gezwungen wird. Der Arbeitgeber könnte beispielsweise gehalten sein, Kündigungen auszusprechen, um einen tarifgemäßen Zustand herbeizuführen. Gleiches ist für den Fall denkbar, daß Betriebsnormen nicht beachtet worden sind, die eine bestimmte Belegschaftsstruktur oder betrieblich zu erreichende oder einzuhaltende durchschnittliche Arbeitszeiten vorschreiben. In derartigen Fällen kann mit individualrechtlichen Gestaltungsmitteln dem Tarifvertrag Genüge getan werden. Dadurch wird das Arbeitsverhältnis inhaltlich beeinflußt. Eine mittelbare inhaltliche Beeinflussung ist vom Bundesarbeitsgericht in der Entscheidung vom 16.7.1985 unbeanstandet geblieben: Durch die Verteilung von finanziellen Mitteln für soziale Zwecke durch Arbeitgeber und Betriebsrat aufgrund Tarifvertrages kann sogar den nicht tarifgebundenen Arbeitnehmern eine zusätzliche Vergütung verwehrt bleiben[177]. Eine solche notwendige Inhaltswirkung widerspricht nicht dem Grundsatz des § 3 Abs. 1 TVG, sondern ist eine Ausprägung des § 3 Abs. 2 TVG. Sie wohnt allen Betriebs- und Betriebsverfassungsnormen inne. Weil der Arbeitgeber zur betriebseinheitlichen Anwendung verpflichtet ist, ergeben sich zugleich begrenzte Folgen für den Inhalt der Arbeitsverhältnisse aller Arbeitnehmer. Diese sind jedoch von einer Inhaltswirkung im Sinne des § 3 Abs. 1 TVG zu unterscheiden[178].

Betriebsverfassungsnormen gestalten nur das Betriebsverhältnis zwischen den Organen der Betriebsverfassung. Betriebsnormen knüpfen an den Betrieb als Ganzes und nicht an das einzelne Arbeitsverhältnis an[179]. Erst die damit eingeführte Ordnung des Betriebs kann sich in der beschriebenen Weise auf alle Arbeitsverhältnisse auswirken. Eine Inhaltswirkung im Sinne von § 3 Abs. 1 TVG kann die tarifliche Ermächtigung dagegen nur für die Arbeitnehmer haben, die infolge ihrer Mitgliedschaft normativ oder infolge vertraglicher Bezugnahme individualrechtlich vom Tarifvertrag erfaßt werden.

Betriebsnormen"); *Zöllner*, ArbR, § 36 II 4, S. 319 („jedenfalls nicht unmittelbar erfaßt").

[177] BAG (16.7.1985) AP Nr. 17 zu § 87 BetrVG 1972 Lohngestaltung.

[178] So wohl auch *Lieb*, RdA 1967, S. 441 Fn. 7 und ArbR, § 6 III 2, S. 157 ff.; *Spilger*, Betriebsverfassungsrecht, S. 213; *Zöllner*, RdA 1962, S. 459, ArbR, § 36 II 3 und 4, S. 318 f. Belastungen können keine Inhaltswirkung haben, bei Begünstigungen kann man sich mit einem Vertrag zugunsten Dritter behelfen.

[179] Grundlegend zu Solidarnormen *Sinzheimer*, Arbeitsnormenvertrag Teil S. 2 ff.

§ 6 Die Delegation zugunsten betrieblicher Festsetzungskommissionen, Schieds-, Schlichtungs- oder Einigungsstellen

I. Einsetzung als Erstbestimmungsberechtigter

Die Tarifvertragsparteien können betriebliche Festsetzungskommissionen, Schieds-, Schlichtungs- oder Einigungsstellen zur näheren betrieblichen Ausgestaltung ihrer Tarifverträge ermächtigen. Denkbar ist zunächst, daß die tarifliche Delegationsnorm die entsprechende Stelle als (ersten) Bestimmungsberechtigten nennt[1].

1. Änderungs- und Festsetzungskommissionen

Es können sogenannte „tarifliche Änderungs- oder Festsetzungskommissionen" eingerichtet und von den Tarifvertragsparteien ermächtigt werden, Einzelheiten des Tarifinhalts festzulegen[2]. Teilweise wird dabei eine am Regelungsgegenstand orientierte Bezeichnung gewählt. „Akkordkommissionen" sind daher Festsetzungskommissionen, die tarifliche Vorgaben bezüglich des Akkords auf die einzelnen Tätigkeiten umsetzen[3]. Mittels „Eingruppierungskommissionen" sollen die Arbeitnehmer in das tarifliche Lohngruppensystem eingeordnet werden[4]. Sind die Voraussetzungen einer Delegation eingehalten, so ist die von den Kommissionen getroffene Regelung in materieller Hinsicht wie ein Tarifvertrag zu behandeln, solange sie sich innerhalb der ausgesprochenen Ermächtigung bewegt. Daß es sich der Form nach um eine betriebliche Regelung handeln muß, schadet dabei nicht.

---

[1] Zur Ermächtigung als „Zweitberechtigter" siehe unten § 6 II.

[2] Vgl. allgemein *Däubler / Hege*, TVG, Rdnr. 608 ff.; *Hagemeier / Zachert*, TVG, § 1 Rdnr. 201 und 223; *Hueck / Nipperdey / Säcker*, ArbR II 1, S. 326 ff.; *Schwab / Walter*, Schiedsgerichtsbarkeit, S. 7 ff.; *Wiedemann / Stumpf*, TVG, § 1 Rdnr. 360 ff.

[3] Vgl. dazu BAG (6.7.1962) AP Nr. 7 zu § 37 BetrVG; BAG (8.2.1963) AP Nr. 4 zu § 56 BetrVG Akkord (Überprüfung der Arbeitgeberentscheidung); BAG (15.5.1964) AP Nr. 5 zu § 56 BetrVG Akkord.

[4] Vgl. beispielsweise die neuesten tarifpolitischen Vorstellungen der IG Metall zur „Tarifreform 2000", FAZ vom 23.5.1991, S. 15 und 16.

2. Schiedsgerichte

Beauftragen die Tarifpartner ein „Schiedsgericht" mit der Auslegung der Tarifnormen bei eventuellen Meinungsverschiedenheiten, so spricht dies dafür, daß sie zu einer Konkretisierung ihrer tariflichen Regelung in der Form eines Urteils ermächtigen wollen[5].

Das bedeutet nicht, daß das Schiedsgericht weniger eigenes Regelungsermessen bei der Anwendung der tariflichen Vorgaben hätte als andere Delegatare. Vor allem unterscheidet sich die Tätigkeit insoweit nicht von der des Schiedsgutachters[6]. Auch Gerichte können nur den Tarifinhalt „erkennen", soweit er im Tarifvertrag vorgegeben ist. Darüber hinaus besteht auch bei der Beantwortung von Rechtsfragen ein Ermessen. Von der Tätigkeit anderer Bestimmungsberechtigter unterscheidet sich die Tätigkeit eines Gerichts aber durch die Form des Urteils. Schiedsgerichtliche Urteile sind grundsätzlich nicht durch staatliche Gerichte zu überprüfen, während ansonsten die Regelung des Bestimmungsberechtigten der gerichtlichen Kontrolle unterliegt[7].

Wenn die staatliche Arbeitsgerichtsbarkeit ausgeschlossen werden soll, müssen die Voraussetzungen der §§ 101 ff. ArbGG eingehalten sein. Abgesehen von den Fällen des § 101 Abs. 2 ArbGG ist danach nur ein Schiedsgericht für Streitigkeiten zwischen Tarifvertragsparteien zulässig. Im Gegensatz zu einem Urteil der staatlichen Gerichte, das über § 9 TVG Auswirkungen auf den Inhalt der Arbeitsverhältnisse haben kann, bindet ein zwischen den Tarifvertragsparteien erstrittenes Schiedsurteil in einem Streit zwischen den Arbeitsvertragsparteien nicht. § 9 TVG kann angesichts des eindeutigen Wortlauts auf Schiedsgerichte keine Anwendung finden[8]. Es ist daher den Tarifvertragsparteien verwehrt, die Bestimmung des Inhalts des Arbeitsverhältnisses einem Dritten in der Form eines Urteils zu überlassen.

3. Tarifliche Schlichtungsstellen

Berufen die Tarifvertragsparteien eine Schlichtungskommission, kann sich dahinter zum ersten eine Ermächtigung zum Abschluß von Tarifverträgen im formellen Sinn verbergen. Die Schlichtungskommission soll den Abschluß eines Tarifvertrages ermöglichen. Der Schlichtungsspruch soll den Tarifver-

---

[5] Vgl. dazu BAG (28.9.1988) AP Nr. 3 zu § 101 ArbGG 1979.

[6] A.A. *Königbauer*, Schlichtung, S. 169 ff.

[7] Siehe unten § 9 I und II.

[8] *Wiedemann / Stumpf*, TVG, § 9 Rdnr. 9.

trag ersetzen, er hat einen „echten normativen Tarifcharakter“[9]. Eine solche Ermächtigung zu tarifvertragsvertretenden Regelungen[10] ist unter dem Aspekt einer Delegation ausgeschlossen. Die Tarifpartner dürfen niemanden zur Tarifvertragspartei erheben[11]. Schlichtungskommissionen dürfen daher nur dann eingerichtet werden, wenn sie die Tarifvertragsparteien durch ihre Zusammensetzung widerspiegeln. Im Ergebnis handelt es sich um eine „Selbstermächtigung“, die nicht an den Anforderungen für eine Delegation zu messen ist[12].

Die Einrichtung einer Schlichtungsstelle kann aber auch eine andere Bedeutung haben, wenn diese die betriebliche Einigungsstelle gemäß § 76 Abs. 8 BetrVG ersetzen soll. Dann wird keine Ermächtigung zum Abschluß von Tarifverträgen ausgesprochen. Regelmäßig soll die tarifliche Schlichtungsstelle die Befugnisse wahrnehmen, die das Gesetz der betrieblichen Einigungsstelle zuweist. Darin liegt keine Delegation tariflicher Rechtsetzungsbefugnisse. Die Tarifpartner nutzen nur die in § 76 Abs. 8 BetrVG zugestandene Möglichkeit, das gesetzliche Betriebsverfassungsrecht durch Tarifvertrag abzuwandeln.

Daneben ist aber auch denkbar, daß die tarifliche Schlichtungsstelle zur Regelung von Angelegenheiten ermächtigt wird, die vom Gesetz nicht vorgesehen sind. Ob man für diesen Fall der Delegation zugunsten der tariflichen Einigungsstelle auf die Vorschrift des § 76 Abs. 8 BetrVG zurückgreifen muß, ist zweifelhaft. Denn eine „Ersetzung“ der betrieblichen Einigungsstelle ist streng genommen nicht erforderlich, weil diese ohne den Tarifvertrag von vorneherein unzuständig wäre. Der Tarifvertrag begründet kein Recht für die betriebliche Einigungsstelle, die anschließend ersetzt wird, sondern die Kompetenz wird von vorneherein der tariflichen Schlichtungsstelle zugesprochen. Dennoch ist es sinnvoll auf § 76 Abs. 8 BetrVG hinzuweisen, weil dadurch deutlich wird, daß die tarifliche Schlichtungsstelle eine „betriebliche“ Instanz ist. Im Gegensatz zu Schlichtungskommissionen, die den Abschluß von Tarifverträgen vorbereiten, sollen Schlichtungsstellen, die betriebliche Einigungsstellen ersetzen, nur Regelungen für die betriebliche Ebene aufstellen.

---

[9] BAG (24.2.1988) AP Nr. 2 zu § 1 TVG Tarifverträge: Schuhindustrie.

[10] Siehe oben § 2 II 1.

[11] Siehe oben § 3 I 1 und 2.

[12] Siehe oben § 2 III 3.

Damit ist eine der Voraussetzungen für eine zulässige Delegation erfüllt[13]. Die tarifliche Schlichtungsstelle ist lediglich zur Ausfüllung des Tarifvertrages auf einer unter dem Tarifvertrag stehenden Ebene ermächtigt. Der Spruch der Schlichtungsstelle vertritt den Tarifvertrag nicht, sondern konkretisiert ihn nur für den Betrieb. Die Regelung ist kein Tarifvertrag im formellen Sinn, obwohl eine „tarifliche" Schlichtungsstelle handelt. Die Wirkung bleibt auf den Betrieb beschränkt. Der Spruch der Schlichtungsstelle ist nur in materieller Hinsicht wie eine Regelung durch die Tarifvertragsparteien selbst zu behandeln, weil er auf einer tariflichen Delegationsnorm beruht.

4. Betriebliche Einigungsstellen

Schließlich ist vorstellbar, daß von vorneherein die betriebliche Einigungsstelle aufgefordert ist, den Tarifvertrag durch eine betriebliche Ausführungsregelung näher auszugestalten. Die Einigungsstelle wird dann nicht ersatzweise tätig, sondern ist der durch die Ermächtigung einzig Berechtigte.

Die Bezeichnung „Einigungsstelle" ist in diesem Fall allerdings insofern ungenau, als keine Meinungsverschiedenheiten zwischen Arbeitgeber und Betriebsrat vorangegangen sind, wie es § 76 Abs. 1 BetrVG voraussetzt. Die Nennung der betrieblichen Einigungsstelle als Adressat der Ermächtigung kann jedoch zum einen den Zweck haben, die sich aus § 76 BetrVG ergebende Besetzung und das Einigungsstellenverfahren nutzbar zu machen. Zum zweiten hat die Ermächtigung zugunsten der betrieblichen Einigungsstelle den Vorteil, daß zugleich eine Norm über betriebsverfassungsrechtliche Fragen vorliegt, die der tarifgebundene Arbeitgeber gemäß § 3 Abs. 2 TVG betriebseinheitlich anwenden muß[14]. Wenn die betriebliche Einigungsstelle ermächtigt wird, erweitern die Tarifvertragsparteien die gesetzliche Mitbestimmung durch tarifliche Bestimmungsrechte[15]. Sie schaffen damit tarifliches Betriebsverfassungsrecht, das gemäß § 3 Abs. 2 TVG in seiner betriebsverfassungsrechtlichen Wirkung dem gesetzlichen Betriebsverfassungsrecht gleichsteht. Die Beteiligten sind aufgefordert, von den bestehenden Ermächtigungen zum Wohl der Arbeitnehmer und des Betriebs Gebrauch zu machen[16].

Die von der Einigungsstelle aufgrund des Tarifvertrages erlassenen betrieblichen Regelungen sind in materieller Hinsicht tarifliche Regelungen.

[13] Siehe oben § 3 I 1 und 2.

[14] Siehe oben § 5 II 2 und 3.

[15] Siehe oben § 5 I 3 b aa.

[16] Siehe oben § 5 II 3 a dd.

Selbst wenn das tarifliche Betriebsverfassungsrecht infolge des § 3 Abs. 2 TVG auch gegenüber dem nicht tarifgebundenen Arbeitnehmer anzuwenden ist[17], bedeutet dies grundsätzlich nicht, daß die betriebliche Regelung kraft tarifvertraglicher Delegation die Arbeitsverhältnisse der Arbeitnehmer inhaltlich gestalten könnte, für die der Tarifvertrag nicht gilt[18].

II. Einsetzung als Konfliktlösungsinstrument

Die Tarifpartner können Vorsorge für den Fall treffen, daß der Bestimmungsberechtigte die Konkretisierung des Tarifvertrages verzögert. Beispielsweise können die Tarifpartner selbst eine Auffangregelung vorgeben, die Gültigkeit erlangt, wenn der Delegatar keinen Gebrauch von der tariflichen Ermächtigung des Tarifvertrages zur Anpassung an betriebliche Bedürfnisse macht. Das ist unbedenklich, weil dadurch die Entscheidung sogar von den Tarifvertragsparteien selbst getroffen wird. Auch andere Konfliktlösungsmechanismen sind vorstellbar[19]. Wenn die Betriebspartner als erste Berechtigte der tariflichen Delegationsnorm genannt sind, liegt es nahe, daß die betriebliche Einigungsstelle oder die sie ersetzende tarifliche Schlichtungsstelle entscheiden soll, wenn eine einvernehmliche Lösung zwischen Arbeitgeber und Betriebsrat nicht zustande gekommen ist.

Ohne eine ausdrückliche Ermächtigung der Einigungsstelle ist diese allerdings selbst dann unzuständig, wenn der Arbeitgeber und der Betriebsrat zur Konkretisierung des Tarifvertrages ermächtigt sein sollten. Man kann nicht etwa eine Meinungsverschiedenheit im Sinne von § 76 Abs. 1 BetrVG bejahen[20]. Diese Vorschrift setzt Meinungsverschiedenheiten bei der Ausübung gesetzlicher Befugnisse voraus. Daran fehlt es, wenn die Betriebspartner ein Bestimmungsrecht tariflich eingeräumt erhalten. Das hat das Bundesarbeitsgericht bereits zum Betriebsverfassungsgesetz 1952 herausgearbeitet. Selbst wenn der Tarifvertrag ein Mitbestimmungsrecht begründe, das dem gesetzlichen entspricht, könne daraus nicht auf die Zuständigkeit der betrieblichen Einigungsstelle geschlossen werden[21]. Die Tarifpartner können selbst

---

17 Siehe oben § 5 II 3 a cc.

18 Siehe oben § 5 II 3 b.

19 Vgl. *Richardi*, NZA 1988, S. 677; *Zöllner*, ZfA 1988, S. 277 m.w.N.

20 Im Ergebnis ebenso BAG (23.3.1962) AP Nr. 1 zu § 56 BetrVG Akkord (zum BetrVG 1952); BAG (22.12.1981) AP Nr. 7 zu § 87 BetrVG 1972 Lohngestaltung; *Hilger*, BB 1956, S. 13; *Nikisch*, RdA 1964, S. 308; *Richardi*, NZA 1988, S. 677; *Siebert*, BB 1958, S. 422; *Spilger*, Betriebsverfassungsrecht, S. 226 f.

21 BAG (23.3.1962) AP Nr. 1 zu § 56 BetrVG Akkord.

festlegen, ob die Konkretisierung erzwungen werden kann, oder ob sofort die Gerichte gemäß § 319 Abs. 1 Satz 2 BGB entscheiden sollen, wenn die nähere Bestimmung unterbleibt[22]. Da der Tarifvertrag sogar in sozialen Angelegenheiten des § 87 BetrVG vorsehen kann, daß die tarifliche Regelung nur durch Betriebsvereinbarung, nicht aber durch einen erzwingbaren Spruch der Einigungsstelle ergänzt werden darf[23], besteht keine Vermutung für eine Ermächtigung der Einigungsstelle zur Ersetzung der Bestimmung.

1. Zulässigkeit

In den Tarifverträgen aufgrund des „Leber-Kompromisses" zur Arbeitszeitverkürzung war festgelegt, daß die Ausfüllung der tariflichen Rahmenregelung über die betriebliche Einigungsstelle bzw. eine sie gemäß § 76 Abs. 8 BetrVG ersetzende tarifliche Schlichtungsstelle erzwungen werden konnte. Das Bundesarbeitsgericht hat dies zu Recht mit dem folgenden Argument zugelassen: „Wenn die Tarifvertragsparteien die Möglichkeit haben, den näheren Inhalt von tariflichen Regelungen durch Dritte bestimmen zu lassen ..., müssen die Tarifvertragsparteien auch in der Lage sein, die betriebsverfassungsrechtliche Einigungsstelle oder eine tarifliche Schlichtungsstelle als Konfliktlösungsinstrument vorzuschreiben."[24] Die Einigungs- bzw. Schlichtungsstelle wird in diesem Fall unter der Bedingung ermächtigt, daß die in erster Linie zur betrieblichen Regelung berufenen Betriebspartner keine einvernehmliche Lösung gefunden haben. Ein solches Vorgehen widerspricht keinen gesetzlichen Bestimmungen.

Die Vorschriften der § 315 Abs. 3 Satz 2 a.E. BGB und § 319 Abs. 1 Satz 2 a.E. BGB sehen zwar für den Fall einer Verzögerung die Bestimmung mittels Urteil vor. Aber diese gerichtliche Überprüfung und eventuelle Ersetzung der Bestimmung[25] wird durch eine solche tarifliche Delegationsnorm nicht ausgeschlossen. Auch die ersatzweise tätige Einigungsstelle wird nicht zur Konkretisierung mittels eines Schiedsurteils ermächtigt. Ihre Regelung bleibt gegebenenfalls durch staatliche Gerichte kontrollierbar, wie es die Bestimmung durch die Betriebspartner ebenfalls wäre.

---

[22] Siehe unten § 9 II 1.

[23] BAG (12.8.1982) AP Nr. 5 zu § 77 BetrVG 1972; BAG (28.2.1984) AP Nr. 4 zu § 87 BetrVG 1972 Tarifvorrang; BAG (14.2.1989) AP Nr. 8 zu § 87 BetrVG 1972 Akkord. Siehe oben § 4 II 2.

[24] BAG (18.8.1987) AP Nr. 23 zu § 77 BetrVG 1972 (unter B III 2 b a.E.).

[25] Siehe dazu unten § 9 I und II.

Die Besonderheit der Tarifverträge der Metalltarifrunde 1984 lag darin, daß die tarifliche Schlichtungsstelle die nähere Konkretisierung der tariflichen Rahmenregelung in der Form eines die Betriebsvereinbarung ersetzenden Spruchs vornehmen sollte. Da es sich um die Ersetzung einer „ergänzenden Betriebsvereinbarung" im Sinne des § 77 Abs. 3 Satz 2 BetrVG handelte, sollte man sinnvollerweise auch von einem „ergänzenden Spruch der Einigungsstelle" sprechen. Daß der Tarifvertrag diese Form der Konkretisierung vorschreiben kann, wird man ebenfalls aus § 77 Abs. 3 Satz 2 BetrVG ableiten können, wenn man der hier vertretenen Auslegung der Vorschrift folgt[26]. Nach dem Wortlaut sind ergänzende „Betriebsvereinbarungen" als Mittel der Bestimmung vorgesehen. Wenn der Spruch der Einigungsstelle als Surrogat für die Betriebsvereinbarung vereinbart werden darf, muß jedoch auch die Zulassung ergänzender Sprüche der Einigungsstelle möglich sein. § 77 Abs. 3 Satz 2 BetrVG ist daher sinngemäß auf Sprüche der Einigungsstelle anzuwenden. Wenn es den Tarifpartnern erlaubt ist, die Betriebspartner zur näheren Ausgestaltung mittels Betriebsvereinbarung in Dienst zu nehmen, kann es nicht ausgeschlossen sein, sich der betrieblichen Einigungsstelle mittels ergänzender Sprüche der Einigungsstelle zu bedienen.

2. Rechtsfolgen

Der die tarifliche Regelung ergänzende Spruch der Einigungsstelle ist – wie die ergänzende Betriebsvereinbarung im Sinne von § 77 Abs. 3 Satz 2 BetrVG – eine betriebliche Regelung kraft tarifvertraglicher Delegation. Als solche hat sie in materieller Hinsicht alle Wirkungen eines Tarifvertrags. Insbesondere erfaßt sie nur diejenigen Arbeitnehmer, für die auch die tarifliche Regelung gilt, sei es normativ oder sei es durch individualrechtliche Bezugnahme[27].

a) Entscheidung vom 18.8.1987

Auch das Urteil des Bundesarbeitsgerichts zum „Leber-Kompromiß"[28] kann diese Auffassung nicht erschüttern. Der Senat hat den Wirkungsumfang der betrieblichen Regelung anhand einer Betriebsvereinbarung im betriebsverfassungsrechtlichen Sinn geprüft. Die Betriebspartner nähmen eine im Gesetz

---

[26] Siehe oben § 5 I 2.

[27] Siehe oben § 4 II 3.

[28] BAG (18.8.1987) AP Nr. 23 zu § 77 BetrVG 1972.

begründete Befugnis (§ 88 BetrVG) wahr. Daß die Betriebsvereinbarung in ihrer Wirksamkeit vom Tarifvertrag abhänge, sei ohne Bedeutung. Gemäß § 77 Abs. 4 Satz 1 BetrVG würden alle Arbeitnehmer vom Geltungsbereich der Betriebsvereinbarung erfaßt[29]. Bei einer gesetzlichen Grundlage könne auch die negative Koalitionsfreiheit der nicht tarifgebundenen Arbeitnehmer nicht verletzt sein, wenn ihre Arbeitsverhältnisse inhaltlich durch Betriebsvereinbarungen gestaltet würden[30].

Das Gericht prüft also ersichtlich nicht die Einbeziehung der Außenseiter für den Fall einer Delegation. Das erklärt sich daraus, daß die Betriebsvereinbarung auf § 88 BetrVG gestützt werden sollte. Eine Berufung auf eine gesetzliche Kompetenz ist aber für den erzwungenen Spruch der Einigungsstelle ausgeschlossen. Denn dieser läßt sich – wie das Bundesarbeitsgericht selbst zugibt – nicht auf § 87 BetrVG stützen[31]. Entscheidend für die Kompetenz der Einigungsstelle ist also der Umstand, daß der Tarifvertrag diese entsprechend ermächtigt. In bezug auf die Einigungsstelle kann also an dem Charakter einer Delegation kein Zweifel bestehen. Das Bundesarbeitsgericht spricht daher auch nicht mehr von einer gesetzlichen Befugnis, sondern davon, daß die Betriebsverfassung durch Tarifvertrag geregelt sei[32]. Dadurch werde das gesetzliche Betriebsverfassungsrecht nicht erweitert und die gesetzliche, ausgewogene und abschließende Regelung nicht berührt. Der Arbeitgeber sei durch den Spruch der Einigungsstelle nicht mehr gebunden als bei der Bestimmung des Tarifinhalts durch Dritte[33].

In der Argumentation kaum bemerkbar offenbart sich ein Wandel in der Betrachtung. Während zuerst die umfassende normative Wirkung der betrieblichen Regelung aus der originären Befugnis begründet wurde, steht nun die tarifliche Grundlage der betrieblichen Regelung im Vordergrund. Dagegen alleine ist nichts einzuwenden. Es wurde nur versäumt, zu fragen, ob die dem gesetzlichen Betriebsverfassungsrecht zugeordneten Rechtsfolgen auch auf das tarifliche Betriebsverfassungsrecht übertragen werden können. Insbesondere wurde nicht erörtert, ob § 77 Abs. 4 Satz 1 BetrVG auf eine betriebliche Regelung kraft tarifvertraglicher Delegation Anwendung finden kann[34]. Offenbar wurde gar nicht gesehen, daß der Hinweis auf § 77 Abs. 4 Satz 1

---

[29] BAG (18.8.1987) AP Nr. 23 zu § 77 BetrVG 1972 (unter II 3 b).

[30] BAG (18.8.1987) AP Nr. 23 zu § 77 BetrVG 1972 (unter II 3 b a.E.).

[31] BAG (18.8.1987) AP Nr. 23 zu § 77 BetrVG 1972 (unter III 2 b am Anfang).

[32] BAG (18.8.1987) AP Nr. 23 zu § 77 BetrVG 1972 (unter III 2 b im letzten Teil).

[33] BAG (18.8.1987) AP Nr. 23 zu § 77 BetrVG 1972 (unter III 2 b a.E.).

[34] Siehe oben § 5 II 1.

BetrVG und die Argumentation zur negativen Koalitionsfreiheit voraussetzt, daß eine gesetzlich begründete Befugnis vorliegt. Das Bundesarbeitsgericht glaubte, die Frage des Geltungskreises beantwortet zu haben und sah keine Notwendigkeit, sie bei tariflich begründeter Einigungsstellenzuständigkeit wieder aufgreifen zu müssen. Aber gerade wenn nach Auffassung des Senats durch tarifvertragliches Betriebsverfassungsrecht die gesetzliche Betriebsverfassung nicht berührt sein soll, hätte man zweifeln müssen, ob der gesetzliche Wirkungskreis betrieblicher Regelungen unbesehen auf Bestimmungen kraft tarifvertraglicher Delegation übertragen werden kann[35].

b) Entscheidung vom 22.12.1981

Das Versäumnis des 1. Senats wiegt auch deshalb schwer, weil derselbe Senat noch 1981 eine ganz andere Argumentation eingeschlagen hatte[36]. Ein Tarifvertrag ermächtigte die Betriebspartner zur Festsetzung der Höhe einer Erschwerniszulage und ging insoweit über § 87 Abs. 1 Nr. 10 BetrVG hinaus. Weil die tarifliche Regelung der Erschwerniszulage hinreichend vollständig sei, lehnte das Bundesarbeitsgericht eine tariflich begründete Zuständigkeit der Einigungsstelle ab. In einem *obiter dictum* wird ausgeführt: „Selbst wenn die Tarifvertragsparteien ... ein solches Einigungsverfahren vorschreiben wollten, war dies nicht das Einigungsverfahren, das in Fällen eines erzwingbaren Mitbestimmungsrechts mit dem verbindlichen Spruch der Einigungsstelle endet.“[37] Dieser Einschätzung kann nur zugestimmt werden. Sprüche der Einigungsstelle, die auf einer tariflichen Ermächtigung beruhen, können nicht mit den gesetzlich vorgesehenen betrieblichen Regelungen gleichgesetzt werden. Vor allem der Wirkungskreis richtet sich ausschließlich nach der tariflichen Delegationsnorm.

c) Schrifttum

Bei der Bewertung der Tarifverträge zur Arbeitszeitverkürzung der Tarifrunde 1984 ist gerade in bezug auf die Schlichtungsstelle die Auffassung vertreten worden, diese werde mittels eines Bestimmungsrechts im Sinne der

---

[35] Siehe oben § 5 II 1.

[36] BAG (22.12.1981) AP Nr. 7 zu § 87 BetrVG 1972 Lohngestaltung.

[37] BAG (22.12.1981) AP Nr. 7 zu § 87 BetrVG 1972 Lohngestaltung.

§§ 315 ff. BGB für die tarifgebundenen Arbeitnehmer tätig[38]. Dem stand nicht entgegen, daß sich die Betriebspartner eventuell auf eine gesetzliche Befugnis berufen konnten, insoweit also kein Fall der Delegation vorlag. Auch hinderte nicht, daß die Konkretisierung mittels eines Spruchs der Einigungsstelle vorgenommen werden sollte. Daß die betriebliche Regelung auf einer tariflichen Grundlage beruhte, sollte demgegenüber den Ausschlag geben.

Inkonsequent ist diese Meinung allenfalls insofern, als sie Betriebsvereinbarung und Einigungsstellenspruch unterschiedlich bewertet, obwohl der Spruch die Betriebsvereinbarung ersetzen soll. Deshalb hätte es nahe gelegen, sogar die Betriebsvereinbarung (zumindest zusätzlich) als Regelung kraft tarifvertraglicher Delegation anzuerkennen[39]. Wie bei einer Betriebsvereinbarung kraft tarifvertraglicher Delegation hat die Einigungsstellenentscheidung auf tariflicher Grundlage in materieller Hinsicht die Folgen einer tariflichen Regelung. Sie ergänzt den Tarifvertrag zu einem vollständigen Ganzen, das normativ die tarifgebundenen Arbeitnehmer und individualrechtlich diejenigen Arbeitnehmer erfaßt, die die inhaltliche Geltung der tariflichen Regelungen für ihr Arbeitsverhältnis vereinbart haben.

[38] *Buchner*, DB 1985, S. 922 f.; *Zöllner*, ZfA 1988, S. 277; erwogen auch, im Ergebnis aber abgelehnt von *Wiedemann*, in: *Beuthien* (Hrsg.), Arbeitsteilhaber, S. 156.

[39] Betriebsvereinbarung und Spruch der Einigungsstelle behandeln gleich LAG Niedersachsen (4.2.1986) NZA 1986, Beilage 2, S. 15; *Brunz*, NZA 1986, Beilage 2, S. 5; *Ziepke*, Tarifvertrag 1984, § 2 Anm. 5 (S. 13) und BB 1985, 286; Hilfserwägung bei *Hanau*, NZA 1985, S. 76 f.

§ 7 Die Delegation zugunsten anderer tariflicher oder staatlicher Gesetzgeber

Eine Delegation zugunsten anderer Gesetzgeber ist mittels dynamischer Verweisungen möglich, die den Wortlaut fremder Gesetze in ihrer jeweiligen Fassung in Bezug nehmen. Eine materielle Betrachtung offenbart den Ermächtigungscharakter einer derartigen Blankettgesetzgebung[1]. Das Bundesarbeitsgericht hat sich mit Tarifverträgen beschäftigt, die auf den jeweiligen Wortlaut anderer Tarifverträge verwiesen[2]. Im Bereich des öffentlichen Dienstes findet sich häufig eine Verweisung auf das einschlägige Beamtenrecht, mithin auf Regelungen des staatlichen Gesetzgebers[3]. Auch auf steuerrechtliche Bestimmungen ist schon Bezug genommen worden[4]. Neben Verweisungen auf normativ wirkende andere Tarifverträge oder Gesetze sind auch Verweisungen auf außerrechtliche oder unverbindliche Regelwerke denkbar[5].

Nur eine konstitutive Verweisung hat den für eine Delegation nötigen Ermächtigungscharakter[6]. Eine deklaratorische Verweisung reicht dafür nicht aus. Diese begründet nämlich keine neuen Rechtsfolgen, sondern weist nur auf andere, kraft eigener Kompetenz ergehenden Regelungen hin[7]. Das Ge-

---

[1] Siehe oben § 2 II 2.

[2] BAG (9.7.1980) AP Nr. 7 zu § 1 TVG Form; BAG (10.11.1982) AP Nr. 8 zu § 1 TVG Form; BAG (3.12.1985) AP Nr. 1 zu § 74 BAT; BAG (13.8.1986) AP Nr. 1 zu § 2 MTV-Ang DFVLR; BAG (30.1.1990) AP Nr. 78 zu § 99 BetrVG 1972.

[3] BAG (16.4.1980) AP Nr. 16 zu § 611 BGB Lehrer, Dozenten; BAG (23.9.1981) AP Nr. 19 zu § 611 BGB Lehrer, Dozenten; BAG (9.6.1982) AP Nr. 1 zu § 1 TVG Durchführungspflicht; BAG (7.9.1982) AP Nr. 7 zu § 44 BAT; BAG (16.1.1985) AP Nr. 9 zu § 44 BAT; BAG (14.8.1986) AP Nr. 1 zu § 13 TV Ang Bundespost; BAG (28.7.1988) AP Nr. 1 zu § 5 TV Arb Bundespost.

[4] BAG (24.9.1986) AP Nr. 50 zu § 1 FeiertagslohnzahlungsG.

[5] Zum Verweis auf Bewertungsrichtlinien vgl. BAG (4.11.1963) AP Nr. 4 zu § 3 TOA Bundespost; BAG (19.4.1972) AP Nr. 1 zu § 1 TVG Tarifverträge: Bundesbahn.

[6] Siehe oben § 2 III 1.

[7] Vgl. dazu BAG (27.6.1989) AP Nr. 103 zu Art. 9 GG Arbeitskampf (unter III 2 c cc); BAG (18.3.1976) AP Nr. 4 zu § 87 BetrVG 1972 Altersversorgung; *Buchner*,

setz, auf das lediglich deklaratorisch verwiesen wird, erhält keinen neuen Anwendungsbereich, sondern wirkt in der ihm eigenen Art und Weise. Anders dagegen bei der konstitutiven Verweisung. Deren Aufgabe ist es, einen neuen Wirkungskreis und eine tarifliche Wirkung im Bereich des verweisenden Tarifvertrages zu begründen. Nur die konstitutive dynamische Verweisung beinhaltet eine Ermächtigung zugunsten der Erzeuger des Verweisungsobjekts. Diese sind befähigt, eine Regelung zu erlassen, die über den eigenen Anwendungsbereich hinaus aufgrund der Delegationsnorm eine mittelbare Ausstrahlung im Bereich des verweisenden Tarifvertrages hat.

Auch in den Fällen einer statischen Verweisung ist eine Delegation nicht gegeben. Es wird nämlich lediglich die bereits feststehende Formulierung des anderen Gesetzes übernommen. Darin liegt keine Ermächtigung, das eigene Gesetz zugleich mit Wirkung für die dem Verweisungstarifvertrag Unterworfenen zu verändern. Die statische Verweisung ist lediglich ein Mittel der Gesetzgebungstechnik, das die wörtliche Wiederholung eines feststehenden Textes überflüssig macht.

I. Fremde Gesetzgebung

Zum ersten ergeben sich Folgen aus dem Umstand, daß die Tarifvertragsparteien nicht selbst, sondern ein anderer Gesetzgeber handelt. Dessen Regelung unterscheidet sich von der Tarifgesetzgebung durch den Deleganten. Der Form nach bleibt das Verweisungsobjekt eine Regelung des fremden Gesetzgebers.

Allerdings hat das Bundesarbeitsgericht gemeint, mit der Verweisung würden die in Bezug genommenen Bestimmungen „unmittelbar und zwingend als tarifliches Recht (gelten), so als wären sie wörtlich (im Verweisungstarifvertrag) enthalten“[8]. Diese Auffassung resultiert aus der Vorstellung, es handele sich bei dynamischen Verweisungen um eine Blankettgesetzgebung, bei der Dritte die bedeutungsleere Tarifnorm im Tarifvertrag selbst ausfüllten. Damit würde der in Bezug genommene Gesetzgeber im Ergebnis zur Tarifvertragspartei erhoben. Das Verweisungsobjekt wäre eine Tarifnorm des Verweisungstarifvertrags.

AR-Blattei D, Tarifvertrag V C (unter I 2); *Herschel*, BB 1963, S. 1220. Zum Fall der Verweisung durch Wiederholung des Wortlauts BAG (26.3.1981) AP Nr. 17 zu § 72a ArbGG 1979 Grundsatz; BAG (27.8.1982) AP Nr. 133 zu § 1 TVG Auslegung; *Hagemeier / Zachert*, TVG, § 1 Rdnr. 239; *Spilger*, Betriebsverfassungsrecht, S. 227 ff.

[8] BAG (30.1.1990) AP Nr. 78 zu § 99 BetrVG 1972.

Eine derartige Ermächtigung zum Erlaß von Tarifverträgen im formellen Sinn wäre unzulässig[9]. Die Ermächtigung des staatlichen Gesetzgebers zum Erlaß von Tarifverträgen verletzte außerdem die negative Kompetenznorm des Art. 9 Abs. 3 GG, der die staatliche Regelung der Arbeits- und Wirtschaftsbedingungen zumindest in einem Kernbereich verbietet. Schon deshalb ist die Sicht des Bundesarbeitsgerichts abzulehnen. Die dynamische Verweisung kann nur als Ermächtigung zur Ergänzung von Tarifverträgen in einer von der formellen Tarifgesetzgebung zu unterscheidenden Weise verstanden werden. Das ist bei Gesetzen oder anderen staatlichen Regelungen offensichtlich. Ein Parlamentsgesetz verliert seine Form nicht dadurch, daß ein Tarifvertrag darauf verweist. Selbst ein in Bezug genommener Tarifvertrag unterscheidet sich von dem Tarifvertrag des Deleganten. Er bleibt eine fremde Regelung. So wird beispielsweise der BAT nicht zum Tarifvertrag der Metallindustrie, nur weil die Metalltarifpartner in ergänzenden Einzelheiten auf den BAT verweisen.

Die Regelung des Delegatars ist tarifvertragsabhängig. Zwar stehen Gesetze und Tarifverträge in der Rechtsquellenhierarchie nicht unter dem ermächtigenden Tarifvertrag, wie es bei betrieblichen Regelungen der Fall wäre. Aber soweit das in Bezug genommene Gesetz dem Tarifvertrag entgegensteht, kann es keine Gültigkeit im Bereich der Verweisungsnorm für sich beanspruchen. Wenn also die Delegationsnorm die Geltung des Verweisungsobjekts an bestimmte Bedingungen knüpft, können die tariflich vorgesehenen Rechtsfolgen nur eintreten, wenn diese Voraussetzungen eingehalten sind.

Das ist vom Bundesarbeitsgericht in der Entscheidung vom 28.7.1988 nicht richtig erkannt worden[10]: Der Tarifvertrag für die Arbeiter der Bundespost stellte diese in bezug auf die Arbeitszeit den Postbeamten gleich, indem er auf die jeweiligen Gesetze verwies. Zugleich hatten die Tarifvertragsparteien aber vereinbart, daß eine negative Änderung der beamtenrechtlichen Bestimmungen der Zustimmung der Deutschen Postgewerkschaft bedurfte. Das Landesarbeitsgericht hielt diese Bestimmung für unzulässig, weil die Gesetzgebungskompetenz des Bundes nicht eingeschränkt werden könnte. Auch für das Bundesarbeitsgericht hatte der Verstoß gegen die Vereinbarung letztlich nicht die Unwirksamkeit einer verschlechternden Verwaltungsanordnung zur Folge. Die Verabredung entfalte weder unmittelbare Rechte, noch eine Schutzwirkung für die betroffenen Arbeitnehmer.

Derartige Argumente übersehen die Tarifabhängigkeit der Verweisungsobjekte. Auch wenn es sich um Gesetze oder Verwaltungsanordnungen han-

[9] Siehe oben § 3 I 1 b und 2.

[10] BAG (28.7.1988) AP Nr. 1 zu § 5 TV Arb Bundespost.

delt, ist deren Wirkung für die Tarifgebundenen ausschließlich Ausfluß der Kompetenz der Tarifvertragsparteien. Unabhängig von der ursprünglichen Rechtsqualität gilt das Verweisungsobjekt nur, weil die Verweisungsnorm entsprechendes anordnet[11]. Wenn die Tarifpartner die Kompetenz nur unter bestimmten Bedingungen überlassen[12], ist das Vorliegen dieser Voraussetzungen unerläßlich, damit eine tarifrechtliche Wirkung eintreten kann. Natürlich bleibt der Gesetzgeber frei darin, das Beamtenrecht zu ändern. Ob diese Änderung Wirkung auch für die nichtbeamteten Arbeitnehmer hat, entscheidet sich aber nach dem verweisenden Tarifvertrag. In bezug auf die übertragenen Kompetenzen besteht eine Abhängigkeit des Verweisungsobjekts vom verweisenden Tarifvertrag. Nur die von der Verweisungsnorm gedeckte Regelung des Dritten ist im Bereich des verweisenden Tarifvertrages gültig.

Darin liegt nicht etwa eine unzulässige Modifikation einer fremden Gesetzgebungskompetenz[13]. Denn der originäre Geltungsbereich des Verweisungsobjekts wird nicht dadurch verändert, daß ein zweiter kraft Verweisung dazutritt[14]. Die ursprüngliche Wirkung des einbezogenen Gesetzes gilt unabhängig von der Verweisung fort. Tarifverträge entfalten in ihrem Geltungsbereich für die beiderseits tarifgebundenen Arbeitsverhältnisse normative Wirkung. Staatliche Gesetze haben uneingeschränkte Gültigkeit für den betroffenen Personenkreis. Wenn beispielsweise die beamtenrechtlichen Regelungen mittels tariflicher Ermächtigung auf Arbeitnehmer des öffentlichen Dienstes ausgedehnt werden, ändert dies für die Beamten nichts.

II. Tarifliche Ermächtigungsgrundlage

Materiell handelt es sich bei dem Verweisungsobjekt um Recht, daß den Tarifvertragsparteien zuzuordnen ist. Soweit die einbezogene Regelung von der Verweisungsnorm gedeckt ist, gilt sie so, als ob die Tarifvertragsparteien selbst eine entsprechende Regelung getroffen hätten. Über die Delegationsnorm wirkt die Regelung mittelbar für alle, die von dem verweisenden Tarifvertrag erfaßt sind[15].

---

[11] BVerfG (23.4.1986) AP Nr. 28 zu Art. 2 GG, Abw. Votum *Niebler* (unter 3).

[12] Dies ist sogar eine Voraussetzung für die Zulässigkeit einer Delegation; siehe oben § 3 I und II.

[13] So aber *Strasser*, FS Floretta, S. 632.

[14] *Mayer-Maly*, FS Ernst Wolf, S. 480.

[15] *Herschel*, BB 1963, S. 1220. Siehe oben § 4 II 3.

Daran ändert auch der Umstand nichts, daß der fremde Gesetzgeber nicht für die delegierenden Tarifvertragsparteien, sondern für sich selbst tätig werden will. Im Gegensatz zu den bisher behandelten Fällen der Delegation nimmt der Delegatar in erster Linie originäre Kompetenzen wahr. Die durch die tarifliche Ermächtigung begründeten Kompetenzen sind für den Ermächtigten insoweit nicht neu, sondern entsprechen dem Regelungsermessen, daß dem Gesetzgeber bereits auf anderer Grundlage zusteht. Erweitert werden aber die Rechtsfolgen des Handelns. Während ohne die Ermächtigung nur Wirkungen im eigenen Bereich möglich sind, verschafft die Delegationsnorm dem in Bezug genommenen Gesetz darüber hinaus eine Wirkung im Bereich des verweisenden Tarifvertrages. Der Delegatar wird befähigt, zusätzlich zu seinen originären Kompetenzen auch übertragene tarifliche Befugnisse zu gebrauchen. Die vom Gesetzgeber des Verweisungsobjekts erlassene Bestimmung ist daher nicht nur der Form, sondern auch der materiellen Folgen nach eine eigene Regelung, weil sie auch kraft originärer Befugnis erlassen wurde. Zugleich ist sie in materieller Hinsicht eine Regelung der Tarifvertragsparteien, die darauf verwiesen haben.

3. Teil

Folgefragen

§ 8 Fragen der originären Rechtsetzungsbefugnis

In den Fällen der Delegation kann zweifelhaft sein, ob sich der Delegatar auch auf ihm bereits durch das Gesetz eingeräumte originäre Befugnisse berufen kann, obwohl zugleich eine tarifliche Ermächtigung zu seinen Gunsten ausgesprochen ist. Das ist zum einen von Bedeutung für den Fall, daß sich die Delegation als unzulässig erweist und die entsprechende Tarifklausel daher allenfalls auf originäre Befugnisse hinweisen kann. Zum anderen ist die Frage wichtig, wenn aus der gesetzlichen Befugnis andere Rechtsfolgen resultieren, als das Handeln aufgrund tariflicher Ermächtigung auszulösen vermag.

Für dynamische Verweisungen des Tarifvertrages auf andere tarifliche oder gesetzliche Regelungswerke ist das Nebeneinander von eigener und übertragener Kompetenz bereits bejaht worden[1]. Weil andere Tarifverträge oder staatliche Gesetze dem verweisenden Tarifvertrag nicht untergeordnet sind, kann die ursprüngliche Wirkung der Regelung nicht dadurch verändert werden, daß ein Tarifvertrag darauf Bezug nimmt. Der Gesetzgeber des Verweisungsobjekts nimmt daher nicht nur übertragene, sondern immer auch originäre Befugnisse wahr.

Problematischer ist die Beurteilung aber, wenn die Ermächtigung zum Erlaß einer Regelung ausgesprochen ist, die von ihrer Stellung in der Rechtsquellenhierarchie bereits dem Tarifvertrag untergeordnet ist. Wird den Betriebspartnern das Recht zur Konkretisierung des Tarifvertrages mittels einer Betriebsvereinbarung begründet, liegt zugleich eine ausreichende Regelung im Sinne von § 77 Abs. 3 Satz 1 BetrVG und § 87 Abs. 1 Einleitungssatz BetrVG vor und die gesetzlichen Rechte der Betriebspartner sind durch den vorrangigen Tarifvertrag verdrängt[2]. In den Fällen der Delegation zugunsten betriebsverfassungsrechtlicher Organe könnte es deshalb ausgeschlossen sein,

---

[1] Siehe oben § 7 II.

[2] Siehe oben zu § 87 Abs. 1 Einleitungssatz BetrVG unter § 4 II 2 und zu § 77 Abs. 3 Satz 1 BetrVG unter § 5 I 2.

daß sich die Ermächtigungsadressaten neben der Ermächtigung zusätzlich auf gesetzliche Regelungsbefugnisse berufen dürfen. Dann könnte eine betriebliche Regelung kraft tariflicher Delegation nicht zugleich eine Regelung auf gesetzlicher Grundlage sein, die gemäß § 77 Abs. 4 Satz 1 BetrVG grundsätzlich betriebseinheitlich gilt.

In den Tarifverträgen zum „Leber-Kompromiß" war der Wirkungskreis der tariflich zugelassenen betrieblichen Regelungen davon abhängig, ob man darin zumindest auch eine Regelung im Sinne des Betriebsverfassungsgesetzes erblicken wollte. Wer die Festsetzung der Dauer der Arbeitszeit sogar von § 87 Abs. 1 Nr. 2 BetrVG erfaßt sieht[3], kann sowohl die Betriebsvereinbarung als auch den Spruch der Einigungsstelle als Ausfluß der gesetzlichen Kompetenz verstehen. Einer Delegation tariflicher Rechtsetzungsbefugnisse bedarf es nach dieser Auffassung nicht[4]. Wer Fragen der Arbeitszeit noch nicht einmal von der Regelungsbefugnis des § 88 BetrVG für gedeckt hält[5], darf nur von einer Delegation ausgehen, weil es keine originäre Regelungsbefugnis geben kann[6]. Wer dagegen § 88 BetrVG als umfassende Kompetenz zur Regelung aller sozialen Angelegenheiten versteht[7], der könnte zumindest die Geltung der Betriebsvereinbarung darauf stützen, wenn das Vorliegen einer Delegation dem nicht entgegensteht und die Betriebspartner tarifliche und betriebsverfassungsgesetzliche Rechtsetzungsbefugnisse gleichzeitig ausüben können. Dann könnte auch der Spruch der Einigungsstelle zumindest bezüglich der Verteilung der Arbeitszeit zusätzlich auf § 87 Abs. 1 Nr. 2 und Abs. 2 BetrVG gestützt werden[8].

Ein Nebeneinander von übertragenen tariflichen und originären betriebsverfassungsrechtlichen Befugnissen ist in der Diskussion häufig gar nicht erwogen worden[9]. Nachdem mit richtigen Argumenten der Ermächtigungs-

---

[3] *Fitting / Auffarth*, BetrVG, § 87 Rdnr. 44.

[4] Konsequent *Fitting / Auffarth*, BetrVG, § 87 Rdnr. 10 c.

[5] Vor allem *Richardi*, Kollektivgewalt, S. 319 f.; *Dietz / Richardi*, BetrVG, § 77 Rdnr. 54.

[6] Darauf weisen zu Recht hin *Buchner*, DB 1985, S. 915; *Zöllner*, ZfA 1988, S. 276.

[7] BAG (16.3.1956) AP Nr. 1 zu § 57 BetrVG; BAG (18.8.1987) AP Nr. 23 zu § 77 BetrVG 1972 (unter II 2); *Buchner* DB 1985, S. 916 und NZA 1986, S. 378; *Hanau*, NZA 1985, S. 75; *Zöllner*, ZfA 1988, S. 276.

[8] *Buchner*, NZA 1986, S. 379.

[9] Im älteren Schrifttum finden sich nur versteckt Hinweise darauf, daß betriebliche Regelungen im Gesetz *und* im Tarifvertrag ihre Grundlage haben können, *Galperin*, BB 1960, S. 456 (unter II a.E.); *Hueck / Nipperdey*, ArbR II, 3.-5. Auflage, S. 363.

charakter der tariflichen Erlaubnis begründet worden ist, hat man vorschnell geschlossen, die Berufung auf originäre Kompetenzen müsse ausscheiden[10]. Umgekehrt wurde angenommen, man könne sich unter Hinweis auf gesetzliche Befugnisse Erörterungen über eine Delegation tariflicher Normsetzungsbefugnisse ersparen[11]. Differenziertere Ansichten ziehen jedoch sowohl gesetzliche als auch tarifliche Grundlagen in Betracht. Vor allem Buchner und Zöllner wollen die Betriebsvereinbarung auf § 88 BetrVG stützen, wohingegen die Entscheidung der Einigungsstelle als Ausübung eines tariflichen Bestimmungsrecht zu verstehen wäre[12]. Danach ist die Öffnung des Tarifvertrags zugunsten betrieblicher Regelungen deklaratorisch und konstitutiv zugleich. Die Betriebspartner können sich auf ihre gesetzlichen Rechte berufen. Für die Einigungsstelle werden tarifliche Befugnisse begründet. Konsequent wäre es, den Ermächtigungscharakter gegenüber der Einigungsstelle und den Betriebspartnern gleichermaßen zu bejahen. Die Betriebsvereinbarung ist dann eine solche im betriebsverfassungsrechtlichen Sinn und eine kraft tarifvertraglicher Delegation. Während die Einigungsstelle in bezug auf die Dauer der Arbeitszeit nur aufgrund der tariflichen Ermächtigung handeln kann, dürfen sich Arbeitgeber und Betriebsrat zusätzlich auf die gesetzliche Befugnis des § 88 BetrVG berufen.

Das Handeln auf doppelter Grundlage ist weder durch Art. 9 Abs. 3 GG noch durch das Tarifvertragsgesetz oder das Betriebsverfassungsgesetz ausgeschlossen.

I. Art. 9 Abs. 3 GG

1. Positive Koalitionsfreiheit

Art. 9 Abs. 3 GG verbürgt, daß der Tarifautonomie gegenüber der Betriebsautonomie eine Vorrangstellung zukommt. Die Vorschriften des Betriebsverfassungsgesetzes zum Tarifvorrang entsprechen dieser Gewährleistung. Daraus läßt sich aber nicht ableiten, daß betriebliche Regelungen auf gesetzlicher Grundlage zwingend ausgeschlossen sein müssen, wenn die Angelegenheit bereits tariflich geregelt ist.

---

[10] Vgl. beispielsweise *Meier-Krenz*, DB 1988, S. 2153.

[11] Vgl. beispielweise *Fitting / Auffarth*, BetrVG, § 87 Rdnr. 10 c.

[12] *Buchner*, DB 1985, S. 918; *Zöllner*, ZfA 1988, S. 276; vgl. außerdem *Linnenkohl*, BB 1989, S. 2473.

Die Tarifvertragsparteien können auf die ihnen zukommende Vorrangstellung verzichten, ohne daß darin eine problematische Kompetenzverlagerung gesehen werden müßte[13]. Es läßt sich aus Art. 9 Abs. 3 GG grundsätzlich keine Verpflichtung zum Abschluß eines Tarifvertrages herleiten[14]. Die Tarifpartner sind nicht nur frei darin, überhaupt eine Regelung zu vereinbaren, sondern sie können auch entscheiden, daß der vereinbarte Tarifvertrag die betrieblichen Regelungsmechanismen nicht verdrängen soll[15]. Soweit dies zugelassen ist, können sich die Betriebspartner dann auf die im Betriebsverfassungsgesetz vorgesehenen Regelungskompetenzen berufen, ohne daß ein vorrangiger Tarifvertrag entgegenstünde. Insbesondere wenn die Anforderungen an eine Delegation eingehalten sind, ist eine solche Aufhebung der Vorrangstellung unproblematisch. In dem Maße, in dem die Tarifvertragsparteien andere zur Rechtsetzung an ihrer Statt ermächtigen können, kann die Freigabe verdrängter originärer Kompetenzen nicht bedenklich sein. In Fällen, in denen eine tarifliche Begründung von Rechten zulässig ist, muß es die Erlaubnis zur Wahrnehmung gesetzlicher Befugnisse erst recht sein. Beide Fälle halten gleichermaßen den Anforderungen an Art. 9 Abs. 3 GG stand.

2. Negative Koalitionsfreiheit

Wenn der Tarifvertrag den Betriebspartnern den Rückgriff auf das Betriebsverfassungsgesetz gestattet, kann auch die negative Koalitionsfreiheit der nicht tarifgebundenen Arbeitnehmer nicht verletzt sein. Diese schützt nämlich nicht davor, von betrieblichen Regelungen im Sinne des Betriebsverfassungsgesetzes „verschont“ zu bleiben. Eine Betriebsvereinbarung aufgrund § 88 BetrVG gestaltet grundsätzlich alle Arbeitsverhältnisse des Betriebs, ohne daß der einzelne Arbeitnehmer dies durch Fernbleiben von einer Gewerkschaft verhindern kann[16].

Die negative Koalitionsfreiheit ist selbst dann nicht verletzt, wenn der Tarifvertrag so viele zwingende Bestimmungen enthält, daß die Betriebspartner ihre gesetzliche Befugnis nur durch eine weitgehende Übernahme der tariflichen Regelung ausüben können[17]. Dadurch wird nicht der Wirkungs-

[13] Siehe oben § 2 III 1; vgl. auch Heinze, NZA 1989, S. 48.

[14] Eine Verhandlungspflicht bejaht aber *Hottgenroth*, Verhandlungspflicht, S. 17 ff.

[15] BAG (22.12.1981) AP Nr. 7 zu § 87 BetrVG 1972 Lohngestaltung; *v. Hoyningen-Huene / Meier-Krenz*, ZfA 1988, S. 302.

[16] Siehe oben § 5 II 3 a cc.

[17] A.A. wohl *v. Hoyningen-Huene / Meier-Krenz*, ZfA 1988, S. 316 f.; *Löwisch*, NZA 1985, S. 171.

kreis des Tarifvertrages erweitert, sondern nur der Inhalt des Tarifvertrages von den Betriebspartnern übernommen und in eine Betriebsvereinbarung überführt[18]. Die Geltung als Betriebsvereinbarung im betriebsverfassungsrechtlichen Sinn darf nicht davon abhängen, woher die Regelung inhaltlich stammt. Entscheidend ist, daß die Betriebspartner sie als ihre Regelung anerkennen und bestätigen. Für die Betroffenen sind alle Betriebsvereinbarungen gleich, selbst wenn sie den Tarifvertrag wörtlich übernehmen[19].

Das Bundesverfassungsgericht hat daher die inhaltliche Anlehnung eines freiwilligen Sozialplans an eine tarifliche Regelung mittels einer dynamischen Verweisung für unbedenklich gehalten. Art. 9 Abs. 3 GG könne nicht berührt sein, wenn die Bindung an den Tarifvertrag aus dem Abschluß eines Sozialplanes resultiere[20]. Dem war bereits ein Beschluß vorangegangen, der die dynamische Verweisung eines staatlichen Gesetzes auf Tarifnormen jedenfalls nicht als unzulässigen Druck auf die Außenseiter in Richtung auf einen Koalitionsbeitritt bewertete[21]. Im Schrifttum ist sogar erwogen worden, ob die negative Koalitionsfreiheit des Art. 9 Abs. 3 GG nicht erfordert, daß eine inhaltliche Übernahme für die nicht tarifgebundenen Arbeitnehmer möglich sein muß[22]. Unter Geltung des Betriebsverfassungsgesetzes 1952 sollte gar eine Übernahme des Tarifvertrages mit § 59 BetrVG a.F. vereinbar sein[23]. Auch die daran geäußerte Kritik stützte sich nicht darauf, daß darin eine Beeinträchtigung der Außenseiter liege[24]. Nach herrschender Auffassung zum Betriebsverfassungsgesetz 1972 ist eine Erlaubnis der Tarifpartner zur Übernahme notwendig, aber auch hinreichend[25]. Auf die Tarifgebundenheit der Arbeitnehmer kommt es danach nicht an. Wenn die Tarifpartner die gesetzlichen Befugnisse der Betriebspartner freigeben, können Betriebsvereinbarungen auf betriebsverfassungsgesetzlicher Grundlage verabschiedet werden, die grundsätzlich betriebseinheitlich gelten.

---

18 LAG Schleswig-Holstein (27.8.1986) DB 1986, S. 2440.

19 *Wiedemann*, RdA 1969, S. 326 f.

20 BVerfG (23.4.1986) AP Nr. 28 zu Art. 2 GG (unter B II).

21 BVerfG (14.6.1983) AP Nr. 21 zu § 9 BergmannsVersorgScheinG NRW (unter B I).

22 *Hromodka*, NJW 1972, S. 184; *v. Stebut*, RdA 1974, S. 341.

23 BAG (6.3.1956) AP Nr. 1 zu § 7 AZO, bei ausdrücklicher Zulassung; BAG (27.3.1963) AP Nr. 9 zu § 59 BetrVG, ohne ausdrückliche Zulassung; vgl. auch BAG (15.5.1964) AP Nr. 5 zu § 56 BetrVG Akkord.

24 *Biedenkopf*, Tarifautonomie, S. 280 ff.

25 *Dietz / Richardi*, BetrVG, § 77 Rdnr. 220 ff.; *Gast*, Tarifautonomie, S. 43; GK-*Wiese*, BetrVG, § 87 Rdnr. 43; *Moll*, Tarifvorrang, S. 51 ff.

II. Tarifvertragsgesetz

Delegationsnormen sind aufgrund ihrer relativen Bestimmtheit Inhaltsnormen im Sinne des § 1 Abs. 1 TVG[26]. Sie können gemäß § 4 Abs. 3, 1. Alternative TVG dispositiv sein. Dadurch werden die gegenüber nachrangigen Regelungsmethoden zwingende Wirkung des Tarifvertrages aufgehoben und Abweichungen aus eigenem Recht ermöglicht[27].

Originäre Betriebsratsbefugnisse können freigegeben werden, indem betriebsvereinbarungsdispositives Tarifrecht normiert wird[28]. Die Gestattung von Betriebsvereinbarungen im betriebsverfassungsrechtlichen Sinn kann an weitere Bedingungen geknüpft werden[29]. Wenn die Tarifvertragsparteien lediglich die inhaltliche Übernahme ihrer Regelung durch die Betriebspartner in der Form einer Betriebsvereinbarung zulassen wollen, schreiben sie als weitere Bedingung fest, daß die Betriebsvereinbarung die tarifliche Rahmenregelung beachten muß. Eine Abweichung in inhaltlicher Hinsicht ist den Betriebspartnern dann verwehrt.

Trotzdem kann die Vorschrift des § 4 Abs. 3, 1. Alternative TVG sinnvoll angewendet werden. Denn in Fällen der Delegation ist eine Ermächtigung ausgesprochen, die beachtet werden muß, wenn der Tarifvertrag weiter konkretisiert werden soll. An und für sich ist nur der Delegatar aufgefordert, die tarifliche Rahmenregelung für die Tarifvertragsparteien näher zu konkretisieren. Die gesetzlichen Befugnisse sind verdrängt, weil der Tarifvertrag selbst vorsieht, auf welche Weise die noch fehlenden Ergänzungen festgelegt werden sollen. Von dieser eigentlich zwingenden Verfahrensregelung gestatten die Tarifpartner eine Abweichung dahingehend, daß die Betriebspartner bei der Ergänzung des Tarifvertrages von ihren originären Rechtsetzungsbefugnissen Gebrauch machen dürfen.

Die Tarifverträge zum „Leber-Kompromiß" könnten eine Gestattung im Sinne des § 4 Abs. 3, 1. Alternative TVG beinhalten. Dem Betriebsrat und dem Arbeitgeber wird erlaubt, trotz der vorhandenen tariflichen Regelung die gesetzlichen Befugnisse auszuschöpfen. Dabei muß die tarifliche Rahmenregelung der Arbeitszeitverkürzung als zwingendes Tarifrecht übernommen und in eine Betriebsvereinbarung überführt werden. Eine derartige Erlaubnis läßt sich deshalb annehmen, weil es in den Fällen der Arbeitszeitverkürzung den

---

[26] Siehe oben § 3 I 2.

[27] Siehe oben § 2 III 1.

[28] Siehe oben § 5 I 2 b; *Brötzmann*, NZA 1986, S. 594; *Richardi*, ZfA 1990, S. 225; *Zöllner*, ZfA 1988, S. 275.

[29] Vgl. BAG (31.1.1989) AP Nr. 15 zu § 87 BetrVG 1972 Tarifvorrang.

Tarifpartnern erkennbar darauf ankam, ihrer Regelung eine möglichst umfassende Geltung zu verschaffen. Zwar ist es aus rechtlichen Gründen ausgeschlossen, durch Delegation die Inhaltswirkung des Tarifvertrages auszudehnen, aber gerade deshalb besteht ein Interesse, dieses Ergebnis auf anderem, rechtlich zulässigen Wege zu erreichen. Daher kann in den Tarifverträgen zur Arbeitszeitverkürzung unterstellt werden, daß eine Erlaubnis im Sinne von § 4 Abs. 3, 1. Alternative TVG ausgesprochen war.

Unrichtig ist es, aus der Zulassung ergänzender Betriebsvereinbarungen in jedem Fall zu schließen, daß auch die Erlaubnis erteilt sei, die tariflich zu ergänzende Regelung durch Betriebsvereinbarung zu übernehmen und damit inhaltlich auf alle Arbeitnehmer auszudehnen[30]. Diese Auffassung resultiert aus der verfehlten Vorstellung, § 77 Abs. 3 Satz 2 BetrVG könne nur die Aufhebung der Sperrwirkung, nicht aber Fälle der Delegation meinen. Wenn die ergänzende Betriebsvereinbarung im Sinne des § 77 Abs. 3 Satz 2 BetrVG grundsätzlich nur für die tarifgebundenen Arbeitsverhältnisse gilt, weil es sich um eine Betriebsvereinbarung kraft tarifvertraglicher Delegation handelt[31], besteht keine Notwendigkeit, auch die zu ergänzende tarifliche Regelung auf die nicht tarifgebundenen Arbeitnehmer anzuwenden. Es bleibt allein den Tarifpartnern überlassen, ob sie neben der Ermächtigung, den Tarifvertrag für die tarifgebundenen Arbeitsverhältnisse inhaltlich zu ergänzen, den Betriebspartnern weiter erlauben, die gesetzlichen Befugnisse zur Übernahme der tariflichen Regelung zu benutzen. Erst durch Auslegung der Delegationsnorm im Einzelfall kann festgestellt werden, ob darin zugleich eine Gestattung im Sinne von § 4 Abs. 3, 1. Alternative TVG liegt[32].

III. Betriebsverfassungsgesetz

Das Betriebsverfassungsgesetz sieht in den Vorschriften des Tarifvorrangs § 77 Abs. 3 Satz 1 BetrVG und § 87 Abs. 1 Einleitungssatz BetrVG vor, daß eine tarifliche Regelung die gesetzlichen Mitbestimmungstatbestände verdrängt.

Dennoch hat das Bundesarbeitsgericht erstmals im Beschluß vom 22.12. 1981 entschieden, daß sich der Betriebsrat auf die Tatbestände des § 87 Abs. 1 BetrVG berufen könne, wenn der Tarifvertrag die Ausgestaltung und

---

[30] So aber *Braun*, BB 1986, S. 1433; *v. Hoyningen-Huene / Meier-Krenz*, ZfA 1988, S. 303; GK-*Kreutz*, BetrVG, § 77 Rdnr. 130; *v. Stebut*, RdA 1974, S. 341.

[31] Siehe oben § 5 I 2.

[32] *Zöllner*, ZfA 1988, S. 278.

Konkretisierung gerade den Betriebspartnern gemeinsam zuweist[33]. Der Tarifvertrag hatte abstrakt vorgesehen, wann und bis zu welcher Höhe Erschwerniszulagen zu zahlen waren. Die Bestimmung der betroffenen Arbeitnehmer sollte durch den Arbeitgeber im Einvernehmen mit dem Betriebsrat vorgenommen werden. Bei einer solchen Zuweisung, so meinte der Senat einerseits, bestehe „keine tarifliche Regelung" im Sinne des § 87 Abs. 1 Einleitungssatz BetrVG. Damit wird an die Rechtsprechung angeknüpft, die die Anforderungen an eine tarifliche Regelung im Sinne des Einleitungssatzes sehr hoch ansetzt[34]. In den weiteren Urteilsgründen relativiert der Senat diese Aussage jedoch, indem er den Tarifvertrag als „subsidiäre Regelung" bezeichnet. Die Tarifvertragsparteien könnten die betriebsverfassungsgesetzliche Regelung gelten lassen, indem sie die Angelegenheit überhaupt nicht regelten. Es könnte ihnen auch nicht verwehrt sein, eine Angelegenheit subsidiär zu regeln[35].

Dieser Gedanke wird in späteren Entscheidungen aufgenommen. Im Beschluß vom 16.12.1986 wird eine Regelung im Sinne des § 87 Abs. 1 Einleitungssatz BetrVG bejaht, die aber der Berufung auf die Tatbestände des § 87 Abs. 1 BetrVG nicht entgegenstünde[36]. Schließlich hatte der Senat Tarifklauseln zu beurteilen, die bestimmten, daß der Tarifvertrag keine Regelung im Sinne von § 87 Abs. 1 Einleitungssatz BetrVG sein sollte[37]. Da die rechtliche Bewertung eine solche vorrangige Regelung ergab, wurde aus der Klausel gefolgert, daß die Tarifpartner einen gegenüber betrieblichen Regelungen subsidiären Tarifvertrag vereinbaren wollten. Trotz der vorrangigen tariflichen Vorschriften durften die Betriebspartner sich daher auf ihre gesetzlichen Mitbestimmungsrechte berufen. In allen genannten Fällen hat das Bundesarbeitsgericht zugelassen, daß die Tarifpartner dem Betriebsrat die Wahrnehmung gesetzlicher Kompetenzen gestatteten, obwohl eine vorrangige tarifliche Regelung gegeben war. Eine solche Aufhebung der Sperrwirkung eines Tarifvertrages wird auch im Schrifttum für unproblematisch gehalten[38].

---

[33] BAG (22.12.1981) AP Nr. 7 zu § 87 BetrVG 1972 Lohngestaltung.

[34] Vgl. insbesondere BAG (3.4.1979) AP Nr. 2 zu § 87 BetrVG 1972, worin eine ergänzungsbedürftige Rahmenregelung für unzureichend erklärt wird.

[35] BAG (22.12.1981) AP Nr. 7 zu § 87 BetrVG 1972 Lohngestaltung.

[36] BAG (16.12.1986) AP Nr. 8 zu § 87 BetrVG 1972 Prämie.

[37] BAG (24.11.1987) AP Nr. 6 zu § 87 BetrVG 1972 Akkord; BAG (14.2.1989) AP Nr. 8 zu § 87 BetrVG 1972 Akkord.

[38] Jedoch fälschlich mit § 77 Abs. 3 Satz 2 BetrVG begründet von *Beuthien*, BB 1983, S. 1992 ff.; *Dietz/Richardi*, BetrVG, § 77 Rdnr. 230; *Fitting/Auffarth*,

Der Berufung auf gesetzliche Kompetenzen steht nicht entgegen, daß die Betriebspartner detaillierte tarifliche Bestimmungen einzuhalten bzw. die gesamte zwingende tarifliche Rahmenregelung in der Betriebsvereinbarung zu übernehmen haben[39].

Das Bundesarbeitsgericht hat bei der Beurteilung der Tarifverträge der Metalltarifrunde 1984, obwohl es die Betriebsvereinbarung bezüglich der Dauer der Arbeitszeit auf § 88 BetrVG und bezüglich Beginn und Ende der Arbeitszeit auf § 87 Abs. 1 Nr. 2 BetrVG stützen wollte, zugleich die Einhaltung der tariflichen Vorgaben überprüft. Betriebsvereinbarungen hätten tarifliche Regelungen zu beachten. Soweit der Tarifvertrag zwingende Vorgaben mache, liege außerdem insoweit eine Regelung im Sinne des Einleitungssatzes zu § 87 Abs. 1 BetrVG vor. Eine Betriebsvereinbarung, die gegen tarifliche Regelungen verstoße, sei unwirksam und nichtig[40]. Auch im Schrifttum wird zugegeben, daß die Öffnung des Tarifvertrages zugunsten originärer Befugnisse an tarifliche Voraussetzungen gebunden werden kann, so daß die gesetzlichen Befugnisse stark eingeschränkt sind[41]. Weil die tarifliche Regelung die gesetzlichen Befugnisse völlig verdrängen kann, unterliegt eine derartig begrenzte Öffnungsklausel keinen Bedenken. Es handelt sich um die Rückgewähr von ursprünglichen Rechten unter einschränkenden Voraussetzungen[42].

In den Fällen der Delegation können die tariflichen Vorgaben demnach eine doppelte Bedeutung haben. Einerseits sind sie eine notwendige Begrenzung der Ermächtigungsnorm. Andererseits stellen sie eine Bedingung dar, unter der gesetzliche Mitbestimmungsrechte wahrgenommen werden dürfen. Das Vorliegen einer begrenzten Delegation schließt es also nicht aus, daß sich die Betriebspartner zugleich auf das Gesetz berufen können.

Sogar eine freiwillige Betriebsvereinbarung im Sinne von § 88 BetrVG ist möglich, obwohl der Tarifvertrag alles Wesentliche vorgibt. Selbst wenn der Entscheidungsspielraum der Betriebspartner denkbar gering ist, beruht die

---

BetrVG, § 77 Rdnr. 64a und 91; GK-*Kreutz*, BetrVG, § 77 Rdnr. 131; *Hess/Schlochauer*, BetrVG, § 77 Rdnr. 91; *v. Hoyningen-Huene/Meier-Krenz*, ZfA 1988, S. 302; *v. Stebut*, RdA 1974, S. 340 f.

[39] Zweifelnd offenbar *Löwisch*, DB 1984, S. 2458, NZA 1985, S. 170 und SAE 1988, S. 105; *Schüren*, RdA 1985, S. 27 und RdA 1988, S. 143.

[40] BAG (18.8.1987) AP Nr. 23 zu § 77 BetrVG 1972 (unter II 4 a.E.).

[41] *Buchner*, DB 1985, S. 918, NZA 1986, S. 380 f. und RdA 1990, S. 5; *v. Hoyningen-Huene*, Anm. zu BAG (31.1.1984) und (28.2.1984) SAE 1985, S. 302; *Meier-Krenz*, Beteiligungsrechte, S. 151; *Weyand*, AuR 1989, S. 196.

[42] *Spilger*, Betriebsverfassungsrecht, S. 210.

Inkraftsetzung der Betriebsvereinbarung doch ausschließlich auf einem Willensakt von Betriebsrat und Arbeitgeber. „Freiwillig" im Sinne der Vorschrift bedeutet nur, daß der Abschluß nicht mittels einer Einigungsstelle erzwungen werden kann. Daß andere Beschränkungen bestehen, steht einer freiwilligen Betriebsvereinbarung nicht entgegen.

Die freie Entscheidung der Betriebspartner könnte allenfalls fehlen, wenn sie gezwungen wären, nicht nur den Tarifvertrag zu ergänzen, sondern gleichzeitig eine Betriebsvereinbarung zu schaffen, die alle Arbeitnehmer erfaßte[43]. Dazu müßte allerdings die Wahrnehmung der tariflichen Ermächtigung die Ausübung gesetzlicher Befugnisse zwangsläufig nach sich ziehen. Dann bestünde nur die Freiheit, überhaupt tätig zu werden oder gar nicht. Jede Ergänzung des Tarifvertrages hätte die Ausdehnung der Regelung auf alle Arbeitnehmer des Betriebs zur Folge. Eine derartige Konnexität zwischen verlagerten und originären Befugnissen ist abzulehnen. Wenn die Tarifpartner die Wahrnehmung gesetzlicher Befugnisse neben den tariflich begründeten freigeben können, heißt das nicht, daß sie die gleichzeitige Ausübung erzwingen könnten. Die Freiheit des Betriebsrats und des Arbeitgebers, sich auf § 88 BetrVG zu berufen, kann der Tarifvertrag nicht einschränken. Die betrieblichen Sozialpartner können sich also darauf beschränken, von der tariflichen Ermächtigungsnorm zur näheren Konkretisierung des Tarifvertrages Gebrauch zu machen[44]. Sie ergänzen dann den Tarifvertrag zu einer vollständigen Regelung für die Tarifgebundenen. Sie bestätigen seinen Inhalt aber nicht für den ganzen Betrieb, indem sie eine freiwillige Betriebsvereinbarung verabreden. Es liegt eine Betriebsvereinbarung kraft tarifvertraglicher Delegation vor, die keine Betriebsvereinbarung im betriebsverfassungsrechtlichen Sinn ist.

---

[43] So offenbar *Löwisch*, Anm. zu BAG (18.8.1987) SAE 1988, S. 104.

[44] Auf einem anderen Blatt steht die Frage, ob die Betriebspartner nicht infolge § 75 Abs. 1 BetrVG gehalten sind, die tarifrechtlichen Unterschiede auf betriebsverfassungsrechtlichem Wege einzuebnen.

§ 9 Prozessuale Fragen

I. Gerichtlicher Prüfungsumfang

Grundsätzlich besteht in Fällen der Delegation nur ein eingeschränktes Prüfungsrecht der Gerichte[1]. Nur ausnahmsweise können die Gerichte uneingeschränkt anstelle des Delegatars selbst entscheiden[2]. Es ist gerade Sinn der Delegation, einen Entscheidungsspielraum für den Begünstigten zu eröffnen. Dies würde unterlaufen, wenn die Gerichte sich herausnähmen, den Delegatar vollständig zu kontrollieren. Dann stellte sich jede Ermächtigung im Ergebnis als Erweiterung der gerichtlichen Kompetenzen dar. Daß die Überprüfung nur eingeschränkt möglich sein kann, ergibt sich außerdem daraus, daß die Arbeitsgerichte keine eigenen Zweckmäßigkeitsüberlegungen an die Stelle der Vorstellungen der Tarifpartner setzen dürfen. Art. 9 Abs. 3 GG verwehrt eine „Tarifzensur" durch die Gerichte auch gegenüber dem Delegatar. Dieser hat an dem tariflichen Privileg teil, solange er sich im Rahmen der tariflichen Ermächtigung bewegt[3].

1. Tarifliche Delegationsnorm

a) Ermächtigungscharakter des Tarifvertrages

Zunächst kommt den Gerichten die Aufgabe zu, festzustellen, ob überhaupt eine Delegationsnorm vorliegt. Nur wenn die Gerichte dem Tarifvertrag die Einräumung einer Ermächtigung zur Regelung entnehmen, werden sie entsprechende Zurückhaltung bei der Kontrolle üben. Dazu wird herkömmlich zwischen Rechts- und Regelungsfragen unterschieden. Zur Entscheidung von Rechtsfragen ist das Gericht aufgerufen, während bei Regelungsfragen dem Kompetenzinhaber Bewertungsspielräume zugestanden

---

[1] Vgl. *Hilger*, BB 1956, S. 13. A.A. wohl *Söllner*, 25 Jahre BAG, S. 614.

[2] Siehe unten § 9 II.

[3] Vgl. insbesondere die Entscheidung BAG (22.5.1985) AP Nr. 7 zu § 1 TVG Tarifverträge: Bundesbahn, in der es abgelehnt wird, das Verhalten des Arbeitgebers an § 242 BGB zu messen, weil auch der ihn ermächtigende Tarifvertrag daran nicht gemessen werden könnte. Zur Richtigkeit der Prämisse, siehe unten § 9 I 2.

werden. Indem die Gerichte Tarifnormen[4] darauf überprüfen, ob ein unbestimmter Rechtsbegriff vorliegt oder ob ein Bestimmungsrecht zugunsten Dritter eingeräumt ist, überprüfen sie zugleich ihre eigene Kompetenz. Der unbestimmte Rechtsbegriff offenbart sich als versteckte Delegation zugunsten des Gerichts. Die Gerichte haben diesen auszulegen, ohne daß sie an die Bewertung anderer gebunden wären. Eventuell verbleibende Regelungsfragen müssen vom Richter entschieden werden; seine Tätigkeit ist insofern Rechtsschöpfung.

Die aus dem Verwaltungsrecht bekannte Figur des unbestimmten Rechtsbegriffs mit einem gerichtlich nicht überprüfbaren Beurteilungsspielraum ist strenggenommen systemwidrig. Sie stellt einen Kunstgriff dar, um die Anerkennung eines Tatbestandsermessens zu vermeiden. Behandelt man die Einräumung von Regelungsspielräumen auf der Tatbestandsseite und der Rechtsfolgenseite gleich[5], stellt sich die Prüfung derartiger unbestimmter Rechtsbegriffe als Kontrolle des Ermessens dar[6]. Dann verbleibt es bei der Zweiteilung von kontrollierbarem unbestimmtem Rechtsbegriff und eingeschränkter Ermessenskontrolle in Fällen der Delegation.

Die Frage, ob eine Delegationsnorm vorliegt, hat die Arbeitsgerichte häufig im Zusammenhang mit der Eingruppierung in tarifliche Vergütungsgruppen beschäftigt. Im öffentlichen Dienst hatte das Reichsarbeitsgericht ein gerichtlich nicht überprüfbares Beurteilungsrecht des Behördenleiters angenommen[7]. Diese Rechtsprechung ist jedoch vom Bundesarbeitsgericht nicht fortgesetzt worden. Die Eingruppierung sei gerichtlich voll überprüfbar, ein Einschätzungsspielraum des Arbeitgebers bestehe nicht[8]. Nur ausnahmsweise hat das Arbeitsgericht statt einer Tarifautomatik einen Festsetzungsakt durch den Arbeitgeber verlangt. Dieser habe einen, allerdings tariflich begrenzten, Ermessens- und Gestaltungsspielraum[9]. Im Schrifttum hat man verschiedentlich aus der Abstraktheit der Eingruppierungskriterien auf eine Beurteilungs-

---

[4] BAG (8.8.1989) AP Nr 6 zu § 106 BetrVG 1972, entscheidet genauso für Gesetzesnormen.

[5] Siehe oben § 2 I 3.

[6] Vgl. dazu die aktuelle Rechtsprechung zur Frage, ob „ausreichende soziale Gesichtspunkte" im Sinne von § 1 Abs. 3 Satz 1 KSchG durch die Betriebspartner richtig ausgelegt sind, BAG (18.1.1990) AP Nr. 19 zu § 1 KSchG 1969 Soziale Auswahl.

[7] Dies wurde freilich mit dem „Führerprinzip" begründet, vgl. RAG (29.5.1940) ARS 39, S. 419; RAG (2.6.1940) ARS 39, S. 425; RAG (10.6.1940) ARS 39, S. 429.

[8] BAG (23.9.1954) AP Nr. 1 zu § 3 TOA.

[9] BAG (25.1.1978) AP Nr. 10 zu § 611 BGB Croupier.

ermächtigung zugunsten des Arbeitgebers geschlossen, deren Ausübung nur eingeschränkt überprüfbar sei[10]. Das Bundesarbeitsgericht hat diese Auffassung ausdrücklich abgelehnt[11]. Sie wurde selbst in den Fällen nicht aufgegriffen, in denen sich die unteren Instanzen außerstande erklärten, eine gerichtliche Kontrolle durchzuführen, weil die Eingruppierungskriterien bar jeden eigenen Rechtsinhalts seien[12].

Wenn man derart unbestimmte Tarifnormen nicht bereits für unzulässig hält, sollte man ihnen zumindest den Charakter einer Ermächtigung zubilligen. Diese Erkenntnis dürfte die Entscheidung darüber erleichtern, wem das daraus resultierende Tatbestandsermessen eingeräumt ist. Verfehlt ist es jedenfalls, wenn sich die Gerichte mit dem Hinweis auf das Vorliegen einer Rechtsfrage dieser Entscheidung entziehen.

b) Zulässigkeit der Delegation

Stellt sich eine Tarifnorm infolge ihres Ermächtigungscharakters als Delegation dar, muß das Gericht weiter deren Zulässigkeit untersuchen. Dazu ist nach der hier vertretenen Auffassung ein gewisses Maß an Bestimmtheit unerläßlich. Es muß daher das Vorliegen der dargestellten Anforderungen[13] geprüft werden. Die Tarifvertragsparteien müssen genügend selbst geregelt haben und die ausgesprochene Ermächtigung darf nicht zu weit sein, sondern darf lediglich eine gewisse Konkretisierung der tariflichen Vorgaben erlauben.

Das gilt sinngemäß sogar für den Fall, daß gar keine Ermächtigung zugunsten Dritter, sondern ein unbestimmter Rechtsbegriff angenommen worden ist. Dann hat das Gericht diesen auszulegen. Vorher aber muß geprüft werden, ob der Begriff justitiabel ist. Dahinter verbirgt sich die Frage, ob dem Gericht genügend Anhaltspunkte für eine Auslegung des Tarifvertrages vorgegeben sind. Die tarifliche Regelung muß gewissen Bestimmtheitsanforderungen genügen, damit die Gerichte überhaupt ihre Aufgabe erfüllen kön-

---

[10] *Herschel*, Anm. zu ArbG Hildesheim (18.8.1978) und LAG Niedersachsen (28.2.1979) AP Nr. 13 und 13a zu § 22, 23 BAT 1975; *Volkmar*, Anm. zu RAG (29.5.1940), (2.6.1940), (10.6.1940) ARS 39, S. 438.

[11] BAG (3.5.1978) AP Nr. 6 zu § 1 TVG Tarifverträge: Rundfunk.

[12] BAG (23.9.1954) AP Nr. 1 und 2 zu § 3 TOA; BAG (29.1.1986) AP Nr. 115 zu § 22, 23 BAT 1975; LAG Niedersachsen (28.2.1979) AP Nr. 13a zu § 22, 23 BAT 1975.

[13] Siehe oben § 3 II.

nen. Dabei liegt die Schwierigkeit nicht darin, daß der Richter dem Tarifvertrag nicht irgendeine Bedeutung geben könnte. Problematisch ist vielmehr die Beliebigkeit der anzustellenden Erwägungen. Mangelnde Justitiabilität beinhaltet den Vorwurf, die sachliche Bewältigung der Regelungsfragen unzulässigerweise auf den Richter verlagert zu haben.

Stellt sich die Unzulässigkeit der Delegation heraus, kann das Gericht untersuchen, ob sich die unzulässige Delegationsnorm als deklaratorische Verweisung auf anderwärts begründete Befugnisse aufrecht erhalten läßt[14]. So dürfte beispielsweise eine zu gering eingegrenzte Ermächtigung zu ergänzenden Betriebsvereinbarungen gemäß § 77 Abs. 3 Satz 2 BetrVG als Gestattung im Sinne von § 4 Abs. 3, 1. Alternative TVG wirksam sein. Die Arbeitsgerichte können daher prüfen, ob die Betriebspartner sich auf gesetzliche Kompetenzen stützen. Daneben kann eine unzulässige Tarifnorm eine schuldrechtliche Bedeutung haben[15]. Daher können die den Tarifvertrag abschließenden Vertragsparteien gehalten sein, eine Durchsetzung der Vereinbarungen mittels einer Einwirkung auf ihre Mitglieder herbeizuführen.

2. Regelung des Delegatars

Wenn der Tarifvertrag als Ermächtigung erkannt ist und die Zulässigkeitsanforderungen einer Delegation bejaht werden konnten, muß die aufgrund des Tarifvertrages ergangene Regelung des Delegatars überprüft werden.

a) Tarifliche Rechtsregeln

Die Regelung des Delegatars muß zuerst an denjenigen Regeln gemessen werden, die die Tarifpartner für das Handeln des Bestimmungsbefugten aufgestellt haben[16]. Nur innerhalb der zwingenden tariflichen Vorgaben besteht ein nicht kontrollierbarer Entscheidungsfreiraum. Die Arbeitsgerichte müssen überwachen, daß die Grenzen nicht überschritten werden. Der Delegatar kann sich auf die tarifliche Ermächtigung nur berufen, wenn er alle aufgestellten Tatbestandsmerkmale erfüllt. Fehlt es daran, ist sein Handeln durch den Tarifvertrag nicht gedeckt. Es ist nicht nur tarifwidrig, sondern es entbehrt sogar jeglicher Ermächtigungsgrundlage.

---

[14] Siehe oben § 2 III 1.

[15] *Strasser*, FS Floretta, S. 637 f., für das österreichische Arbeitsrecht.

[16] *Rieble*, Kontrolle des Ermessens, S. 156; *Wiedemann*, Anm. zu BAG (28.11.1984) AP Nr. 1 und 2 zu § 4 TVG Bestimmungsrecht.

Da eine bestimmte Begrenzung vorgenommen sein muß[17], findet sich im Tarifvertrag immer ein Kontrollmaßstab, der dem Richter Kriterien zur Überprüfung der Entscheidung des Delegatars gibt. Allerdings können auch diese Kriterien mehr oder weniger eng sein. Je exakter die tariflichen Vorgaben, desto geringer ist der Wertungsspielraum des Gerichts und desto größer ist die Freiheit der Ermächtigten innerhalb der vorgegebenen Grenzen.

Bestimmt der Tarifvertrag beispielsweise, daß der Arbeitgeber die Höhe einer Leistungszulage nach bestimmten Kriterien festzusetzen hat, daß aber der Höchstsatz nur bei Vorliegen einer „besonderen" Leistung gezahlt werden dürfe, kann das Gericht selbst entscheiden, wann eine „besondere" Leistung vorliegt[18]. Es hat damit die Möglichkeit, eine Festsetzung der Zulage mit der Begründung zu kassieren, daß der Arbeitgeber gegen diese zwingende Tarifnorm verstoßen habe. Obwohl dem Arbeitgeber zweifellos ein Gestaltungsspielraum zugestanden wird, kann er nur sehr schwer abschätzen, ob seine Entscheidung vor Gericht Bestand haben wird. Obwohl das Gericht lediglich eine Ermessenskontrolle vornimmt, ist die Möglichkeit groß, gerichtliche Erwägungen an die Stelle der Erwägungen des Delegatars zu setzen. Wenn dagegen die Tarifpartner näher vorgegeben haben, was unter einer „besonderen" Leistung zu verstehen sein soll, ist zwar der Kontrollmaßstab größer und der Entscheidungsspielraum für den Begünstigten entsprechend eng, aber zugleich die Möglichkeit des Gerichts, eigene Zweckmäßigkeitsüberlegungen anstelle des Arbeitgebers anzustellen, erheblich reduziert. In diesem Fall kann der Arbeitgeber den ihm eingeräumten Beurteilungsspielraum zuverlässiger erkennen. Die Gestaltungsfreiheit kann sinnvoller ausgeübt werden, weil der gerichtliche Kontrollmaßstab offenliegt.

b) Billigkeitskontrolle

Fraglich und zweifelhaft ist, ob die aufgrund der tariflichen Ermächtigung getroffene Regelung zusätzlich noch auf Billigkeit untersucht werden muß, obwohl Tarifverträge nach herrschender Meinung darauf nicht kontrolliert werden können. Bei der Ermächtigung zu ergänzenden Betriebsvereinbarungen könnte sich das aus dem Umstand ergeben, daß diese zumindest nach der Auffassung des Bundesarbeitsgerichts einer Billigkeitskontrolle unterliegen[19]. Eine Billigkeitskontrolle liegt auch nahe, wenn man die Delegations-

---

[17] Siehe oben § 3 II 2 b.

[18] BAG (12.8.1981) AP Nr. 3 zu § 1 TVG Tarifverträge: Bundesbahn.

[19] Grundlegend BAG (30.1.1970) AP Nr. 142 zu § 242 BGB Ruhegehalt. Die sich aus der Tariföffnung zugunsten von Betriebsvereinbarungen ergebenden Fragen be-

norm als Bestimmungsklausel im Sinne von § 315 BGB versteht. Andererseits dürfte die Einräumung von billigem Ermessen aber regelmäßig unzulässig sein, weil die Tarifpartner engere Vorgaben zu machen haben[20]. Da § 315 BGB nur eine Auslegungsregel enthält, müßte der tarifliche Maßstab die Überprüfung anhand der Billigkeit verdrängen[21].

In diese Richtung hat das Bundesarbeitsgericht verschiedentlich argumentiert: Statt auf Billigkeit sei die Entscheidung auf ihre Richtigkeit anhand des Tarifvertrages zu überprüfen, weil der Tarifvertrag die Betriebspartner als Schiedsgutachter einsetze[22]. Billigkeit sei nicht der Entscheidungsmaßstab, wenn der Ermessens- und Gestaltungsspielraum des Arbeitgebers durch Tarifnormen in verschiedener Weise beschränkt sei[23]. Soweit der Tarifvertrag bestimmte zwingende Vorgaben mache, bestehe kein Ermessensspielraum mehr, so daß für Billigkeitsüberlegungen kein Platz sei[24]. Wenn die Tarifvertragsparteien auf das Beamtenrecht Bezug nähmen, könnten nicht die Grundsätze billigen Ermessens Anwendung finden, weil der Tarifvertrag damit zugleich andere Maßstäbe anordne[25]. § 315 BGB könne nicht herangezogen werden, wenn die Gestaltungsmöglichkeit nur unter eindeutig tariflich umschriebenen Voraussetzungen wahrgenommen werden könne[26]. Diese Entscheidungen stellen aber Ausnahmen dar. Überwiegend wurde vom Bundesarbeitsgericht ausdrücklich eine Billigkeitskontrolle für notwendig erachtet[27]. Diese trat zu der Überprüfung anhand des Tarifvertrages hinzu.

Die von den Gerichten vorgenommene Billigkeitskontrolle muß aber nicht unbedingt im Widerspruch zu der dargestellten eingeschränkten Kontrollmög-

---

züglich des Kontrollmaßstabs problematisieren *Kissel*, NZA 1986, S. 79; *Buchner*, NZA 1986, S. 381.

[20] Siehe oben § 3 I 3 und II 2 b.

[21] *Wiedemann*, Anm. zu BAG (28.11.1984) AP Nr. 1 und 2 zu § 4 TVG Bestimmungsrecht; einschränkend auch *Blomeyer*, ZfA 1980, S. 68.

[22] BAG (29.1.1969) AP Nr. 20 zu § 611 BGB Akkordlohn.

[23] BAG (25.1.1978) AP Nr. 10 zu § 611 BGB Croupier.

[24] BAG (12.8.1981) AP Nr. 3 zu § 1 TVG Tarifverträge: Bundesbahn.

[25] BAG (7.9.1982) AP Nr. 7 zu § 44 BAT.

[26] BAG (22.5.1985) AP Nr. 7 zu § 1 TVG Tarifverträge: Bundesbahn.

[27] BAG (28.3.1973) AP Nr. 2 zu § 319 BGB; BAG (28.9.1977) AP Nr. 4 zu § 1 TVG Tarifverträge: Rundfunk; BAG (28.11.1984) AP Nr. 1 und 2 zu § 4 TVG Bestimmungsrecht; BAG (15.1.1987) AP Nr. 21 zu § 75 BPersVG; BAG (18.8.1987) AP Nr. 23 zu § 77 BetrVG 1972 (unter B IV); BAG (30.9.1987) AP Nr. 33 zu § 611 BGB Bühnenengagementvertrag; BAG (17.3.1988) AP Nr. 11 zu § 15 BAT; BAG (12.1.1989) AP Nr. 14 zu § 50 BAT.

lichkeit in Fällen der Delegation stehen[28]. Wie das Bundesarbeitsgericht selbst zugibt, schließt eine Billigkeitskontrolle nicht aus, daß ein gerichtsfreier Beurteilungsspielraum besteht[29]. Durch die Einräumung einer Leistungsbestimmung nach billigem Ermessen wird nämlich „keineswegs nur eine einzigmögliche Regelung gestattet, sondern ein ... bis an die Grenze der Billigkeit heranreichender Ermessens- und Gestaltungsspielraum eröffnet"[30]. Die Billigkeitskontrolle entpuppt sich damit als eine Art Ermessenskontrolle, bei der nur rechtliche Grenzen der Ermessensausübung überprüft werden[31]. Diese These bestätigt sich, wenn man genauer analysiert, welche Erwägungen das Bundesarbeitsgericht unter dem Stichwort „Billigkeit" anstellt. Vor allem[32] verbirgt sich dahinter die Kontrolle des Übermaßverbots[33] und der Einhaltung der Grundrechte, sowie Vertrauensschutzerwägungen[34]. Das aber sind Schranken, denen nach richtiger Ansicht schon die Tarifpartner selbst unterliegen[35]. Eine derartige „Billigkeitskontrolle" ist unbedenklich, da sie die aufgrund der tariflichen Ermächtigung ergehende Regelung, nicht nur an tariflichen, sondern zusätzlich an gesetzlichen Grenzen[36] mißt. Darin kann noch keine Beeinträchtigung des eingeräumten gerichtsfreien Beurteilungsspielraums liegen. Solange die „Billigkeitskontrolle" nicht die Ersetzung von Zweckmäßigkeitserwägungen des Delegatars durch Erwägungen des Gerichts darstellt, sondern nur die Überprüfung an rechtlichen Kriterien bedeutet, ist dagegen nichts einzuwenden.

---

[28] Vgl. auch *Wiedemann*, Anm. zu BAG (28.11.1984) AP Nr. 1 und 2 zu § 4 TVG Bestimmungsrecht: „keine Unterschiede im Kontrollmaßstab".

[29] BAG (28.9.1977) AP Nr. 4 zu § 1 TVG Tarifverträge: Rundfunk; BAG (26.11.1986) AP Nr. 15 zu § 1 TVG Tarifverträge: Rundfunk; BAG (30.9.1987) AP Nr. 33 zu § 611 BGB Bühnenengagementvertrag; vgl. auch allgemein zur Billigkeitskontrolle BAG (21.12.1970) AP Nr. 1 zu § 305 BGB Billigkeitskontrolle.

[30] BAG (28.9.1977) AP Nr. 4 zu § 1 TVG Tarifverträge: Rundfunk.

[31] Diese Erkenntnis verbindet auch Gegner und Befürworter einer Billigkeitskontrolle von Betriebsvereinbarungen; vgl. einerseits GK-*Kreutz*, BetrVG, § 77 Rdnr. 260; andererseits *Dietz / Richardi*, BetrVG, 77 Rdnr. 77.

[32] Zur Überprüfung auf Rechtsmißbrauch vgl. unten unter c.

[33] Vgl. dazu BAG (28.9.1977) AP Nr. 4 zu § 1 TVG Tarifverträge: Rundfunk; BAG (28.11.1984) AP Nr. 1 und 2 zu § 4 TVG Bestimmungsrecht; BAG (12.1.1989) AP Nr. 14 zu § 50 BAT.

[34] Vgl. dazu BAG (28.9.1977) AP Nr. 4 zu § 1 TVG Tarifverträge: Rundfunk; BAG (28.11.1984) AP Nr. 1 und 2 zu § 4 TVG Bestimmungsrecht.

[35] Vgl. *Baumann*, RdA 1987, S. 270 ff.

[36] Siehe dazu sofort unter c.

c) Gesetzliche Rechtsregeln

Die Regelung des Delegatars muß weiter an denjenigen Rechtsregeln gemessen werden, denen die Tarifpartner unterliegen würden, wenn sie selbst gehandelt hätten. Diese können sich nicht den Anforderungen entziehen, indem sie andere zur Rechtsetzung an ihrer Statt ermächtigen. Umgekehrt können die Begünstigten aus dem Tarifvertrag nicht mehr Rechte herleiten, als die Tarifpartner selbst innehaben[37]. Hier ist ein legitimer Anwendungsbereich für den Satz: „nemo plus iuris transferre potest, quam ipse habet".

Welchen Grenzen die Tarifpartner bei der Tarifgesetzgebung unterliegen, ist umstritten. Das Bundesarbeitsgericht hat eine Überprüfung von Tarifverträgen verschiedentlich mit dem Argument abgelehnt, Art. 9 Abs. 3 GG verhindere eine „Tarifzensur". Daher wurde eine Billigkeitskontrolle abgelehnt[38], der Geltungsbereich des Tarifvertrages nicht an Art. 3 GG gemessen[39], die Bindung an das Gemeinwohl und damit letztlich an das Übermaßverbot bezweifelt[40] und eine Kontrolle anhand von § 242 BGB auf einen Rechtsmißbrauch abgelehnt[41]. Eine derartige Argumentation ist unrichtig, weil die Tarifautonomie keinesfalls schrankenlos gewährt ist. Daher müssen auch Tarifverträge auf die Einhaltung dieser Schranken überprüfbar sein, ohne daß darin eine unzulässige „Tarifzensur" liegt[42].

Es ist zu begrüßen, daß das Bundesarbeitsgericht diese zu geringen Kontrollmaßstäbe nicht auf die Regelungen des Delegatars übertragen hat und mittels der „Billigkeitskontrolle" die Einhaltung derartiger Schranken einer Tarifgesetzgebung überprüfen kann[43]. Lediglich in einer Entscheidung hat der 4. Senat gemeint, er könne die Tätigkeit des Arbeitgebers aufgrund der tariflichen Ermächtigung nicht auf Billigkeit überprüfen, weil auch die Tarif-

---

[37] Mit dieser einfachen Logik hat sich das Bundesarbeitsgericht vereinzelt sehr schwer getan. So in der Entscheidung BAG (18.12.1980) AP Nr. 4 zu § 1 TVG Tarifverträge: Bundesbahn: Die Tarifvertragsparteien hatten versucht, zu einer Abweichung vom Kündigungschutzgesetz zu ermächtigen, die ihnen selbst verschlossen ist. Hier liegt auch der Schlüssel für die Frage, ob die Erweiterung der betrieblichen Mitbestimmungsrechte in die Unternehmensautonomie eingreifen kann; vgl. dazu *Beuthien*, ZfA 1986, S. 131 ff.; *Weyand*, AuR 1989, S. 200 f.

[38] BAG (30.1.1970) AP Nr. 142 zu § 242 BGB Ruhegehalt (unter B IV 3 b).

[39] BAG (24.4.1985) AP Nr. 4 zu § 3 BAT.

[40] BAG (29.1.1986) AP Nr. 115 zu § 22, 23 BAT 1975.

[41] BAG (6.2.1985) AP Nr. 1 zu § 1 TVG Tarifverträge: Süßwarenindustrie.

[42] *Wiedemann / Stumpf*, TVG, Einl. Rdnr. 132; *Baumann*, RdA 1987, S. 275.

[43] Siehe oben § 9 I 2 b.

verträge selbst nicht auf ihre Vereinbarkeit mit § 242 BGB zu überprüfen wären[44]. Wenn man von der falschen Prämisse absieht, kann dem Schluß als solchem zugestimmt werden. Die Privilegien der Tarifgesetzgebung gelten für den tariflich Ermächtigten ebenso wie deren Schranken. Die aufgrund der tariflichen Ermächtigung ergangene Regelung muß sich nicht nur an dem tariflich vorgegebenen Maßstab, sondern grundsätzlich an dem gleichen gesetzlichen Beurteilungsmaßstab messen lassen, dem die Tarifpartner unterliegen.

d) Abwägungsergebnis und Abwägungsvorgang

Gegenstand der Prüfung ist vor allem das Abwägungsergebnis. Dieses kann auf die Einhaltung der beschriebenen Grenzen untersucht werden. Aber auch den Abwägungsvorgang wird das Gericht auf Fehler zu untersuchen haben. Das eingeräumte Ermessen kann infolge einer Unterschätzung des Entscheidungsspielraums unterschritten worden sein. Der Delegatar glaubte sich irrtümlich an den Tarifvertrag gebunden. Oder aber der Delegatar hat, bewußt oder unbewußt, falsche Umstände in die Abwägung einbezogen und deshalb sein Ermessen fehlerhaft gebraucht. Diese Erstreckung der Kontrolle auf den Abwägungsvorgang ist für das Betriebsverfassungsrecht durch eine neue Untersuchung belegt[45]. Sie gilt gleichermaßen für das Tarifrecht, wie sich aus folgenden Überlegungen ergibt:

Bereits bei Tarifverträgen ist eine gewisse Kontrolle der Erwägungen der Tarifvertragsparteien unumgänglich. Das hat sich bei der aktuellen Diskussion über Tarifverträge zur Verkürzung des Ladenschlusses deutlich gezeigt und ist auch vom Bundesarbeitsgericht dadurch praktiziert worden, daß eine Kontrolle auf Rechtsmißbrauch vorgenommen wurde[46]. Es gibt Tarifverträge, die vom Ergebnis her einer gerichtlichen Prüfung ohne weiteres standhalten, denen aber Erwägungen zugrundeliegen, die von der Tarifautonomie nicht gedeckt sind. So kann ein Tarifvertrag, der die Arbeitszeit der Belegschaft von Einzelhandelsgeschäften auf 18 Uhr festschreibt, zulässig oder unzulässig sein, je nachdem welche Erwägungen die Tarifvertragsparteien angestellt haben[47]. Einerseits ist es denkbar, daß eine zulässige Betriebs-

---

[44] BAG (22.5.1985) AP Nr. 7 zu § 1 TVG Tarifverträge: Bundesbahn.

[45] *Rieble*, Kontrolle des Ermessens, S. 159 ff.

[46] BAG (27.6.1989) AP Nr. 103 zu Art. 9 GG Arbeitskampf.

[47] Vgl. dazu die Stellungnahmen in: *Forschungsinstitut für Wirtschaftsverfassung und Wettbewerb* (Hrsg.), Tarifautonomie und Kartellrecht: *Säcker*, S. 42 f., 45 f., 51 ff.; *Roth*, S. 7 ff.

norm vorliegt, die die Arbeitszeit der Belegschaft betriebseinheitlich festschreibt. Andererseits können die Tarifvertragsparteien dadurch unzulässigerweise versucht haben, eine wettbewerbsbeschränkende Regelung der Ladenschlußzeit zu treffen. Dies wäre zwar kein Verstoß gegen das Kartellgesetz, das richtiger Ansicht zufolge keine Anwendung auf das Tarifrecht finden kann, es wäre aber, wie das Bundesarbeitsgericht festgestellt hat[48], eine rechtsmißbräuchliche Ausübung der Tarifautonomie. Ob das eine oder das andere vorliegt, ist der tariflichen Regelung als solcher nicht anzusehen.

Die richtige Beurteilung kann daher nur gelingen, wenn man den Abwägungsvorgang darauf untersucht, ob die Tarifpartner zulässige Erwägungen angestellt haben. Daß die Ermittlung der angestellten Überlegungen schwierig sein kann, entbindet die Gerichte nicht von der Überprüfung, ob die verfolgten Absichten noch von der Tarifautonomie gedeckt sind. Wenn aber bereits Tarifverträge darauf untersucht werden müssen, ob der Abwägungsvorgang der Tarifvertragsparteien fehlerhaft ist, gilt dies erst recht für die Überprüfung der Regelungen des tariflich begünstigten Delegatars.

Hinzu kommt als weitere Überlegung, daß der Delegatar die Ermächtigung rechtsmißbräuchlich verwenden kann, indem er von ihr zu Zwecken Gebrauch macht, die von den Tarifvertragsparteien nicht vorgesehen sind. Die Verlagerung von tariflichen Entscheidungsbefugnissen auf die betriebliche Ebene dient dem Zweck, eine Anpassung des Tarifvertrages an die jeweiligen Besonderheiten des Betriebs zu ermöglichen. Zweckwidrig wäre es jedenfalls, den Tarifvertrag auf betrieblicher Ebene zu konterkarieren, etwa indem man von der Ermächtigung immer ganz einseitig Gebrauch macht. Auch wenn die Ergebnisse von der tariflichen Ermächtigung gedeckt sind, heißt das noch nicht, daß die verliehenen Befugnisse in der von den Tarifvertragsparteien erlaubten Art und Weise benutzt worden sind. Die gerichtliche Überprüfung muß daher auch den inneren Abwägungsvorgang miteinbeziehen, um so den Ermessensfehlgebrauch zu erfassen.

II. Selbstentscheidungsrecht des Gerichts

Von den aufgezeigten Grundsätzen einer eingeschränkten Kontrolle gibt es Ausnahmen, in denen das Gericht sich nicht auf eine rechtliche Kontrolle beschränkt, sondern eigene Zweckmäßigkeitsüberlegungen anstellt, wie der Tarifvertrag im Rahmen der Ermächtigung sinnvoll weiter zu konkretisieren ist.

---

[48] BAG (27.6.1989) AP Nr. 103 zu Art. 9 GG Arbeitskampf.

1. Untätigkeit

Dies betrifft zunächst Fälle der Untätigkeit des Delegatars. Nimmt der durch die Delegationsnorm Begünstigte die darin liegende Ermächtigung nicht wahr und bleibt untätig, fehlt es an einer vollständigen Regelung durch die Tarifpartner selbst. Der Tarifvertrag bleibt relativ unbestimmt. Die Gerichte dürfen selbst die Ergänzung vornehmen. Sie sind dabei im Rahmen der tariflichen Ermächtigung grundsätzlich frei, eine den Tarifvertrag näher konkretisierende Regelung zu finden.

Das ergibt sich zum einen aus dem Gedanken der §§ 315 Abs. 3 Satz 2, 2. Halbsatz und 319 Abs. 1 Satz 2, 2. Halbsatz BGB[49]. Bei einer verzögerten Bestimmung soll derjenige, der auf die Konkretisierung des Vertrages angewiesen ist, nicht rechtsschutzlos stehen. Er kann auch ohne die Ergänzung durch den Bestimmungsberechtigten seine Rechte aus dem Vertrag geltend machen. Die fehlende Bestimmung wird durch das Gericht vorgenommen.

Außerdem ergibt es sich daraus, daß ähnliche Grundsätze auch für die Delegation von staatlichen Rechtsetzungsbefugnissen gelten. Das Bundesverfassungsgericht hat in seinem Beschluß vom 30.11.1988 gebilligt, daß Gesetze angewendet werden können, obwohl die darin vorgesehene Rechtsverordnung fehlte. Das Gesetz sei bestimmt genug und es entspräche dem Vorbehalt des Gesetzes. Selbst wenn ein großer Entscheidungsspielraum eine Regelung durch die ermächtigte Bundesregierung wünschenswert mache und dies auch gesetzlich vorgesehen sei, machten es die schwerwiegenden Folgen einer Anwendungssperre erforderlich, daß das Gesetz direkt angewendet werde[50]. Damit billigt das Bundesverfassungsgericht die Tätigkeit der Gerichtsbarkeit an Stelle der eigentlich ermächtigten Bundesregierung. Weil diese den Erlaß der Rechtsverordnung verzögerte, konkretisieren die Gerichte das Gesetz und machen es für die Betroffenen anwendbar. Daß gewisse Bestimmtheitsanforderungen trotz der überlassenen Regelungsspielräume erfüllt sind, ist dabei kein Zufall, denn Art. 80 Abs. 1 Satz 2 GG schreibt diese vor. Deshalb ist die Entscheidung von allgemeiner Bedeutung. Da das Gesetz nur sehr begrenzt und nur in unwesentlichen Fragen weiterverweisen darf, kann der verbleibende Spielraum regelmäßig von dem Richter ausgefüllt

---

[49] BAG (29.1.1969) AP Nr. 20 zu § 611 BGB Akkordlohn; BAG (1.8.1969) AP Nr. 4 zu § 38 MTB II; BAG (30.4.1975) AP Nr. 8 zu § 38 MTB II; *Gaul*, Anm. zu BAG (29.1.1969) AP Nr. 20 zu § 611 BGB Akkordlohn; *Hilger*, BB 1956, S. 13; *Spilger*, Betriebsverfassungsrecht, S. 226.

[50] BVerfG (30.11.1988) BVerfGE 79, S. 174; vgl. auch BVerwG (22.5.1987) BVerwGE 77, S. 285.

werden, wenn die Konkretisierung des Gesetzes mittels Rechtsverordnung unterbleibt. Daß die Gerichte dabei ihre Erwägungen an die Stelle der Vorstellungen des Verordnungsgebers setzen, muß hingenommen werden, solange letzterer keine Erwägungen anstellt. Allerdings ist die richterliche Tätigkeit auf die Rechtsfindung im Einzelfall beschränkt. Es ist nicht möglich, daß Gerichte eine normativ wirkende Regelung aufstellen, die alle Fälle gleichermaßen erfaßt, wie dies eine Rechtsverordnung könnte. Die einmal vorgenommene gerichtliche Konkretisierung hat aber auch für andere Fälle die Bedeutung eines einschlägigen Urteils, das nicht ohne weiteres übergangen wird.

Es gibt keinen Grund, die Untätigkeit des Ermächtigungsadressaten bei der Delegation tariflicher Rechtsetzungsbefugnisse anders zu behandeln. Wenn also beispielsweise die von den Tarifvertragsparteien zu ergänzenden Betriebsvereinbarungen aufgerufenen Betriebspartner die Konkretisierung unterlassen, kann das Gericht sie vornehmen. In den Fällen der Arbeitszeitverkürzung hätten die Gerichte entscheiden können, daß bei Fehlen einer ergänzenden Betriebsvereinbarung die durchschnittliche betriebliche Arbeitszeit für jeden einzelnen Arbeitnehmer gelten soll. Mit gleicher Berechtigung hätte aber auch die Freischichtregelung oder eine andere Lösung festgesetzt werden können, die die betrieblichen Bedürfnisse entsprechend berücksichtigt[51]. Notwendig ist nur, daß die getroffene Regelung von der tariflichen Ermächtigung gedeckt ist.

In einer solchen richterlichen Festsetzung liegt nicht etwa ein Eingriff in die Tarifautonomie. Die Tarifpartner haben durch die Delegation vielmehr selbst in Kauf genommen, daß Dritte für sie eine untertarifliche Konkretisierung der Tarifverträge vornehmen. Der Arbeitsrichter ergänzt stellvertretend für den untätigen Bestimmungsberechtigten den Tarifvertrag. Er handelt dabei aufgrund der tariflichen Delegationsnorm. Die Tarifautonomie könnte höchstens dann verletzt sein, wenn das Gericht formelle Tarifnormen schaffte, etwa indem es eine Ermächtigung zu einem Schlichtungsspruch anstelle der Schlichtungskommission wahrnimmt. Dann fehlt es an dem Willen der Tarifpartner, daß auf einer untertariflichen Ebene die Konkretisierung vorgenommen wird[52]. Wenn aber die Tarifpartner selbst eine derartige Ergänzung erlaubt haben, kann nichts dagegen einzuwenden sein, daß sie hilfsweise vom Richter vorgenommen wird.

---

[51] A.A. ArbG Solingen (9.10.1985) NZA 1986, S. 104; *Linnenkohl / Rauschenberg*, BB 1984, S. 2199; *Ziepke*, BB 1985, S. 285 und Tarifvertrag 1984, § 3 Anm. 2 S. 54 ff.

[52] Die richterliche Ergänzung des Schlichtungsspruches muß daher denselben Regeln folgen wie die eines Tarifvertrages. BAG (24.2.1988) AP Nr. 2 zu § 1 TVG Tarifverträge: Schuhindustrie.

Selbstverständlich kann auch der Richter nur eine Bestimmung treffen, die alle tariflichen Vorgaben und die gesetzlichen Anforderungen an eine richtige Tarifgesetzgebung einhält. Ob der Richter der Tatsacheninstanz diese Grenzen eingehalten hat, kann vom Revisionsgericht uneingeschränkt überprüft werden. Die unterinstanzlichen Festsetzungen, die sich innerhalb des Regelungsspielraums bewegen, den die Delegationsnorm läßt, kann das Revisionsgericht hingegen nicht weiter überprüfen. Das Bundesarbeitsgericht hat daher den unteren Instanzen verschiedentlich einen Beurteilungsspielraum zugebilligt, der revisionsrechtlich nicht überprüfbar sei[53]. Es entspricht einem allgemeinen Grundsatz, daß Ermessensentscheidungen wie die Auslegung unbestimmter Rechtsbegriffe im Revisionsverfahren nur begrenzt überprüft werden[54].

2. Unzulässige Wahrnehmung

Neben den Fällen der Untätigkeit kann der Richter noch in denjenigen Fällen selbst entscheiden, in denen der Adressat der tariflichen Ermächtigung in unzulässiger Weise von der übertragenen Befugnis Gebrauch gemacht hat. Es liegt zwar eine Konkretisierung des Tarifvertrages vor, sie ist aber unwirksam, weil sie den tariflich vorgegebenen Rahmen überschreitet.

Es wäre theoretisch denkbar, den Delegatar zu einer neuen Vornahme der Bestimmung anzuhalten, wobei die tariflichen und sonstigen gesetzlichen Grenzen zu beachten wären. Die Neuentscheidung wäre erneut gerichtlich überprüfbar und das Verfahren könnte sich wiederholen. Das bedeutete nicht nur eine unzumutbare zeitliche Verzögerung für diejenigen, die sich auf tarifliche Ansprüche stützen wollen. Es wäre auch kaum praktikabel, weil der Bestimmungsberechtigte nicht ohne weiteres bereit sein wird, seine Befugnis in einer anderen Art und Weise erneut auszuüben. Außerdem besteht regelmäßig keine rechtliche Verpflichtung des Delegatars, von der ihm übertragenen Befugnis Gebrauch zu machen. Die Gerichte können daher die Regelung beim Vorliegen von Ermessensfehlern lediglich kassieren, wodurch dieselbe

---

[53] Zur richterlichen Überprüfung eines Schiedsgutachtens BAG (29.1.1969) AP Nr. 20 zu § 611 BGB Akkordlohn; zur richterlichen Leistungsbestimmung BAG (30.4.1975) AP Nr. 8 zu § 38 MTB II; BAG (12.1.1989) AP Nr. 14 zu § 50 BAT; zur Auslegung unbestimmter Rechtsbegriffe BAG (6.6.1984) AP Nr. 91 zu § 22, 23 BAT 1975; BAG (28.9.1988) AP Nr. 3 zu § 101 ArbGG 1979.

[54] *Germelmann / Matthes / Prütting*, ArbGG, § 73 Rdnr. 7 und 8; *Hammen*, RdA 1986, S. 27 ff.; *Rieble*, Kontrolle des Ermessens, S. 90; a.A. *Grunsky*, ArbGG, § 73 Rdnr. 6.

Lage entsteht, als ob der Bestimmungsberechtigte untätig geblieben wäre. Deshalb bietet sich auch in diesem Fall die richterliche Selbstentscheidung an[55]. Dies sehen die §§ 315 Abs. 3 Satz 2, 1. Halbsatz und 319 Abs. 1 Satz 2, 1. Halbsatz BGB für die einseitige Leistungsbestimmung ausdrücklich vor. Es hat auch bei der Delegation von Rechtsetzungsbefugnissen zu gelten. Die Wahrnehmung der übertragenen Kompetenz kann sogar durch das Revisionsgericht erfolgen, wenn die Festsetzung durch das Tatsachengericht fehlerhaft war[56].

III. Rechte der Tarifpartner

Im Zusammenhang mit den Tarifverträgen zur Arbeitszeitverkürzung hat sich die Frage gestellt, ob die Tarifpartner[57] eine gerichtliche Überprüfung der von ihnen erlaubten ergänzenden Betriebsvereinbarungen herbeiführen können. Das Bundesarbeitsgericht hat diese Frage verneint[58] und damit nicht nur seine bisherige Rechtsprechung[59] aufgegeben, sondern auch gegen viele Stimmen der Literatur[60] entschieden. Für die Fälle einer Delegation ist die Frage von besonderer Bedeutung. Sollte nämlich keine prozessuale Möglichkeit zur Einleitung einer gerichtlichen Überprüfung bestehen, könnten die Delegatare die ihnen eingeräumte Ermächtigung überschreiten, ohne Sanktionen von Seiten der Tarifvertragsparteien befürchten zu müssen.

---

[55] Falsch daher BAG (9.10.1970) AP Nr. 4 zu § 63 BetrVG. Richtig dagegen BAG (24.2.1988) AP Nr. 2 zu § 1 TVG Tarifverträge: Schuhindustrie: Bei der Untätigkeit einer Schlichtungsstelle darf der Richter nicht den Schlichtungsspruch selbst ersetzen, weil dieser auch in formeller Hinsicht ein Tarifvertrag ist.

[56] *Rieble*, Kontrolle des Ermessens, S. 113.

[57] Vor allem die Gewerkschaften hatten daran ein besonderes Interesse.

[58] BAG (18.8.1987) AP Nr. 6 zu § 81 ArbGG 1979; BAG (18.8.1987) DB 1987, S. 2263; BAG (23.2.1988) AP Nr. 9 zu § 81 ArbGG 1979.

[59] BAG (16.9.1960) AP Nr. 1 zu § 2 ArbGG 1953 Betriebsvereinbarung; BAG (1.2.1963) AP Nr. 8 zu § 59 BetrVG; BAG (21.2.1967) AP Nr. 25 und 26 zu § 59 BetrVG; BAG (8.12.1970) AP Nr. 28 zu § 59 BetrVG. *Auffarth*, Anm. zu BAG (16.9.1960) AP Nr. 1 zu § 2 ArbGG 1953 Betriebsvereinbarung; *Götz Hueck*, Anm. zu BAG (21.2.1967) AP Nr. 25 und 26 zu § 59 BetrVG.

[60] Vgl. nur *Däubler*, BB 1990, S. 2256; *Grunsky*, DB 1990, S. 526 ff.; *Kempen*, AuR 1989, S. 261 ff.; *Matthießen*, DB 1988, S. 285; *Weyand*, AuR 1989, S. 193 ff.

1. Verfahrensart

Das Arbeitsgerichtsgesetz kennt neben dem Urteilsverfahren das Beschlußverfahren gemäß § 2a ArbGG. Wenn Tarifvertragsparteien ihre Rechtsetzungsbefugnisse delegieren, dürfte dies grundsätzlich keine Änderung der Verfahrensart zur Folge haben. Im allgemeinen wird daher gemäß § 2 ArbGG das Urteilsverfahren einschlägig bleiben, wenn um tarifliche Ansprüche gestritten wird, auch wenn sich diese erst aus einer untertariflichen Konkretisierung ergeben.

Anderes könnte aber gelten, wenn die Tarifvertragsparteien die Organe der gesetzlichen Betriebsverfassung zu einer Ergänzung ihrer Tarifverträge ermächtigen. Gemäß § 2a Abs. 1 Nr. 1, Abs. 2 ArbGG findet in Angelegenheiten aus dem Betriebsverfassungsgesetz das Beschlußverfahren statt. Ein Streit um gesetzliche Mitbestimmungsrechte des Betriebsrats muß daher in dieser Verfahrensart ausgetragen werden. Fraglich ist, ob sich das Verfahren ändern muß, wenn die zu untersuchenden Befugnisse nicht im Gesetz, sondern im Tarifvertrag gründen. Das hat das Bundesarbeitsgericht im Beschluß vom 16.7.1985 zu Recht verneint: Dem Beschlußverfahren stünde nicht entgegen, daß Rechte des Betriebsrats im Streit stünden, die ihre Grundlage im Tarifvertrag hätten[61]. Diese Auffassung wird außerdem im Schrifttum vertreten[62]. Zur Begründung läßt sich anführen, daß die Tarifvertragsparteien gemäß § 1 Abs. 1 TVG auch eine Befugnis zur Regelung betriebsverfassungsrechtlicher Fragen haben. Dabei geht das Tarifvertragsgesetz in § 3 Abs. 2 TVG davon aus, daß tarifliches Betriebsverfassungsrecht grundsätzlich wie das gesetzliche zu behandeln ist[63]. Es gibt keinen Grund die Verfahrensart vor den Arbeitsgerichten davon auszunehmen. Bei einer Delegation zugunsten der Betriebspartner oder der betrieblichen Einigungsstelle ist das Beschlußverfahren anzuwenden, weil eine Angelegenheit des tariflichen Betriebsverfassungsrechts in Streit steht.

2. Antragsbefugnis

Das Bundesarbeitsgericht hat die Antragsbefugnis der Tarifvertragsparteien für ein Beschlußverfahren verneint, wenn die Tarifvertragsparteien rügten, daß die Betriebspartner den tariflich eingeräumten Spielraum überschritten

---

[61] BAG (16.7.1985) AP Nr. 17 zu § 87 BetrVG 1972 Lohngestaltung.

[62] *Dütz*, Anm. zu BAG (30.10.1986) AP Nr. 6 zu § 47 BetrVG 1972; *Hueck/Nipperdey/Säcker*, ArbR II 1, S. 551. A.A. wohl *Zöllner*, ZfA 1988, S. 277.

[63] Siehe oben § 5 II 3 a.

und tarifwidrige Betriebsvereinbarungen abgeschlossen hätten. Es wurde die Anwendung des § 256 ZPO abgelehnt, weil sich aus der Betriebsvereinbarung kein Rechtsverhältnis ergebe, an dem die antragstellende Gewerkschaft unmittelbar beteiligt sei. Die Frage, ob die Betriebsvereinbarung gegen den Tarifvertrag verstoße, sei für die Rechtsbeziehungen zwischen den Tarifpartnern einerseits und Betriebsrat, Arbeitgeber oder Arbeitnehmer andererseits ohne Bedeutung. „Das Recht der Gewerkschaften, materielle Arbeitsbedingungen durch Tarifvertrag ... zu regeln, wird nicht dadurch berührt, daß die Betriebspartner eine Betriebsvereinbarung abschließen, die gegen den Tarifvertrag als höherrangige Rechtsnorm verstößt.“[64] Auch aus § 77 BetrVG sollten keine eigenen Rechte der Tarifpartner herzuleiten sein, deren Schutz mit gerichtlicher Hilfe durchzusetzen wäre. § 77 Abs. 3 BetrVG gebe nicht die Befugnis, die Vorrangkompetenz gegenüber den Betriebspartnern geltend zu machen[65].

In Fällen einer Delegation reicht eine solche Argumentation nicht aus. Matthießen hat zurecht das Augenmerk darauf gelenkt, daß es sich in den zu beurteilenden Fällen nicht um die Tarifwidrigkeit von beliebigen Betriebsvereinbarungen handelte, sondern daß diese gerade die Tarifverträge ergänzten[66]. Er hebt damit letztlich darauf ab, daß es die Tarifpartner sind, die die ergänzenden Betriebsvereinbarungen zugelassen haben. Das Bundesarbeitsgericht hat diesen Umstand dagegen für unbeachtlich erklärt. Daß das Mitbestimmungsrecht in seinem Bestand oder seinem Umfang vom Tarifvertrag abhänge, sei nicht entscheidend[67]. Was das Gericht zu dieser Rechtsmeinung veranlaßt hat, wird dabei nur versteckt deutlich. Es handele sich – so das Bundesarbeitsgericht[68] – nämlich um eine originäre Aufgabe der Betriebspartner. Die Zulassung durch den Tarifvertrag soll danach lediglich deklaratorisch sein, also nicht die Befugnis begründen. Demnach ist in den entschiedenen Fällen dem Tarifvertrag ein Delegationscharakter abgesprochen worden[69].

---

[64] BAG (23.2.1988) AP Nr. 9 zu § 81 ArbGG 1979 (unter C I 2).

[65] BAG (23.2.1988) AP Nr. 9 zu § 81 ArbGG 1979 (unter C II 2).

[66] *Matthießen*, DB 1988, S. 289; vgl. auch *Däubler*, BB 1990, S. 2257.

[67] BAG (25.5.1982) AP Nr. 2 zu § 87 BetrVG 1972 Prämie (unter B I 2); BAG (18.8.1987) AP Nr. 6 zu § 81 ArbGG 1979.

[68] BAG (18.8.1987) AP Nr. 6 zu § 81 ArbGG 1979.

[69] Entsprechend nimmt Senat im Beschluß vom selben Tage an, die Zulassung im Tarifvertrag ändere nichts daran, daß die Betriebspartner ihre im Betriebsverfassungsgesetz vorgesehenen Befugnisse wahrnehmen; BAG (18.8.1987) AP Nr. 23 zu § 77 BetrVG 1972 (unter II 3 b).

Wenn man mit der hier vertretenen Meinung von einer Delegation ausgeht, muß man anders entscheiden[70]. Dann ist die tarifliche Öffnung die entscheidende Grundlage der Tätigkeit der Betriebspartner. Diese haben die Aufgabe, Tarifverträge zu ergänzen. Die Betriebsvereinbarungen oder Sprüche der Einigungsstelle kraft tarifvertraglicher Delegation stellen zwar untertarifvertragliches Recht, aber infolge der Ermächtigung doch materielles Tarifrecht dar. Daher kann bei tarifwidrigen betrieblichen Regelungen entgegen der Auffassung des Bundesarbeitsgerichts das Recht zur tariflichen Gesetzgebung berührt sein. Wenn die Betriebspartner behaupten, aufgrund tariflicher Ermächtigung zu betrieblichen Regelungen befugt zu sein, nehmen sie tarifliche Rechtsetzungsbefugnisse für sich in Anspruch. Sie berufen sich auf einen tariflichen Regelungsauftrag, der ihnen eine Konkretisierung von Tarifverträgen ermöglicht.

Das Verhältnis zwischen den Tarifvertragsparteien und dem Ermächtigungsadressaten muß daher auch als ein Rechtsverhältnis im Sinne von § 256 ZPO angesehen werden. Bestand und Umfang können gerichtlich festgestellt werden. Die Tarifvertragsparteien haben ein berechtigtes Feststellungsinteresse, wenn der tariflich begünstigte Delegatar behauptet, sein Verhalten sei noch von der tariflichen Ermächtigung gedeckt.

Selbst wenn man aus dem Tarifvorrang des § 77 Abs. 3 Satz 1 BetrVG keinen gerichtlich durchsetzbaren Anspruch der Tarifpartner auf Einhaltung des Tarifvorrangs ableiten will, kann das nicht in bezug auf § 77 Abs. 3 Satz 2 BetrVG ebenso gelten. Die Vorschrift erlaubt den Tarifvertragsparteien, sich der Form der Betriebsvereinbarung zu bedienen, um ihre unvollständigen Tarifverträge auf betrieblicher Ebene näher ausführen zu lassen. Im Gegensatz zum Tarifvorrang, der nur eine mittelbare Beeinflussung der gesetzlichen Betriebsverfassung ermöglicht, wird hier die in § 1 Abs. 1 und § 3 Abs. 2 TVG angelegte Regelungsbefugnis für tarifliches Betriebsverfassungsrecht vom Betriebsverfassungsgesetz bestätigt. Damit ist auch eine eigene Rechtsposition der Tarifpartner im gesetzlichen Betriebsverfassungsrecht gegeben, die für eine Antragsbefugnis ausreicht.

---

[70] Vgl. auch *Däubler*, BB 1990, S. 2260: „... alles andere als konsequent, auf der einen Seite die Delegation von Rechtsetzungsbefugnissen auf die Betriebspartner nur in beschränktem Umfang zuzulassen, jedoch eine weitgehende faktische Verselbständigung der betrieblichen Ebene ohne weiteres hinzunehmen." *Leipold*, SAE 1988, S. 4: „Das Fehlen einer geschützten Rechtsposition ... (kann man nicht) ... damit untermauern, die Gewerkschaft habe eben den Betriebspartnern die Regelungskompetenz überlassen". A.A. BAG (30.10.1986) AP Nr. 6 zu § 47 BetrVG 1972.

§ 10 Zusammenfassung der Ergebnisse

I. Die Tarifverträge zur Arbeitszeitverkürzung

Die Tarifverträge zur Arbeitszeitverkürzung der Metalltarifrunde 1984 (sogenannter „Leber-Kompromiß“) haben vielfältige Rechtsfragen ausgelöst. Die Unsicherheiten bei der rechtlichen Bewertung offenbaren, daß die Frage, ob und unter welchen Voraussetzungen die Tarifpartner Regelungsfragen auf andere verlagern dürfen und welche Rechtsfolgen sich daraus ergeben, bisher zuwenig bedacht wurde. Es ist daher erforderlich, Tatbestand und Rechtsfolgen einer Delegation tariflicher Rechtsetzungsbefugnisse näher zu untersuchen (§ 1).

II. Der Tatbestand einer Delegation

Eine Delegation bedeutet eine Kompetenzverlagerung. Der Kompetenzinhaber, der zum Deleganten wird, überträgt seine Rechte auf andere, sogenannte Delegatare. Dies geschieht durch die Ermächtigung, die fremde Befugnis im eigenen Namen wahrzunehmen. Die Regelung des Deleganten zeichnet sich dabei durch eine inhaltliche Unbestimmtheit aus, weil der Delegant nicht oder jedenfalls nicht vollständig die zu regelnde Angelegenheit selbst normiert, sondern die endgültige Ausgestaltung mittels der Ermächtigungsnorm verlagert. Auf Seiten des Delegatars wirkt sich die Delegation als Einräumung eines mehr oder weniger großen Regelungsermessens aus. Dem Begünstigten bleibt, soweit die Ermächtigung reicht, die Aufstellung der Regelung überlassen (§ 2 I).

Der Delegatar kann zu tarifvertragsvertretenden oder zu tarifvertragsabhängigen Regelungen ermächtigt sein. Im ersten Fall soll er in die Lage versetzt werden, Tarifverträge im formellen Sinn zu erlassen, ohne tariffähige Koalition zu sein. Im zweiten Fall soll er in einer von der formellen Tarifgesetzgebung zu unterscheidenden Weise tätig werden, wobei seine Regelung vom Tarifvertrag abhängig ist. Dann kann nur eine tarifmäßige Ausübung der übertragenen Befugnis Gültigkeit beanspruchen. Die Ermächtigung kann offen oder versteckt ausgesprochen sein. Eine tarifliche Blankettgesetzgebung ist nur bei formaler Betrachtung eine Wahrnehmung der Befugnisse durch die Tarifvertragsparteien selbst. Der Ermächtigungscharakter inhaltsleerer Tarifnormen offenbart sich, wenn man materielle Maßstäbe heranzieht. Eine Delegation liegt nicht nur bei einer unwiderrufbaren Ermächtigung vor, sondern auch dann, wenn die Tarifvertragsparteien durch Aufhebung der Delegationsnorm die Befugnis wieder entziehen können. Die Ermächtigung kann zur Regelung eines Einzelfalls oder zur Rechtsetzung ausgesprochen sein (§ 2 II).

Eine Delegation ist abzugrenzen von nicht konstitutiven Verweisungen auf originäre Rechte anderer. Diese sind vor allem in der Form denkbar, daß dispositive Tarifnormen vereinbart werden. Damit wird die Vorrangstellung des Tarifvertrages gegenüber anderen Befugnissen aufgehoben, ohne daß deshalb neue Rechte begründet würden (§ 2 III 1).

Die Delegation im Sinne einer Kompetenzverlagerung ist außerdem von der Anerkennung fremder originärer Rechte zu unterscheiden, wie sie dem staatlichen Gesetzgeber durch Anerkennung einer Rechtsetzungsautonomie möglich ist. Darin liegt keine Übertragung von Aufgaben, die ursprünglich dem Deleganten zugewiesen sind, sondern die Verleihung des Privilegs, aus eigenem Recht Angelegenheiten rechtlich verbindlich regeln zu können (§ 2 III 2).

Schließlich darf die Delegation nicht mit Fällen der Selbstermächtigung verwechselt werden, in denen zwar eine Ermächtigung ausgesprochen ist, aber der Begünstigte mit den Tarifvertragsparteien identisch ist (§ 2 III 3).

III. Die Zulässigkeit einer Delegation

Art. 9 Abs. 3 GG verpflichtet den Gesetzgeber, den Koalitionen die Fähigkeit zu verleihen, in rechtlich verbindlicher Weise die Arbeits- und Wirtschaftsbedingungen zu regeln. Das ist durch das Tarifvertragsgesetz geschehen, in dem private Rechtsetzung in der Form von Tarifverträgen staatlich anerkannt wurde. Dies stellt keine Delegation im Sinne einer Kompetenzverlagerung, sondern nur eine Delegation im Sinne einer Privilegierung dar. Eine solche Anerkennung fremder Rechtsetzungsbefugnisse kommt im Rechtsstaat ausschließlich dem staatlichen Gesetzgeber, keinesfalls den Tarifvertragsparteien zu. Den Tarifvertragsparteien ist es untersagt, andere zu tarifvertragsvertretenden Regelungen zu ermächtigen. Nur die in Art. 9 Abs. 3 GG genannten Vereinigungen dürfen in der Lage sein, Tarifnormen im formellen Sinn zu erlassen. Art. 9 Abs. 3 GG erfordert zwar, daß die Tarifpartner in inhaltlicher Hinsicht gewisse Dinge selbst regeln. Er verbürgt aber zugleich, daß ihnen eine effektive Methode zur Verfügung gestellt wird, um das Arbeitsleben sinnvoll ordnen zu können. Dies gilt insbesondere bei der Regelung betriebsverfassungsrechtlicher Fragen. Art. 9 Abs. 3 GG schließt es daher nicht aus, daß rangmäßig unter dem Tarifvertrag stehende

Regelungsmechanismen vorgesehen werden, um eine tarifliche Rahmenregelung näher auszugestalten (§ 3 I 1).

Das Tarifvertragsgesetz steht einer begrenzten Delegation nicht entgegen. Für das Vorliegen einer Inhaltsnorm im Sinne des § 1 Abs. 1 TVG reicht es aus, wenn Grundlagen geschaffen werden, von denen aus der Inhalt des Arbeitsvertrages bestimmbar ist. Betriebsverfassungsnormen ermöglichen eine Delegation zugunsten der Organe der Betriebsverfassung, solange dadurch das Gefüge zwischen Tarifvertrag und betriebsverfassungsrechtlichen Regelungen nicht völlig aufgehoben wird. § 2 TVG schließt nur eine Ermächtigung zum Erlaß von Tarifnormen im formellen Sinn aus. Ein relativ unbestimmter Tarifvertrag, der noch einer weiteren Konkretisierung bedarf, ist durch das Tarifvertragsgesetz mit normativer Wirkung ausgestattet (§ 3 I 2).

Die §§ 315 ff. BGB können eine unbegrenzte Delegationsbefugnis der Tarifpartner nicht begründen, weil sie auf Rechtsetzungsbefugnisse nur sehr eingeschränkt Anwendung finden können. Den Tarifpartnern ist es daher nicht erlaubt, beliebig weite Ermächtigungen zu erteilen (§ 3 I 3).

Art. 80 Abs. 1 Satz 2 GG und die dazu entwickelte „Wesentlichkeitstheorie“, die alle wesentlichen, insbesondere die grundrechtsrelevanten Entscheidungen dem Kompetenzinhaber vorbehält, erweisen sich als allgemeine Delegationsvoraussetzungen, die auf die Tarifgesetzgebung übertragen werden können. Dadurch ist einerseits eine Auflösung der Kompetenzordnung ausgeschlossen, weil sich sogar eine untergesetzliche Rechtsetzung nur als Vollzug der gesetzlichen Vorgaben darstellt; andererseits ist damit sichergestellt, daß die Normunterworfenen trotz der vorhandenen Konkretisierungsbedürftigkeit anhand des Gesetzes die Rechtsfolgen annähernd voraussehen und berechnen können. Das gilt für die staatliche Gesetzgebung gleichermaßen wie für die private Rechtsetzung der Tarifpartner. Eine Delegation tariflicher Rechtsetzungsbefugnisse ist daher zulässig, wenn Inhalt, Zweck und Ausmaß der Ermächtigung tariflich geregelt sind und alle wesentlichen Entscheidungen bereits dem Tarifvertrag entnommen werden können (§ 3 I 4).

Damit eine Delegation zulässig ist, müssen formale Voraussetzungen erfüllt sein. Der Delegatar muß ausdrücklich benannt sein. Der Umfang der Ermächtigung muß deutlich umschrieben sein. Im Fall einer Ermächtigung zur Rechtsetzung muß auch die Regelung des Begünstigten dem Schriftformgebot für Tarifverträge entsprechen (§ 3 II 1).

Außerdem müssen materielle Voraussetzungen eingehalten werden. Delegationsgegenstand können keine Regelungsfragen sein, die so „wesentlich“ sind, daß nur die Tarifvertragsparteien selbst sie regeln dürfen. Das Ausmaß der Ermächtigung muß genügend begrenzt sein. Dem Begünstigten müssen ausreichende Anhaltspunkte für eine tarifgemäße Ausübung der delegierten

Befugnis gegeben werden. Die Tarifvertragsparteien müssen Kontrollmöglichkeiten haben, um die Einhaltung ihrer Vorgaben zu überwachen (§ 3 II 2).

IV. Die Delegation zugunsten des Arbeitgebers

Um die aufgrund der Ermächtigung ergangene Bestimmung des Delegatars richtig einzuordnen, muß zum ersten berücksichtigt werden, daß dieser im eigenen Namen und auf seiner Regelungsebene handelt. Der von den Tarifvertragsparteien ermächtigte Arbeitgeber schafft daher der Form nach betriebliches Recht, das den darüberstehenden Tarifvertrag als solchen nicht antastet und dessen Einheitlichkeit nicht zerstört (§ 4 I).

Für die Rechtsfolgen des Handelns aufgrund einer tariflichen Ermächtigung ist zum zweiten zu beachten, daß damit übertragene tarifliche Befugnisse wahrgenommen werden. Obwohl der Arbeitgeber im eigenen Namen handelt, nimmt er doch eine fremde Befugnis wahr. Deshalb ist seine Bestimmung, solange sie von der tariflichen Ermächtigung gedeckt ist, so zu behandeln, als ob sie von den Tarifvertragsparteien selbst vorgenommen worden wäre. Die Regelung des Delegatars erweist sich als Tarifrecht im materiellen Sinn, wenn die Voraussetzungen für eine zulässige Delegation eingehalten und die Tatbestandsmerkmale der Delegationsnorm erfüllt sind.

Daher kann der aufgrund einer tariflichen Ermächtigung handelnde Arbeitgeber durch einseitige Weisung in individualvertragliche Rechtspositionen eingreifen, ohne eine Kündigung aussprechen zu müssen (§ 4 II 1).

Der Arbeitgeber kann aufgrund tariflicher Ermächtigung ohne Beteiligung des Betriebsrats entscheiden, obwohl ein gesetzlicher Mitbestimmungstatbestand einschlägig ist. Seine Ergänzung der tariflichen Regelung nimmt an dem Tarifvorrang des § 87 Abs. 1 Einleitungssatz BetrVG teil (§ 4 II 2).

Die Bestimmung des Delegatars erfaßt grundsätzlich alle Arbeitnehmer, für die der Tarifvertrag gilt, sei dies normativ oder kraft individualvertraglicher Bezugnahme (§ 4 II 3).

V. Die Delegation zugunsten der Betriebspartner

Die Delegation zugunsten der Betriebspartner hat tarifrechtliche und betriebsverfassungsrechtliche Folgen. Die auf betrieblicher Ebene vorgenommene Ergänzung des Tarifvertrages wirkt, solange sie von der Ermächtigung der Tarifpartner gedeckt ist, so als ob die Tarifvertragsparteien selbst eine Tarifregelung getroffen hätten. Die Bestimmung der Betriebspartner ist in materieller Hinsicht ein Tarifvertrag und hat dessen Rechtswirkungen (§ 5 I 1).

Das gilt gemäß § 77 Abs. 3 Satz 2 BetrVG sogar, wenn die Konkretisierung des Tarifvertrages mittels einer Betriebsvereinbarung erfolgt. Die dort genannte „ergänzende Betriebsvereinbarung" ist eine Betriebsvereinbarung kraft tarifvertraglicher Delegation. Sie unterscheidet sich von Betriebsvereinbarungen im betriebsverfassungsrechtlichen Sinn, die in einer originären, gesetzlichen Befugnis der Betriebspartner wurzeln. § 77 Abs. 3 Satz 2 BetrVG erfaßt Fälle der Delegation, wohingegen die Freigabe originärer Kompetenzen gemäß § 4 Abs. 3, 1. Alternative TVG möglich ist (§ 5 I 2).

Jede Delegation zugunsten der Betriebspartner stellt zugleich eine Erweiterung der Mitbestimmung des Betriebsrats dar. Weil die Zulässigkeitsvoraussetzungen für eine Delegation eingehalten sein müssen, liegt eine tarifliche Rahmenregelung vor, die von den Betriebspartnern weiter zu konkretisieren ist. Die Erweiterung der Mitbestimmungsrechte ist nur in der Weise zulässig, daß die Betriebspartner an der Ausgestaltung einer tariflich geregelten Angelegenheit beteiligt werden (§ 5 I 3).

§ 77 Abs. 4 Satz 1 BetrVG darf auf betriebliche Regelungen kraft tarifvertraglicher Delegation keine Anwendung finden. Die Delegationsnorm zugunsten der Betriebspartner stellt eine Norm über betriebsverfassungsrechtliche Fragen im Sinne von § 1 Abs. 1 TVG dar. Es treten die in § 3 Abs. 2 TVG angeordneten Rechtsfolgen ein (§ 5 II).

Der tarifgebundene Arbeitgeber ist zur betriebseinheitlichen Anwendung von Betriebsverfassungsnormen verpflichtet. Selbst das Günstigkeitsprinzip ermöglicht dem Arbeitgeber nicht, eine tarifwidrige betriebliche Ordnung einzuführen. Die Pflicht zur Beachtung von Betriebsverfassungsnormen besteht auch gegenüber den nicht organisierten Arbeitnehmern. Diese sind durch die negative Koalitionsfreiheit des Art. 9 Abs. 3 GG nicht vor tariflichem Betriebsverfassungsrecht „geschützt" (§ 5 II 3 a).

Aus der betriebsverfassungsrechtlichen Wirkung ergibt sich jedoch keine unmittelbare Inhaltswirkung für Arbeitnehmer, die vom Tarifvertrag nicht erfaßt werden. Der Verstoß gegen eine Betriebsverfassungsnorm hat nicht die individualrechtliche Folge der Nichtigkeit. Eine betriebliche Regelung kraft tarifvertraglicher Delegation dehnt die inhaltliche Wirkung des Tarifvertrages nicht auf alle Arbeitnehmer des Betriebs aus. Tarifliches Betriebsverfassungsrecht hat nur die jedem Betriebsverfassungsrecht eigene Wirkung, daß für den Arbeitgeber kollektivrechtlich eine Verpflichtung besteht, sich individualrechtlich in bestimmter Weise zu verhalten. Der damit verbundenen mittelbaren Inhaltswirkung unterliegen alle Arbeitnehmer des Betriebs. Das widerspricht nicht § 3 Abs. 1 TVG, sondern ist eine Ausprägung des § 3 Abs. 2 TVG (§ 5 II 3 b).

VI. Die Delegation zugunsten betrieblicher Festsetzungskommissionen, Schieds-, Schlichtungs- oder Einigungsstellen

Die Tarifvertragsparteien können betriebliche Kommissionen oder Stellen zur näheren Konkretisierung des Tarifvertrages ermächtigen. Die Bestimmung erfolgt in der Form einer betrieblichen Regelung, die aber materiell die Wirkung eines Tarifvertrages hat (§ 6 I).

Die Tarifpartner können die Einigungsstelle oder eine sie ersetzende tarifliche Schlichtungsstelle als Konfliktlösungsinstrument für den Fall vorsehen, daß sich die in erster Linie ermächtigten Betriebspartner nicht einigen können. Dazu ist eine ausdrückliche Ermächtigung erforderlich, nicht jede Delegation zugunsten der Betriebspartner beinhaltet zugleich eine Ersetzungsbefugnis für die Einigungsstelle. Die Konkretisierung ist auch mittels eines Spruchs der Einigungsstelle denkbar, auf den § 77 Abs. 3 Satz 2 BetrVG entsprechend angewandt werden muß. Eine „ergänzende Einigungsstellenentscheidung" ist wie die ergänzende Betriebsvereinbarung eine Regelung kraft tarifvertraglicher Delegation, die nur für diejenigen Arbeitnehmer wirkt, für die der Tarifvertrag gilt. Der eine Betriebsvereinbarung ersetzende Spruch der Einigungsstelle ist bei materieller Betrachtung eine tarifliche Regelung (§ 6 II).

VII. Die Delegation zugunsten anderer staatlicher oder tariflicher Gesetzgeber

Die Delegation zugunsten anderer Gesetzgeber ist mittels dynamischer Verweisungen möglich. Der Form nach bleibt das Verweisungsobjekt die Regelung des in Bezug genommenen Gesetzgebers. Wenn die Voraussetzungen der Delegationsnorm eingehalten sind, handelt es sich materiell um Recht, das den verweisenden Tarifvertragsparteien zuzurechnen ist. Dadurch werden die fremden Rechtsetzungsbefugnisse nicht modifiziert. Der fremden Regelung wird lediglich neben dem bereits vorhandenen Wirkungskreis ein zweiter im Bereich der Verweisungsnorm zugeordnet. Während in den übrigen Fällen der Delegation der Ermächtigte für die Tarifvertragsparteien Tatbestände aufstellen soll, wird der in Bezug genommene Gesetzgeber diese für sich selbst normieren. Die Tarifvertragsparteien knüpfen an diese Tatbestände an und ordnen ihnen auch für den Bereich der Verweisungsnorm Rechtsfolgen zu (§ 7).

VIII. Fragen der originären Befugnis

In Fällen der Delegation ist es möglich, daß der Delegatar zugleich eine eigene Befugnis wahrnimmt. Das ist bei der Delegation zugunsten der Betriebspartner von besonderer Bedeutung, weil diesen gemäß § 88 BetrVG eine umfassende Regelungsbefugnis bezüglich sozialer Angelegenheiten zukommt.

Einer zusätzlichen Berufung auf die gesetzliche Kompetenz steht die positive Koalitionsfreiheit nicht entgegen, solange die Tarifvertragsparteien auf den Vorrang des Tarifvertrages entsprechend verzichtet haben. Dadurch ist nicht die negative Koalitionsfreiheit der Außenseiter berührt, weil diese nicht vor gesetzlichem Betriebsverfassungsrecht schützt (§ 8 I).

§ 4 Abs. 3, 1. Alternative TVG erlaubt den Tarifvertragsparteien, dispositive Tarifnormen zu vereinbaren. Damit wird der zwingende, andere Regelungsmechanismen verdrängende Charakter des Tarifvertrages aufgehoben und den Betriebspartnern die Berufung auf eigene Kompetenzen ermöglicht. Diese Freigabe ist in der Form möglich, daß nur die Übernahme der tariflichen Rahmenregelung mittels Betriebsvereinbarung im betriebsverfassungsrechtlichen Sinn erlaubt wird (§ 8 II).

Die Vorschriften des Tarifvorrangs verhindern nicht, daß eine Betriebsvereinbarung kraft tarifvertraglicher Delegation alle Arbeitnehmer des Betriebs erfaßt, wenn sie zugleich eine Betriebsvereinbarung im betriebsverfassungsrechtlichen Sinn ist (§ 8 III).

IX. Prozessuale Fragen

Grundsätzlich besteht nur ein eingeschränktes Prüfungsrecht der Gerichte. Soweit dem Delegatar ein Regelungsermessen eingeräumt ist, darf dieses nicht durch gerichtliche Erwägungen ersetzt werden. Zu überprüfen ist jedoch die tarifliche Delegationsnorm darauf, inwieweit überhaupt eine Ermächtigung zugunsten des Delegatars vorliegt und ob sie zulässig ist. Weiter ist die Regelung des Delegatars darauf zu kontrollieren, ob sie die vom Tarifvertrag aufgestellten Rechtsregeln einhält. Zusätzlich muß sie den Anforderungen entsprechen, denen die Tarifpartner selbst unterworfen wären. Auch eine „Billigkeitskontrolle“ ist denkbar, solange darunter nur die Überprüfung anhand rechtlicher Kriterien, wie den Grundrechten oder dem Übermaßverbot, zu verstehen ist und im übrigen die Zweckmäßigkeitserwägungen des Delegatars nicht durch solche des Gerichts ersetzt werden. Gegenstand der gerichtlichen Prüfung ist nicht nur das Abwägungsergebnis, sondern auch der Abwägungsvorgang, der insbesondere Aufschluß darüber gibt, ob die Befugnis rechtsmißbräuchlich benutzt worden ist (§ 9 I).

Ausnahmsweise ist eine Wahrnehmung der übertragenen Befugnis durch das Gericht selbst zulässig. Dies gilt zuerst für den Fall der Untätigkeit. Wenn der Delegatar die Bestimmung verzögert, kann das Gericht die Konkretisierung vornehmen. Dabei sind die gleichen Schranken zu beachten, denen der Delegatar unterworfen wäre, darüber hinaus können die Arbeitsgerichte jedoch eigene Zweckmäßigkeitserwägungen anstellen. Das gilt außerdem für den Fall, daß die Bestimmung durch den Delegatar in unzulässiger Weise vorgenommen worden ist. Wenn die Grenzen des Regelungsermessens überschritten sind, braucht das Gericht den Delegatar nicht aufzufordern, unter Beachtung der gerichtlichen Rechtsauffassung neu zu entscheiden, sondern kann die im Tarifvertrag vorgesehene Ermächtigung selbst wahrnehmen (§ 9 II).

In den Fällen der Delegation tariflicher Rechtsetzungsbefugnisse haben die Tarifvertragsparteien ein Antragsrecht, durch die Arbeitsgerichte überprüfen zu lassen, ob die Bestimmung des Ermächtigungsadressaten durch die tarifliche Delegationsnorm gedeckt ist. Wenn Organe der gesetzlichen Betriebsverfassung von den Tarifvertragsparteien ermächtigt sind, ist das Beschlußverfahren die richtige Verfahrensart, weil es sich um einen Streit über tarifliches Betriebsverfassungsrecht handelt (§ 9 III).

Literaturverzeichnis

Adomeit, Klaus: Rechtsquellenfragen im Arbeitsrecht, München 1969

Auffarth, Fritz: Anmerkung zum BAG-Beschluß vom 16.9.1960 – 1 ABR 5/59, AP Nr. 1 zu § 2 ArbGG 1953 Betriebsvereinbarung

Baumann, Thomas: Anforderungen an den Tarifvertrag als Gesetz, Recht der Arbeit (RdA) 1987, S. 270-276

Becker, Friedrich/*Etzel*, Gerhard u.a. (Mitverf.): Gemeinschaftskommentar zum Kündigungsschutzgesetz und sonstigen kündigungsschutzrechtlichen Vorschriften, 3. Aufl. Neuwied 1989

Belling, Detlev W.: Das Günstigkeitsprinzip im Arbeitsrecht, Berlin 1984

Berger-Delhey, Ulf: Die Leistungs- und Weisungsbefugnis des Arbeitgebers, Der Betrieb (DB) 1990, S. 2266-2270

Beuthien, Volker: Tariföffnungsklauseln zwecks Arbeitsplatzsicherung, Der Betriebs-Berater (BB) 1983, S. 1992-1998

— Tarifverträge betriebsverfassungsrechtlichen Inhalts, Zeitschrift für Arbeitsrecht (ZfA) 1986, S. 131-155

— (Hrsg.): Arbeitnehmer oder Arbeitsteilhaber?, Stuttgart 1987

Bickel, Dietrich u.a. (Hrsg.): Recht und Rechtserkenntnis. Festschrift für Ernst Wolf zum 70. Geburtstag, Köln 1985

Biedenkopf, Kurt H.: Grenzen der Tarifautonomie, Karlsruhe 1964

Blomeyer, Wolfgang: Besitzstandswahrung durch Tarifvertrag, Zeitschrift für Arbeitsrecht (ZfA) 1980, S. 1-76

Blümel, Willi/*Merten*, Detlef/*Quaritsch*, Helmut (Hrsg.): Verwaltung im Rechtsstaat, Festschrift für Carl Hermann Ule zum 80. Geburtstag am 26. Februar 1987, Köln 1987

Bötticher, Eduard: Regelungsstreitigkeiten, in: *Rosenberg/Schwab* (Hrsg.), Festschrift für Friedrich Lent, S. 89-105

Braun, Wilfried: Verbandstarifliche Normen in Firmentarifverträgen und Betriebsvereinbarungen, Der Betriebs-Berater (BB) 1986, S. 1428-1435

Brötzmann, Ulrich: Neues Tarifrecht durch flexible Arbeitszeitregelungen, Neue Zeitschrift für Arbeits- und Sozialrecht (NZA) 1986, S. 593-597

Brunz, Michael: Die neuen tariflichen Arbeitszeitbestimmungen für die Metallindustrie in der Rechtsprechung, Neue Zeitschrift für Arbeits- und Sozialrecht (NZA) 1986, Beilage 2, S. 3-12

Buchner, Herbert: Tarifvertragsgesetz und Koalitionsfreiheit, Dissertation München 1964

— Tarifvertragliche Regelung betriebsverfassungsrechtlicher Fragen, Arbeitsrecht-Blattei, D-Blatt, Tarifvertrag V A (15.12.1973)

— Verweisung im Tarifvertrag, Arbeitsrecht-Blattei, D-Blatt, Tarifvertrag V Inhalt C (15.10.1978)

— Rechtswirksamkeit der tarifvertraglichen Regelung über die Flexibilisierung der Arbeitszeit in der Metallindustrie, Der Betrieb (DB) 1985, S. 913-923

— Arbeitszeitregelungen im Spannungsfeld zwischen Tarifvertrag und Betriebsvereinbarung, Neue Zeitschrift für Arbeits- und Sozialrecht (NZA) 1986, S. 377-383

— Die Umsetzung der Tarifverträge im Betrieb – Bewältigtes und Unbewältigtes aus dem Spannungsverhältnis tariflicher und bertrieblicher Regelungsbefugnis, Recht der Arbeit (RdA) 1990, S. 1-18

— Tarifliche Arbeitszeitbestimmungen und Günstigkeitsprinzip, Der Betrieb (DB) 1990, S. 1715-1723

Bussmann, Kurt / *Grass*, Nikolaus (Hrsg.): Festschrift Karl Haff, Innsbruck 1950

Canaris, Claus-Wilhelm: Funktionelle und inhaltliche Grenzen kollektiver Gestaltungsmacht bei der Betriebsvereinbarung, Arbeit und Recht (AuR) 1966, S. 129-140

Däubler, Wolfgang: Das Arbeitsrecht I, Leitfaden für Arbeitnehmer, 11. Aufl. Reinbek bei Hamburg 1990

— Gewerkschaftliches Klagerecht gegen tarifwidrige Betriebsvereinbarungen?, Der Betriebs-Berater (BB) 1990, S. 2256-2262

Däubler, Wolfgang / *Hege*, Hans: Tarifvertragsrecht, 2. Aufl. Baden-Baden 1981

Dieterich, Thomas: Die betrieblichen Normen nach dem Tarifvertragsgesetz vom 9.4.1949, Heidelberg 1964

Dietz, Rolf: Kritische Darstellung der Rechtsprechung des Bundesarbeitsgerichts zum Mitbestimmungsrecht in Sonderheit zu § 56 BetrVG, Recht der Arbeit (RdA) 1962, S. 390-396

— Tarifrechtliche Fragen aus Anlaß des Beitritts eines Arbeitgebers zu einem Arbeitgeberverband, in: *Dietz / Hübner* (Hrsg.), Festschrift Nipperdey 1965, Band II, S. 141-157

Dietz, Rolf / *Hübner*, Heinz (Hrsg.): Festschrift für Hans Carl Nipperdey zum 70. Geburtstag 21. Januar 1965, Band II, München und Berlin 1965

Dietz, Rolf (Begr.) / *Richardi*, Reinhard: Betriebsverfassungsgesetz, Band I, 6. Aufl. München 1981; Band II, 6. Aufl. ebd. 1982

Dütz, Wilhelm: Anmerkung zum Beschluß des BAG vom 30.10.1986 – 6 ABR 52/83, AP Nr. 6 zu § 47 BetrVG 1972

Einigungsvorschlag der Besonderen Schlichtungsssstelle für die Metallindustrie Nordwürttemberg / Nordbaden vom Juni 1984, in: Recht der Arbeit (RdA) 1984,

S. 362-363, und: Neue Zeitschrift für Arbeits- und Sozialrecht (NZA) 1984, S. 79-80

Fabricius, Fritz/*Kraft*, Alfons u.a. (Mitverf.): Betriebsverfassungsgestz, Gemeinschaftskommentar, 3. Bearbeitung, Stand: Juni 1985

Fabricius, Fritz/*Kraft*, Alfons u.a. (Mitverf.): Betriebsverfassungsgesetz. Gemeinschaftskommentar, Band I, 4. Aufl. Neuwied 1987; Band II, 4. Aufl. ebd. 1990

Farthmann, Friedhelm: Die Mitbestimmung des Betriebsrats bei der Regelung der Arbeitszeit, Recht der Arbeit (RdA) 1974, S. 65-72

Fitting, Karl/*Auffarth*, Fritz u.a.: Betriebsverfassungsgesetz, 16. Aufl. München 1990

Flatow, Georg: Betriebsvereinbarung und Arbeitsordnung, Mannheim 1921

Floretta, Hans/*Spielbüchler*, Karl/*Strasser*, Rudolf: Arbeitsrecht, Band I, Individualarbeitsrecht, Band II, Kollektives Arbeitsrecht (Arbeitsverfassungsrecht), 2. Aufl. Wien 1984

Forschungsinstitut für Wirtschaftsverfassung und Wettbewerb (Hrsg.): Tarifautonomie und Kartellrecht, Köln 1990

Frey, Erich: Tarifvertragliche Verweisung auf andere künftige Tarifverträge, Arbeit und Recht (AuR) 1958, S. 306-307

Friedhofen, Peter/*Weber*, Ulrich: Flexibler Personaleinsatz – Direktionsrecht oder Änderungkündigung, Neue Zeitschrift für Arbeits- und Sozialrecht (NZA) 1986, S. 145-147

Galperin, Hans: Möglichkeiten der betrieblichen Rechtsetzung, Der Betriebs-Berater (BB) 1960, S. 453-457

Galperin, Hans (Begr.)/*Löwisch*, Manfred/*Kröger*, Bernd (Mitarb.): Kommentar zum Betriebsverfassungsgesetz, Band II, 6. Aufl. Heidelberg 1982

Galperin, Hans (Begr.)/*Löwisch*, Manfred/*Marienhagen*, Rolf: Kommentar zum Betriebsverfassungsgesetz, Band I, 6. Aufl. Heidelberg 1982

Galperin, Hans/*Siebert*, Wolfgang: Kommentar zum Betriebsverfassungsgesetz, 4. Aufl. Heidelberg 1963

Gamillscheg, Franz: Arbeitsrecht II, Kollektives Arbeitsrecht (PdW II), 6. Aufl. München 1984

Gamillscheg, Franz u.a. (Hrsg.): In Memoriam Sir Otto Kahn-Freund, München 1980

Gamillscheg, Franz/*Hueck*, Götz/*Wiedemann*, Herbert (Hrsg.): 25 Jahre Bundesarbeitsgericht, München 1979

Gast, Wolfgang: Tarifautonomie und die Normsetzung durch Betriebsvereinbarung, Heidelberg 1981

Gaul, Dieter: Anmerkung zum BAG-Urteil vom 29.1.1969 – 4 AZR 211/68, AP Nr. 20 zu § 611 BGB Akkordlohn

Geitmann, Roland: Bundesverfassungsgericht und „offene" Normen – Zur Bindung des Gesetzgebers an Bestimmtheitserfordernisse, zugleich Dissertation Freiburg 1970, Berlin 1971

Gemeinschaftskommentar zum Betriebsverfassungsgesetz (GK-Bearbeiter) → *Fabricius*, Fritz / *Kraft*, Alfons u.a.

Gemeinschaftskommentar zum Kündigungsrecht (KR-Bearbeiter) → *Becker*, Friedrich / *Etzel*, Gerhard u.a.

Germelmann, Claas-Hinrich / *Matthes*, Hans-Christoph / *Prütting*, Hanns: Arbeitsgerichtsgesetz, München 1990

Gnade, Albert / *Kehrmann*, Karl u.a. (Mitverf.): Betriebsverfassungsrecht, 4. Aufl. Köln 1990

Gröbing, Karl: Der Bundes-Angestelltentarifvertrag, Arbeit und Recht (AuR) 1961, S. 334-340

— Zur Rechtswirksamkeit von Verweisungsklauseln, Arbeit und Recht (AuR) 1982, S. 116-119

Groß, Rolf: Verweisungen in Tarifverträgen, Blätter für Steuerrecht, Sozialversicherung und Arbeitsrecht (BlStSozArbR) 1965, S. 287-288

Grunsky, Wolfgang: Arbeitsgerichtsgesetz, 6. Aufl. München 1990

— Antragsbefugnis der Gewerkschaft zur Feststellung der Tarifvertragswidrigkeit einer Betriebsvereinbarung, Der Betrieb (DB) 1990, S. 526-533

Gumpert, Jobst: Bezugnahme auf Tarifverträge in Arbeitsverträgen und Tarifverträgen, Der Betriebs-Berater (BB) 1961, S. 1276-1278

Hagemeier, Christian / *Kempen*, Otto Ernst / *Zachert*, Ulrich / *Zilius*, Jan: Tarifvertragsgesetz, Kommentar für die Praxis, 2. Aufl. Köln 1990

Hammen, Horst: Die „richterliche Inhaltskontrolle" von Betriebsvereinbarungen (Sozialplänen) durch das Bundesarbeitsgericht insbesondere aus revisionsrechtlicher Sicht, Recht der Arbeit (RdA) 1986, S. 23-30

Hanau, Peter: Gemeinsame Einrichtungen von Tarifvertragsparteien als Instrument der Verbandspolitik, Recht der Arbeit (RdA) 1970, S. 161-168

— Praktische Fragen der Mitbestimmung in sozialen Angelegenheiten, Der Betriebs-Berater (BB) 1972, S. 499-501

— Anmerkung zum BAG-Beschluß vom 18.3.1976 – 3 ABR 32/75, AP Nr. 4 zu § 87 BetrVG 1972 Altersversorgung

— Verkürzung und Differenzierung der Arbeitszeit als Prüfsteine des kollektiven Arbeitsrechts, Neue Zeitschrift für Arbeits- und Sozialrecht (NZA) 1985, S. 73-77

Haug, Ulrich: Tarifvorrang und innerbetriebliche Regelungsmechanismen, Der Betriebs-Berater (BB) 1986, S. 1921-1931

Hefermehl, Wolfgang / *Nipperdey*, Hans Carl (Hrsg.): Festschrift für Philipp Möhring, München 1965

Heinze, Meinhard: Betriebsvereinbarung versus Tarifvertrag?, Neue Zeitschrift für Arbeits- und Sozialrecht (NZA) 1989, S. 41-48

Herschel, Wilhelm: Verweisungen in Tarifverträgen und Betriebsvereinbarungen, Der Betriebs-Berater (BB) 1963, S. 1220-1223

— Anmerkung zu den Urteilen des Arbeitsgerichts Hildesheim vom 18.8.1978 – 2 Ca 316/78 und des LAG Niedersachsen vom 28.2.1979 – 5 Sa 109/78, AP Nr. 13 und 13a zu §§ 22, 23 BAT 1975

— Tarifautonomie und Betriebsautonomie, Arbeit und Recht (AuR) 1984, S. 321-323

Hess, Harald/*Schlochauer*, Ursula/*Glaubitz*, Werner: Kommentar zum Betriebsverfassungsgesetz, 3. Aufl. Neuwied 1986

Hesse, Konrad: Grundzüge des Verfassungsrechts der Bundesrepublik Deutschland, 17. Aufl. Heidelberg 1990

Hilger, Marie Luise: Mitbestimmungsrecht und Mitbeurteilungsrecht des Betriebsrates, Der Betriebs-Berater (BB) 1956, S. 10-15

Hölters, Wolfgang: Harmonie normativer und schuldrechtlicher Abreden in Tarifverträgen, zugleich Dissertation Köln 1972, Berlin 1973

Hottgenroth, Ralf: Die Verhandlungspflicht der Tarifvertragsparteien, zugleich Dissertation Köln 1989, Baden-Baden 1990

von *Hoyningen-Huene*, Gerrick: Anmerkung zu den BAG-Beschlüssen vom 31.1.1984 – 1 ABR 46/81 und 28.2.1984 – 1 ABR 37/82, Sammlung arbeitsrechtlicher Entscheidungen (SAE) 1985, S. 298-302

— Die Einführung und Anwendung flexibler Arbeitszeiten im Betrieb, Neue Zeitschrift für Arbeits- und Sozialrecht (NZA) 1985, S. 9-15

— Kompetenzüberschreitende Tarifverträge zur Regelung unterschiedlicher Wochenarbeitszeiten, Neue Zeitschrift für Arbeits- und Sozialrecht (NZA) 1985, S. 169-170

— Betriebsverfassungsrecht, 2. Aufl. München 1990

von *Hoyningen-Huene, Gerrick*/*Meier-Krenz*, Ulrich: Flexibilisierung des Arbeitsrechts durch Verlagerung tariflicher Regelungskompetenzen auf den Betrieb, Zeitschrift für Arbeitsrecht (ZfA) 1988, S. 293-318

Hromodka, Wolfgang: Betriebsverfassungsgesetz 72, Neue Juristische Wochenschrift (NJW) 1972, S. 183-186

— Anmerkung zum BAG-Beschluß vom 18.4.1989 – 1 ABR 100/87, Sammlung arbeitsrechtlicher Entscheidungen (SAE) 1990, S. 22-24

Hueck, Alfred/*Nipperdey*, Hans Carl: Lehrbuch des Arbeitsrechts, Zweiter Band, 3. bis 5. Aufl. Mannheim 1932

Hueck, Alfred/*Nipperdey*, Hans Carl (Begr.)/*Säcker*, Franz-Jürgen (Bearb.): Lehrbuch des Arbeitsrechts, Zweiter Band, Kollektives Arbeitsrecht, Erster Halbband (II 1), 7. Aufl. Berlin 1966

Hueck, Alfred/*Nipperdey*, Hans Carl/*Tophoven*, Ernst: Tarifvertragsgesetz, 3. Aufl. München 1955

Hueck, Alfred/*Nipperdey*, Hans Carl/*Tophoven*, Ernst/*Stahlhacke*, Eugen (Neubearb.): Tarifvertragsgesetz, 4. Aufl. München 1964

Hueck, Alfred/*Nipperdey*, Hans Carl (Begr.)/*Wiedemann*, Herbert/*Stumpf*, Hermann (Neubearb.): Tarifvertragsgesetz, 5. Aufl. München 1977

Hueck, Götz: Anmerkungen zu den Beschlüssen des Bundesarbeitsgericht vom 21.2.1967 – 1 ABR 2/66 und 1 ABR 9/66, AP Nr. 25 und 26 zu § 59 BetrVG

Iffland, Hans: Verweisungen in Tarifverträgen und Betriebsvereinbarungen, Der Betrieb (DB) 1964, S. 1737-1741

Isensee, Josef/*Kirchhof*, Paul (Hrsg.): Handbuch des Staatsrechts der Bundesrepublik Deutschland. Band III: Das Handeln des Staates, Heidelberg 1988; Band VI: Freiheitsrechte, ebd. 1989

Jacobi, Erwin: Grundlehren des Arbeitsrechts, Leipzig 1927

Kempen, Otto Ernst: Zur Rechtsschutzgewähr für die Tarifvertragsparteien im neuen tariflichen Arbeitszeitsrecht, Arbeit und Recht (AuR) 1989, S. 261-271

Kemper, Michael: Die Bestimmung des Schutzbereichs der Koalitionsfreiheit (Art. 9 Abs. 3 GG), Heidelberg 1989

Kirchhof, Ferdinand: Private Rechtsetzung, Berlin 1987

Kissel, Otto Rudolf: Das Spannungsfeld zwischen Betriebsvereinbarung und Tarifvertrag, Neue Zeitschrift für Arbeits- und Sozialrecht (NZA) 1986, S. 73-80

— (Hrsg.): Das Arbeitsrecht der Gegenwart, Band 26, Berlin 1989

Klein, Friedrich: Verordnungsermächtigungen nach deutschem Verfassungsrecht, in: Die Übertragung rechtsetzender Gewalt im Rechtsstaat, S. 7-117

Koller, Ingo: Die Zulässigkeit von Rationalisierungsschutzabkommen in Tarifverträgen, Zeitschrift für Arbeitsrecht (ZfA) 1978, S. 45-74

Königbauer, Gerhard: Freiwillige Schlichtung und tarifliche Schiedsgerichtsbarkeit, Stuttgart 1971

Konow, Karl-Otto: Die Übertragung niedrig gelöhnter Beschäftigungen ohne Änderungskündigung, Neue Zeitschrift für Arbeits- und Sozialrecht (NZA) 1987, S. 117-120

Konzen, Horst: Tarifvertragliche und innerbetriebliche Normsetzung, Der Betriebs-Berater (BB) 1977, S. 1307-1312

Kreitner, Jochen: Anmerkung zum BAG-Urteil vom 6.2.1985 – 4 AZR 370/83, AP Nr. 16 zu § 4 TVG Überbetrieblicher Lohn und Tariflohnerhöhung

Kreutz, Peter: Grenzen der Betriebsautonomie, München 1979

Kriebel, Volkhart: Zentralisation und Dezentralisation im Tarifsystem, Berlin 1984

Küttner, Wolfdieter / *Schlüpers-Oehmen*, Reinhold / *Rebel*, Wolfgang: Die Rechtsprobleme der Tarifverträge über Arbeitszeitverkürzung und Arbeitsflexibilisierung, Der Betrieb (DB) 1985, S. 172-178

Larenz, Karl: Methodenlehre der Rechtswissenschaft, 5. Aufl. Berlin 1983

Leipold, Dieter: Anmerkung zum BAG-Beschluß vom 30.10.1986 – 6 ABR 52/83, Sammlung arbeitsrechtlicher Entscheidungen (SAE) 1988, S. 3-4

Lieb, Manfred: Die Rechtsnatur der Allgemeinverbindlicherklärung von Tarifverträgen als Problem des Geltungsbereichs autonomer Normsetzung, Dissertation München 1960

— Begriff, Geltungsweise und Außenseiterproblematik der Solidarnormen, Recht der Arbeit (RdA) 1967, S. 441-448

— Die Regelungszuständigkeit des Betriebsrats für die Vergütung von AT-Angestellten, Zeitschrift für Arbeitsrecht (ZfA) 1978, S. 179-213

— Arbeitsrecht, 4. Aufl. Heidelberg 1989

Linnenkohl, Karl: Die Zulässigkeit von Betriebsvereinbarungen zur tariflichen Arbeitszeitverkürzung in der Metallindustrie, Der Betriebs-Berater (BB) 1988, S. 1459-1460

— Rechtsfragen der Neugestaltung der Arbeitszeit, Der Betriebs-Berater (BB) 1989, S. 2472-2478

— Das Problem der Neugestaltung der Arbeitszeit aus arbeitsrechtlicher Sicht, in: *Kissel* (Hrsg.), Das Arbeitsrecht der Gegenwart, Band 26, S. 83-104

Linnenkohl, Karl / *Rauschenberg*, Hans-Jürgen: Tarifvertragliche Neuregelung der Wochenarbeitszeit und betriebsverfassungsrechtliche Gestaltungsmöglichkeiten, Der Betriebs-Berater (BB) 1984, S. 2197-2202

Linnenkohl, Karl / *Rauschenberg*, Hans-Jürgen / *Reh*, Dirk A.: Abschied vom „Leber-Kompromiß" durch das Günstigkeitsprinzip?, Der Betriebs-Berater (BB) 1990, S. 628-631

Löwisch, Manfred: Möglichkeiten und Grenzen der Betriebsvereinbarung, Arbeit und Recht (AuR) 1978, S. 97-108

— Die Einbeziehung des Nichtorganisierten in die neuen Arbeitszeittarifverträge der Metallindustrie, Der Betrieb (DB) 1984, S. 2457-2459

— Die Rechtsstellung der Nichtorganisierten gegenüber dem Tarifvertrag, Neue Zeitschrift für Arbeits- und Sozialrecht (NZA) 1985, S. 170-172

— Arbeitsrecht, Studienbuch, 3. Aufl. Düsseldorf 1991

— Die Freiheit zu arbeiten – nach dem Günstigkeitsprinzip, Der Betriebs-Berater (BB) 1991, S. 59-63

Löwisch, Manfred / *Bernards*, Kordula (Mitwirk.): Anmerkung zum BAG-Beschluß vom 16.7.1985 – 1 ABR 9/83, AP Nr. 17 zu § 87 BetrVG 1972 Lohngestaltung

Löwisch, Manfred/*Rieble*, Volker (Mitwirk.): Anmerkung zum BAG-Beschluß vom 18.8.1987 - 1 ABR 30/86, Sammlung arbeitsrechtlicher Entscheidungen (SAE) 1988, S. 103-105

Lücke, Oliver: Die Arbeitszeitverkürzung - Tarifpolitik auf dem Rücken der Außenseiter?, Zeitschrift für Rechtspolitik (ZRP) 1991, S. 205-207

Lund, Heinrich: Anmerkung zum BAG-Beschluß vom 10.2.1988 - 1 ABR 70/86, AP Nr. 53 zu § 99 BetrVG 1972

Mangen, Kurt Günter: Anmerkung zum BAG-Urteil vom 10.11.1982 - 4 AZR 1203/79, AP Nr. 8 zu § 1 TVG Form

Martinek, Oswin u.a. (Hrsg.): Arbeitsrecht und soziale Grundrechte, Festschrift Hans Floretta zum 60. Geburtstag, Wien, 1983

Matthießen, Volker: Antragsbefugnisse der Tarifparteien im arbeitsgerichtlichen Beschlußverfahren, Der Betrieb (DB) 1988, S. 285-290

Maunz, Theodor/*Dürig*, Günter u.a.: Grundgesetz, Stand: Dezember 1989, München 1990

Mayer-Maly, Theo: Anmerkung zum BAG-Beschluß vom 4.8.1981 - 1 ABR 54/78, AP Nr. 1 zu 87 BetrVG 1972 Tarifvorrang

— u.a. (Hrsg.): Arbeitsleben und Rechtspflege, Festschrift für Gerhard Müller, Berlin 1981

— Das Richterrecht zu Verweisungen in Tarifverträgen, in: *Bickel* u.a. (Hrsg.), Festschrift Ernst Wolf, S. 473-481

Meier-Krenz, Ulrich: Die Erweiterung von Beteiligungsrechten des Betriebsrats durch Tarifvertrag, Frankfurt am Main 1988

— Die Erweiterung von Mitbestimmungsrechten des Betriebsrats durch Tarifvertrag, Der Betrieb (DB) 1988, S. 2149-2153

Meik, Frank Andreas: Der Kernbereich der Tarifautonomie, Berlin 1987

— Zu Problemen der Bildung und Entscheidung tariflicher Einigungsstellen bei konkurrierenden bzw. gleichlautenden Tarifverträgen, Der Betrieb (DB) 1990, S. 2522-2526

Misera, Karlheinz: Gemeinsame Anmerkung zu den BAG-Urteilen vom 2.7.1980 - 5 AZR 1241/79, AP Nr. 9 zu Art. 33 Abs. 2 GG, und 5 AZR 56/79, AP Nr. 5 zu § 101 BetrVG 1972

Moll, Wilhelm: Der Tarifvorrang im Betriebsverfassungsgesetz: Zur Abstimmung betrieblicher und tarifvertraglicher Regelungsmechanismen, Berlin 1980

Müller, Gerhard: Buchbesprechung 'Fitting und Krageloh, Betriebsverfassungsgesetz nebst Wahlordnung, 4. Aufl. Berlin 1958', Recht der Arbeit (RdA) 1958, S. 431-432

— Die Tragweite der tariflichen Bezugnahmeklauseln, Recht der Arbeit (RdA) 1990, S. 321-325

— Die Tarifautonomie in der Bundesrepublik Deutschland, Berlin 1990

Neumann, Dirk: Arbeitszeit und Flexibilisierung, Neue Zeitschrift für Arbeits- und Sozialrecht (NZA) 1990, S. 961-966

Nikisch, Arthur: Anmerkung zum BAG-Urteil vom 24.9.1959 – 2 AZR 28/57, AP Nr. 11 zu § 611 BGB Akkordlohn

— Über die Zulässigkeit einer Einschränkung oder Erweiterung der Mitbestimmung des Betriebsrats in betrieblichen Angelegenheiten, Recht der Arbeit (RdA) 1964, S. 305-309

— Arbeitsrecht, II. Band: Koalitionsrecht, Arbeitskampfrecht und Tarifvertragsrecht, 2. Aufl. Tübingen 1959; III. Band: Betriebsverfassungsrecht, 2. Aufl. ebd. 1966

Nipperdey, Hans Carl / *Säcker*, Franz Jürgen (Neubearb.): Das Zustandekommen des Tarifvertrages, in: Arbeitsrechts-Blattei, D-Blatt, Tarifvertrag II Abschluß B (8.3.1970)

Ossenbühl, Fritz: Vorrang und Vorbehalt des Gesetzes, in: *Isensee / Kirchhof* (Hrsg.), Handbuch des Staatsrechts der Bundesrepublik Deutschland, Band III, § 62, S. 315-149

— Rechtsverordnung, ebd., § 64, S. 387-424

— Satzung, ebd., § 66, S. 463-497

Palandt, Otto: Bürgerliches Gesetzbuch, bearbeitet von Peter Bassenge u.a., 50. Aufl. München 1991

Peters, Hans / *Ossenbühl*, Fritz: Die Übertragung von öffentlich-rechtlichen Befugnissen auf die Sozialpartner unter besonderer Berücksichtigung des Arbeitszeitschutzes, Berlin 1967

Preis, Bernd: Einseitige tarifliche Bestimmungsrechte des Arbeitgebers und das Mitbestimmungsrecht des Betriebsrats nach § 87 Abs. 1 BetrVG, Der Betrieb (DB) 1973, S. 474-479

Richardi, Reinhard: Kollektivgewalt und Individualwille bei der Gestaltung des Arbeitsverhältnisses, München 1968

— Betriebsverfassung und Privatautonomie, Berlin 1973

— Die tarif- und betriebsverfassungsrechtliche Bedeutung der tarifvertraglichen Arbeitzeitregelung in der Metallindustrie, Neue Zeitschrift für Arbeits- und Sozialrecht (NZA) 1984, S. 387-390

— Verkürzung und Differenzierung der Arbeitszeit als Prüfsteine des kollektiven Arbeitsrechts, Neue Zeitschrift für Arbeits- und Sozialrecht (NZA) 1985, S. 172-174

— Erweiterung der Mitbestimmung des Betriebsrats durch Tarifvertrag, Neue Zeitschrift für Arbeits- und Sozialrecht (NZA) 1988, S. 673-677

— Kollektivvertragliche Arbeitszeitregelung, Zeitschrift für Arbeitsrecht (ZfA) 1990, S. 211-243

Rieble, Volker: Die Kontrolle des Ermessens der betriebsverfassungsrechtlichen Einigungsstelle, Heidelberg 1990

Rosenberg, Leo / *Schwab*, Karl Heinz (Hrsg.): Festschrift für Friedrich Lent zum 75. Geburtstag 6.1.1957, München, Berlin 1957

Roth, Wulf-Henning: Tarifverträge aus Kartellrechtlicher Sicht, in: *Forschungsinstitut für Wirtschaftsverfassung und Wettbewerb* (Hrsg.), Tarifautonomie und Kartellrecht, S. 7-25

Rumpff, Klaus: Das Mitbestimmungsrecht des Betriebsrats bei Entgeltfragen, insbesondere beim Leistungslohn nach dem Betriebsverfassungsgesetz 1972, Arbeit und Recht (AuR) 1972, S. 65-82

Sachs, Michael: Die dynamische Verweisung als Ermächtigungsnorm, Neue Juristische Wochenschrift (NJW) 1981, S. 1651-1652

Säcker, Franz-Jürgen: Zur Interpretation der Öffnungsklausel des § 59 BetrVG, Recht der Arbeit (RdA) 1967, S. 370-374

— Gruppenautonomie und Übermachtkontrolle im Arbeitsrecht, Berlin 1972

— Die Regelung sozialer Angelegenheiten im Spannungsfeld zwischen tariflicher und betriebsverfassungsrechtlicher Normsetzungsbefugnis, Zeitschrift für Arbeitsrecht (ZfA) 1972, ZfA-Sonderheft, S. 41-70

— Diskussionsbeitrag, in: *Forschungsinstitut für Wirtschaftsverfassung und Wettbewerb* (Hrsg.), Tarifautonomie und Kartellrecht, S. 42 f., 45 f., 51 ff.

Salje, Peter: Quasinegatorischer Rechtsschutz im Betriebsverfassungsrecht, Der Betrieb (DB) 1988, S. 909-913

Schack, Friedrich: Die Verlagerung der Gesetzgebung im gewaltenteilenden Staat, in: *Bussmann / Grass* (Hrsg.), Festschrift Karl Haff, S. 332-359

Schaub, Günter: Arbeitsrechts-Handbuch, 6. Aufl. München 1987

Schleef, Andreas: Flexible Arbeitszeit, Neue Zeitschrift für Arbeits- und Sozialrecht (NZA) 1985, Beilage 3, S. 22-27

Schneider, Hans: Autonome Satzung und Rechtsverordnung, in: *Hefermehl / Nipperdey* (Hrsg.), Festschrift für Philipp Möhring, S. 521-542

Scholz, Rupert: Koalitionsfreiheit als Verfassungsproblem, München 1971

— Rechtsfragen der Verweisung zwischen Tarifvertrag und Gesetz, in: *Mayer-Maly* u.a. (Hrsg.), Festschrift Gerhard Müller, S. 509-536

— Aufgaben der Koalitionen in einer sich fortentwickelnden Unternehmensrechtsordnung (Aus der Sicht des Staatsrechts), in: *Beuthien* (Hrsg.), Arbeitnehmer oder Arbeitsteilhaber?, S. 163-177

— Koalitionsfreiheit, in: *Isensee / Kirchhof* (Hrsg.), Handbuch des Staatsrechts der Bundesrepublik Deutschland, Band VI, § 151, S. 1115-1183

Schüren, Peter: Neue rechtliche Rahmenbedingungen der Arbeitszeitflexibilisierung, Recht der Arbeit (RdA) 1985, S. 22-29

— Tarifgeltung für Außenseiter? – „No Taxation without Representation!", Recht der Arbeit (RdA) 1988, S. 138-149

— Die Legitimation der tariflichen Normsetzung, München 1990

Schwab, Karl Heinz / *Walter*, Gerhard: Schiedsgerichtsbarkeit, 4. Aufl. München 1990

Schwendy, Klaus Dieter: Abänderbarkeit betriebsverfassungsrechtlicher Rechtssätze durch Tarifvertrag oder Betriebsvereinbarung, Hamburg 1969

Seifert, Hartmut: Trendwende in der tariflichen Arbeitszeitpolitik, Zeitschrift des Wirtschafts- und Sozialwissenschaftlichen Instituts des Deutschen Gewerkschaftsbundes GmbH (WSI-Mitteilungen) 1985, S. 73-80

Sendler, Horst: Skeptisches zum unbestimmten Rechtsbegriff, in: *Blümel* u.a. (Hrsg.), Festschrift Ule, S. 337-358

Siebert, Wolfgang: Erweiterung des Mitbestimmungsrechts des Betriebsrats durch Betriebsvereinbarung oder Tarifvertrag?, Der Betriebs-Berater (BB) 1958, S. 421-424

Sinzheimer, Hugo: Der korporative Arbeitsnormenvertrag, Nachdruck des 1907 erschienen Werkes, 2. Aufl. Berlin 1977

Söllner, Alfred: Mitbestimmung als Mitgestaltung und Mitbeurteilung, in: *Gamillscheg / Hueck / Wiedemann* (Hrsg.), 25 Jahre Bundesarbeitsgericht, S. 605-616

— Arbeitsrecht, 8. Aufl. München 1984

Spilger, Andreas Michael: Tarifvertragliches Betriebsverfassungsrecht. Rechtstatsachen und Rechtsfragen tarifvertraglicher Regelungen von Betriebsratsrechten, Berlin 1988

Stahlhacke, Eugen: Das Bundesarbeitsgericht zum Mitbestimmungsrecht des Betriebsrats in sozialen Angelegenheiten, Der Betrieb (DB) 1963, S. 66-70

Staupe, Jürgen: Parlamentsvorbehalt und Delegationsbefugnis, Berlin 1986

von Stebut, Dietrich: Die Zulässigkeit der Einführung von Kurzarbeit, Recht der Arbeit (RdA) 1974, S. 332-347

Stege, Dieter / *Weinspach*, F. K.: Betriebsverfassungsgesetz, 6. Aufl. Köln 1990

Steinkühler, Franz: „Wir sind doch keine Sozialpartner", DIE ZEIT vom 5. Oktober 1990, S. 32

Stelkens, Paul / *Bonk*, Heinz Joachim / *Sachs*, Michael (Bearb.): Verwaltungsverfahrensgesetz, 3. Aufl. München 1990

Stern, Klaus: Das Staatsrecht der Bundesrepublik Deutschland, Band II, München 1980

Strasser, Rudolf: Dynamische Verweisungen in Kollektivverträgen, in: *Martinek* u.a. (Hrsg.), Festschrift Hans Floretta, S. 627-638

Triepel, Heinrich: Delegation und Mandat im öffentlichen Recht, Stuttgart 1942

Die Übertragung rechtsetzender Gewalt im Rechtsstaat. Bericht und Referate von Friedrich Klein / Ulrich Scheuner u.a., Frankfurt am Main 1952

von Vieregge, Henning: Keine Flucht aus der Tarifautonomie, Frankfurter Allgemeine Zeitung (FAZ) vom 13.10.1990, S. 15

Volkmar, o.V.: Anmerkung zu den RAG Urteilen vom 29.5.1940 RAG 284/39, 2.6.1940 RAG 27/40 und 10.6.1940 RAG 45/40, Arbeitsrechtliche Sammlung (ARS) 39, S. 438

Wagenitz, Thomas: Die personellen Grenzen der Tarifmacht, Frankfurt am Main 1972

Weber, Werner: Koalitionsfreiheit und Tarifautonomie als Verfassungsproblem, Berlin 1965

Weiss, Manfred: Anmerkung zum BAG-Beschluß vom 8.3.1983 - 1 ABR 38/81, AP Nr. 14 zu § 87 BetrVG 1972 Lohngestaltung

Weißenberg, Gerhard/*Cerny*, Josef: Arbeitsverfassungsgesetz, 2. Aufl. Wien 1978

Weyand, Joachim: Die tarifvertragliche Mitbestimmung unternehmerischer Personal- und Sachentscheidungen, Baden-Baden 1989

— Möglichkeiten und Grenzen der Verlagerung tariflicher Regelungskompetenzen auf die Betriebsebene, Arbeit und Recht (AuR) 1989, S. 193-203

Wiedemann, Herbert: Die deutschen Gewerkschaften - Mitgliederverband oder Berufsorgan? Gedanken zur Stellung der Gewerkschaften gegenüber der nichtorganisierten Arbeitnehmerschaft, Recht der Arbeit (RdA) 1969, S. 321-336

— Anmerkung zum BAG-Urteil vom 25.1.1978 - 4 AZR 509/76, AP Nr. 10 zu 611 BGB Croupier

— Höhere Angestellte im Betriebsverfassungsrecht, in: *Gamillscheg* u.a. (Hrsg.), In Memoriam Sir Otto Kahn-Freund, S. 343-359

— Anmerkung zum BAG-Urteil vom 9.7.1980 - 4 AZR 564/78, AP Nr. 7 zu § 1 TVG Form

— Anmerkung zum BAG-Beschluß vom 31.1.1984 - 1 ABR 46/81, AP NR. 3 zu § 87 BetrVG 1972 Tarifvorrang

— Anmerkung zu den BAG-Urteilen vom 28.11.1984 - 5 AZR 123/83 und 5 AZR 195/83, AP Nr. 1 und 2 zu § 4 TVG Bestimmungsrecht

— Unternehmensautonomie und Tarifvertrag, Recht der Arbeit (RdA) 1986, S. 231-241

— Aufgaben der Koalitionen in einer sich fortentwickelnden Unternehmensrechtsordnung (Aus der Sicht des Arbeitsrechts), in: *Beuthien* (Hrsg.), Arbeitnehmer oder Arbeitsteilhaber?, S. 151-161

Wiedemann, Herbert/*Stumpf*, Hermann: Tarifvertragsgesetz, 5. Aufl. München 1977

Wiese, Günther: Anmerkung zum BAG-Beschluß vom 5.3.1974 - 1 ABR 28/73, AP Nr. 1 zu § 87 BetrVG 1972 Kurzarbeit

— Zum Gesetzes- und Tarifvorbehalt nach § 87 Abs. 1 BetrVG, in: *Gamillscheg/Hueck/Wiedemann* (Hrsg.), 25 Jahre Bundesarbeitsgericht, S. 661-680

Zachert, Ulrich: Neue Entwicklungen zur Tarifautonomie und betrieblichen Mitbestimmung, Neue Zeitschrift für Arbeits- und Sozialrecht (NZA) 1988, S. 185-190

Ziepke, Jürgen: Kommentar zum Tarifvertrag vom 3.7.1984, zur Änderung des Manteltarifvertrages vom 30.4.1980, sowie zum Lohnabkommen vom 3.7.1984, Düsseldorf o.J.

— Rechtsprobleme der neuen tarifvertraglichen Arbeitszeitregelung in der Metallindustrie, Der Betriebs-Berater (BB) 1985, S. 281-287

Zöllner, Wolfgang: Anmerkung zum Urteil des LAG Düsseldorf vom 19.9.1960 - 1 Sa 300/60, AP Nr. 1 zu § 4 TVG Lehrlingsskalen

— Tarifmacht und Außenseiter, Recht der Arbeit (RdA) 1962, S. 453-459

— Arbeitsrecht, 3. Aufl. München 1983

— Flexibilisierung des Arbeitsrechts, Zeitschrift für Arbeitsrecht (ZfA) 1988, S. 265-291

— Die Zulässigkeit einzelvertraglicher Verlängerung der tariflichen Wochenarbeitszeit, Der Betrieb (DB) 1989, S. 2121-2126

Kolibri 360 GmbH
Ferdinand-Jühlke-Straße 7
99095 Erfurt, Deutschland
produktsicherheit@kolibri360.de

Druck:
CPI Druckdienstleistungen GmbH
im Auftrag der
Kolibri 360 GmbH
Ferdinand-Jühlke-Str. 7
99095 Erfurt